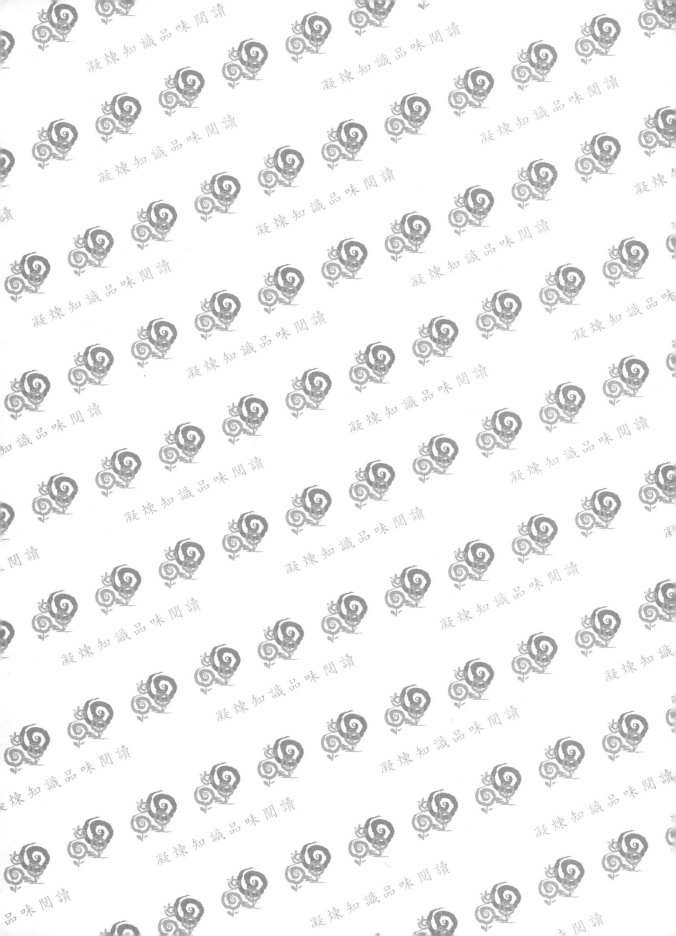

籃　球
邁向卓越

Hal Wissel 著

國家運動訓練中心 策劃
邱炳坤 主編
楊啟文 譯

五南圖書出版公司 印行

Basketball

STEPS TO SUCCESS

(THIRD EDITION)

Hal Wissel

目 次

總序

　　2015年1月1日，國家運動訓練中心改制為行政法人，正式取得法制上的地位。然而，光是法制上的地位並不足以彰顯改制為行政法人的意義；中心未來是否能夠走出一番新的氣象，為國家運動員帶來更完善的服務，才是國家運動訓練中心最重要的任務。

　　中心出版這一系列運動教學叢書之目的，首先是期待展現中心在運動專業領域的投入與付出；其次，也希望透過叢書的發表，讓基層運動教練、甚至是一般民眾，在學習各種專項運動時都能有專業的知識輔助，進而達到事半功倍的效果，以普及國內的運動風氣。

　　率先出版的第一批叢書，係來自美國Human Kinetics出版商的原文書籍；該叢書多年來，獲得國際的好評。中心有幸邀請到沈易利、李佳倫、吳聰義、廖健男、林嘉齡、鍾莉娟、許明彰、楊啓文、范姜昕辰等國內大專校院的教師，代為操刀翻譯，在此要先表達謝意。

　　除了對九位老師的謝意，中心也要向合作夥伴五南圖書出版公司表達衷心的敬意和感謝。這次出版一系列的翻譯書籍，有勞五南圖書出版公司的專業團隊，協助編輯、校對等等各項細節，使得書籍的出版進度相當順利。

　　緊接著，中心正由運動科學團隊，積極整理近年來，中心在運動科學領域的實務經驗並加以發表，期盼為運動科學的實務留下紀錄。國訓中心希望運動科學的普及化，能透過這些實務分享，落實到每一個運動訓練的角落，為國內運動科學訓練打下良好的基礎。

國家運動訓練中心　董事長

謝誌

這本擁有巨大篇幅的書是由許多人共同努力而完成的，我在這邊要謝謝Human Kinetics出版商讓我有機會跟其他人分享我的籃球經驗，特別感謝專業採購副總Ted Miller、第一版的編輯Dr. Judy Patterson Wright、第二版的編輯Cynthia McEntire，以及第三版的編輯Laura Podeschi，Laura的耐心、建議與幽默感幫助我渡過漫長的撰寫。也感謝幫這本書照像的Chris Marion，以及本書照片中的動作示範者，Monique Ambers、Devon Austin、Matthew Balaj、Christian Callahan、Jill Culbertson、Mychal Coleman、Harley Falasca、Stephen Frankoski、D'Andre McPhatter、Abejah McKay、Justin Nolan、Hannah Murphy、Andrea Wasik、Jabrille Williams及Paul Wissel。

這本書的內容不僅只有依據我作為教練的經驗，還納入我對其他籃球著作的研究、參加許多籃球訓練營以及與許多教練與球員的討論。我要向我高中的教練Paul Ryan表達我最誠摯的感謝，也同時感謝大學時期的啟蒙者、指導教授以及給我第一個機會指導大學層級球隊的Dr. Edward S. Steitz。我曾經在許多有名望的教練底下做過事，包含Hubie Brown、John Calipari、Mike Dunleavy、Frank Hamblen、Del Harris、Frank Layden、Don Nelson，以及讓我有機會到NBA做事的Lee Rose。也感謝對我忠心且全力付出的助理教練Wes Aldrich、Ralph Arietta、P.J. Carlesimo、Tim Cohane、Norm Gigon、Seth Hicks、Kevin McGinniss、Scott Pospichal、Joe Servon、Sam Tolkoff、Drew Tucker及Melvin Watkins。而Hank Slider這名大師讓我在投籃方面的知識與瞭解有很大的幫忙；Stan Kellner是教練、作者也是臨床工作者，激發我對於運動心理學研究的興趣。特別感謝那些我曾經教授與指導的球員，以及那些持續提供我靈感來源的球員。

最後，感謝我的太太Trudy，以及我們的孩子Steve、Scott、David、Paul與Sharon，總是聆聽我的想法、閱讀文本、質疑訓練的方法，特別感謝他們的愛、包容以及啟發。

簡介

籃球是一項你可以藉由提升自我的個人技巧來幫助你的球隊的團體比賽，籃球需要整合許多有天賦的個人來做出無私的團隊打法，它也需要完整的執行基本技巧來串連整場。籃球訓練將會提升你的信心、增加應付不同情境的技巧，以及維持長期打球的快樂。

爬上邁向成功的階梯

儘管現今的職業球員擁有較好的體型、體能及天分，籃球的成功仍然取決於個人執行籃球基本技巧的能力。籃球基本的技巧包括腳步、傳球與接球、運球、投籃、接球後投籃、運球創造投籃機會、背框得分的技巧、籃板球，這些基本的技巧可以整合成無私的團隊打法，包括快攻、兩人與三人小組打法、團隊進攻及團隊防守。

雖然本書對於老師、教練及家長們是一個很好的參考資源，但主要提供的對象還是球員，喜愛籃球比賽且持續尋找方法來提升技巧的球員們。本書專注於基本技巧的養成，以及透過個人、小組及團隊的練習來融合個人技巧進入團隊打法，這本書說明了這些練習的重點，有紀律的練習將可以幫助你增進個人技巧與建立信心。

第三版共有十二個單元，內容提供球員許多新的知識。單元四投籃（頁69）現在增加騎馬射箭投籃、反手上籃及強攻籃下的內容，且還有加入許多練習的方法。有三個完全新的章節加入此版本，單元五接球後投籃（頁109）、單元六運球創造投籃機會（頁121）、單元七背框得分的技巧（頁159）。在現今的籃球比賽中，越來越重視拉開距離的進攻，國際賽的趨勢強調利用運球切入來吸引防守者然後再把球傳給有空檔的三分射手，NBA不允許點手的規則改變也促進了這項趨勢的發展，且如果要運球切入再傳球給有空檔的隊友，掩護後轉進籃框與掩護後拉到外線已經變成兩種常使用的方法；基於這項趨勢，新的版本也在單元十兩人與三人小組打法（頁243）及單元十一團隊進攻（頁283）增加篇幅敘述執行掩護後轉進籃框，以及在單元十二團隊防守（頁311）敘述防守掩護後轉進籃框的方法。

許多年輕的球員在當他們無法成功的投籃或運球時會感到沮喪，建立自信心的進攻技巧應該要在球員的生涯早期受到重視，因為這些技巧比無球動作的

技巧還要花更多時間來精通。厲害球員是透過比賽與個人的練習來變強，高強度的比賽不但有助於這群厲害球員增進自己的實力，也幫助他們找出自身的缺點來改進。一般的球員練習他們在行的技巧，但卓越的球員卻練習他們不在行的技巧，嘗試把這些不在行的弱點變成在行的優點。所以如果你不會投籃，學習正確的投籃方式，並且持續練習；如果你不會用非慣用手運球，練習用非慣用手運球，如此你不但可以增進你的技巧，還可以持續的增進你的信心。

　　成功取決於球員是否相信自己，雖然在成功之後自信心才會變得強大，但你還是可以嘗試透過練習來增進自己的自信心。一般人的想法覺得自信心跟與生俱來的身體條件有關，但如果只把身體條件當作是全部的話，這是錯誤的。在你的球員生涯中，你一定會遇到身體條件比你還要好的球員，為了要提升信心來擊敗他們，你必須要相信你比這群人還努力的練習且準備得更周全，特別在基本技巧方面。

　　本書十二個單元中的每一階段可以循序漸進的將你的籃球技巧帶向下一個層級，前面幾個單元可以幫助你建立穩固的基本技巧與概念。隨著練習每一個基本技巧，你的進展可以讓這些技巧串連起來，而練習綜合籃球技巧將可以幫助你在球場上做快速又聰明的決定，因為你必須要學會在比賽中做正確的動作，當你練習到後面的單元時，你將會發現自己在與隊友打球或溝通時的能力變得更有信心。

　　請在閱讀每個單元時，依照下面的指導執行：

1. 閱讀單元解釋該動作的說明，例如為何該動作重要、如何執行該動作。
2. 依循圖片或指導練習。
3. 閱讀該動作常見的錯誤，裡面會說明常犯的錯誤與改進的方式。
4. 勤加練習各種訓練方式，練習的方式會出現在動作教學的附近，所以如果你不懂得如何操作，你可以輕易的找到這些練習方式的說明。

　　每當你覺得在執行該技巧方面有自信心了，找一個適當的觀察者來評估你的技巧，可以是教練、老師或技巧較好的球員，這可以在你往下一個單元繼續練習之前找出你該動作的缺點並修正之。

籃球運動

　　籃球成為世界成長最快速的運動有許多原因。首先，籃球是有龐大觀眾群的運動，特別是在電視這塊，NBA的比賽已在全球播出，國內大學男女的籃球比賽也已經影響許多年輕的運動員來參與此項運動；另外國際上也越來越多人從事這項運動，目前世界上已經有超過200個國家擁有籃球協會。

越來越多人參與籃球運動，儘管籃球原本是設定爲室內運動，但現在不管是春夏秋多，室內跟室外都有人玩，且40%的籃球運動發生在室外的非正式籃球比賽。

另外，籃球是適合所有人的運動，儘管它是一個極度年輕化的運動，以男性青少年爲主，但現在不管男女老少以及各種體型的人都有人參與，針對身體不便的人，也還都有輪椅籃球。儘管高的人打球有優勢，但矮的有技術的人還是有機會生存。年紀大的人與女性球員正在成長當中，高中校際運動比賽中，籃球是最多女性高中生參加的運動比賽，且有許多女性團體正在建立許多網絡來讓更多女生可以投入這項運動。

籃球比賽是非常獨特的，不像其他運動，籃球運動可輕易的迎合較少人的團體、不同技術層級的人及不同類型的人。儘管大部分有組織的籃球比賽是五對五，沒有組織的籃球比賽也可以是全場五對五或半場三對三、二對二或一對一。有組織的三對三籃球聯賽正快速成長，NBA就有在超過60個以上的國家舉辦「NBA Hoop It Up」三對三聯賽；

另外，由學校、俱樂部或其他組織舉辦的個人投籃比賽也正在快速的成長中。

最後，籃球也可以單獨自己一個人玩，你所需要的只要一顆球、一個籃框及一個不錯的空地，你可以模擬眞正比賽的情形，這是其他運動無法提供的。

場地與設備

男子籃球的圓周介於30英寸（76公分）至29.5英寸（75公分）之間，女子籃球的圓周介於29英寸（74公分）至28.5英寸（72公分）之間。

籃板橫寬6呎（1.8公尺），豎高3.5或4呎（1.1或1.2公尺）。位於籃框後面以及籃板正中間的長方形框，橫寬24英寸（61公分），豎高18英寸（46公分），該底線邊緣與籃框上緣平行。

籃框內徑18英寸（46公分），並與籃板連接，最高處離地面10呎（3公尺），籃板面與籃圈內沿最近爲6英寸（15公分）。

籃球場是長方形的平面，寬50呎（15公尺），長94呎（29公尺），但高中的長度則爲86呎（26公尺），球場上的標示線如圖1所示：

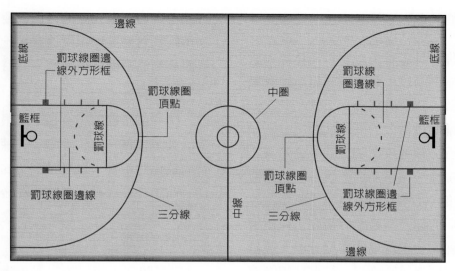

圖1　籃球場

罰球線距離籃板15呎（5公尺）。在高中的場地，三分線離籃框的中心19呎又9英寸（6.03公尺）；大專的場地，三分線為20呎又9英寸（6.33公尺）；NBA的三分線為23呎又9英寸（7.23公尺）；國際賽場地的三分線則為22呎又1.7英寸（6.74公尺）。在未來十年內，國際賽球場的三分線距離將會朝NBA的三分線距離修正，國際賽球場的三秒區域最近已經被調整跟NBA的一樣，從梯形調整為長方形。

規則

現今有幾套籃球規則運用在全世界。國際籃球總會（FIBA）制訂國與國競賽的國際規則；美國的職業球員使用的是NBA制定的規則；美國大學男生與女生球員則使用不同的規則，而這些規則都是由國家大學體育協會（NCAA）所制定的；美國高中層級比賽所使用的規則則由國家聯邦州立高中協會（NFHS）所制定。而近幾年，各層級比賽所使用的規則有朝向一致化的趨向，但有一些差異還是存在，特別是長度、距離與時間，而內容還是保持一致；但是，為了培養兒童籃球的樂趣與發展，這些規則的調整是需要的，例如：較小的籃球、較低的籃框與較小的場地。

職業比賽共有四節，每節12分鐘；大學比賽則分為上下半場，每個半場20分鐘；高中比賽則分成四節，每節8分鐘；青少年比賽的時間則依球員的年紀不同而調整。另外，比賽平手時會有延長賽，而進攻時間在每個層級都不同（職業、國際、大學男生、大學女生、高中）。

暖身與收操

　　讓你的身體準備好應付籃球練習或比賽有兩個階段：五分鐘的無球熱身來增加心跳，以及有球熱身活動。

　　準備應付激烈的籃球活動第一階段就是做五分鐘進攻與防守腳步來熱身，可以增加血液循環並逐漸讓身體適應籃球的強度，這些動作可以為小跑步、改變速度與方向及短距離的衝刺，以兩邊底線為範圍，把球場的寬度分成三等份（罰球線圈邊線跑到另一條罰球線圈邊線或罰球線圈邊線跑到邊線）。以下是一些單元一（頁13）會敘述到的腳步練習：

- **小跑步**：從一邊底線輕鬆跑向另一邊底線並回頭跑回原點，至少做兩組來回跑。

- **衝刺**：衝刺到另一側的罰球線或罰球線延伸端，然後速度轉為小跑步，持續的再衝刺回來到另一側的罰球線，回來的時候也是用一樣的跑法。

- **改變速度**：從底線跑到另一側底線，跑的時候可以做速度的改變，回來的時候也用一樣的方法。

- **改變方向**：從底線改變方向的跑到另一側底線，一開始先用進攻站姿，左腳踩在底線與罰球線圈邊線的交叉點，以45度對角線跑到右邊的罰球線圈邊線，做一個90度急轉的方向改變，然後從右邊的罰球線圈邊線再跑到想像中的左邊的罰球線圈邊線延伸

端，之後再做90度的方向改變從左邊再跑到右邊罰球線圈邊線，一直進行直到到達對面底線，回來的時候也用一樣的方法。

　　防守腳步練習也會是一個很好的暖身活動，在每一個防守腳步的練習中，背向最遠的籃框，以雙腳交錯的防守站姿，前腳踩在底線，後腳放在後面。以下是一些單元一（頁25）會敘述到的防守腳步練習：

- **Z字形防守**：使用防守退後步向後對角移動，直到後腳碰到最近的全場邊線或罰球線圈邊線，然後快速的將領導腳抽回，再繼續的使用退後步向後對角移動，直到碰到想像中罰球線圈邊線延長端或全場邊線，持續的在兩條罰球線圈邊線或全場邊線之間改變方向向後移動，直到碰到對面的底線，回來的時候也用一樣的方法。

- **趨前步與退後步防守**：使用趨前步與退後步向後移動直到後腳碰到中線，碰到中線後，將領導腳快速抽回，持續的用趨前步與退後步向後移動直到碰到底線，當你移動時可以自己調整趨前步與退後步的步數，回來的時候也用一樣的方法。

- **反轉後撤步**：使用趨前步與退後步向後移動，想像運球者從領導腳那側成功過人，而你必須要使用反轉後撤步來追回原本防守的位置，動作為轉向領導腳的那側，眼睛看著你想像中的

對手，在重新建立原本領導腳在上的防守位置之前要至少跑個三步；而在底線與中線之間，最少要做兩次反轉後撤步，且追到防守者之後左腳都要在前；而從中線到對面底線之間，也至少要做兩次反轉後撤步，但追到防守者之後右腳都要在前。

第二階段的暖身為有球的暖身活動。單元二（頁32）的球感練習暖身與單元三（頁64）的定點兩顆球的運球都是很好的全身暖身活動，這些動作也對於球感、運球技巧及運球的自信心都有很大的提升。單元四有一些投籃的暖身練習，勾射暖身（頁94）、換手勾射訓練（頁95）都是很好的方法來放鬆肩膀，以及培養慣用手與非慣用手的勾射訓練；而投籃熱身訓練（頁76到頁78）也可以幫助你做投籃的熱身，以及增進投籃的機制、節奏及信心。單元一的單腳垂直跳躍訓練（頁17）以及單元二的反彈網傳球（頁45）也都是很好的有球暖身來增強技巧與自信。

而籃球訓練結束後請利用五分鐘來收操，這是一個非常好的時間來做伸展操，因為肌肉還都是熱的，身體每個部分請至少都做一次伸展操。

圖表標示

給讀者的註記：本書所使用的球場圖表標示捨棄了很多球場原有的標記，這樣盡可能的讓球員的移動與傳球路徑可以呈現得更清楚，籃框的外圍部分則以大學三分線的標記來顯示，希望這種標記方式還是可以幫助你在NBA、大學或高中的球場練習。

┄┄►	傳球路徑	O	進攻球員
──►	球員移動路徑	X	防守球員
～～►	運球路徑	X₁	站在特定位置的防守球員
──┤	移動過去掩護路徑	P	控球後衛
①	控球後衛	G	後衛
②	得分後衛	W	翼側球員
③	小前鋒	D	底線球員
④	大前鋒	F	前鋒
⑤	中鋒	C	中鋒
❶	持球球員	Ⓒ	教練

單元一　腳步

雖然說籃球是團體運動，但個人基本動作的執行對於團隊的成功是不可缺乏的，投球、傳球、運球、搶籃板、防守，以及有球或無球的跑動，對於每個人都是必須要下的基本動作苦功，而有好的步伐能幫助順利執行以上這些籃球基本動作。

　　好的步伐跟平衡感與敏捷性有著密不可分的關係，身體能平衡及敏捷地啓動、停止與移動至任何方向需要依賴好的腳步來協助。擁有好的腳步訣竅就是下盤要穩，運用有效率的腳步能讓你的身體隨心所欲的及時移動、做假動作，以及敏捷地的移動。身高通常與籃球打得好不好有正相關，但是平衡感與敏捷性也是非常重要的因素。雖然你可能無法再長高，但是你可以透過練習來增進你的平衡感與敏捷性。

　　平衡代表你的身體是處於可以被控制的狀態，並隨時準備好可以做出快速的移動，而敏捷是一項寶貴的資產，敏捷地移動跟急躁爆衝的移動是有所不同的；急躁爆衝的移動太過於慌忙與速度

太快，容易使人犯錯，是一種缺乏內心穩定與身體控制的狀態。敏捷指的是執行籃球基本技巧時的動作速度，而不單只是跑步的速度，所以可以是防守時的快速步伐、快速的去搶籃板或快速的投籃動作。

　　好的腳步對於進攻與防守都是非常重要的。進攻者擁有的優勢就是可以先發制人的做出想做的動作，進攻腳步可用來欺騙防守者、讓防守者失去平衡、避免單擋、切入籃框、避免進攻犯規或躲避防守者進攻籃板的卡位。

　　擁有好的腳步對於防守者更是不可缺乏，雖然你可以預測進攻者的動作，但你永遠無法確認你的對手下一步會做的動作，防守的成功依賴能快速回應可能移動至任何方向對手的能力，其中就需要執行擁有平衡與敏捷的防守腳步；好的腳步能逼迫對手來回應你，迫使對手失去進攻時的動作平衡、降低投籃的命中率或造成失誤。你可能開始好奇怎樣才能增進你的敏捷性，敏捷性的好壞大部分決定於基因，但如果能完整的瞭

解腳步移動的機制，你還是可以藉由認真的練習來增進敏捷性。

　　腳步是能平衡與敏捷地執行每一個籃球基本動作的基礎，邀請一個受過專業訓練的觀察者（教練、老師或優秀的籃球員），依圖1.1至1.12來檢視你的動作，並提出具建設性的回饋。

　　有些人可能說麥可喬丹（Michael Jordan）與生俱來就擁有超人般的身體素質，年輕的球員不可能擁有跟他一樣的敏捷性與跳躍能力，但這樣的思考可能有所缺失，畢竟儘管麥可喬丹擁有過人的天賦，他還是非常努力的去增進他在籃球比賽上每個層面的技巧，其他同樣天賦異稟並有類似成就的籃球員並沒擁有跟他一樣的工作道德。喬丹由打球中獲得喜悅，且不斷地要求自己在每一次的練習都比別人認真，對於勝利永遠保持渴望，因此喬丹不但被認為是史上最佳的球員，也被認為是史上最認真練習的球員，他是每位想要把自己訓練到最好的籃球員的楷模。

平衡的站姿

　　一個良好平衡的進攻腳步可以讓你快速地移動、變換方向、穩定地停止及跳躍。在進攻的姿勢中，你的頭必須在你的腰部上方並把背打直，雙手放在腰部上方並把手肘彎曲、雙手臂緊貼於身體，雙腳最少與肩同寬、重心放在前腳掌，記得膝蓋要保持彎曲，如此你才可以隨時移動（圖1.1）。

圖1.1　平穩的進攻站姿

進攻站姿
1. 頭部保持在腰部的上方，如此才可以看到籃框與球
2. 背部打直
3. 雙手在腰部上方
4. 手肘彎曲並將手臂緊貼於身體
5. 雙腳與肩同寬
6. 身體重心分布於雙腳前腳掌，隨時準備好可以移動
7. 膝蓋彎曲

在防守時，你必須要能迅速地往任何方向移動，並且在換方向的時候保持平衡，先決條件在於擁有一個好的平衡站姿。防守站姿和進攻站姿差不多，都需要將頭保持在腰部的上方、背打直、挺胸，但是你的雙腳要比兩肩的距離再寬一點，並且交錯讓一腳在前一腳在後（如圖1.2，頁4），讓頭在腰部的上方，促使身體的重心在下盤，然後分散身體的重心平均在雙腳前腳掌，並且彎曲雙膝來降低身體高度，隨時準備好可以往任何方向移動。

在基本防守站姿中，會交錯一腳在另一腳前，此時前腳就稱爲帶領腳，這個姿勢讓防守球員在朝後腳方向往後移動時更容易，往後移動時只要簡單地使用後腳往後移動；但朝帶領腳的方向往後移動就比較困難了，此時需先以後腳爲支撐點，將帶領腳往後側拉，之後才以新的後腳往後移動。

當建立防守站姿時，保護帶領腳是很重要的，防守站姿是將帶領腳放置在對手的身體外側，而後腳則置於對手中間前方延伸的地方。這樣的防守站姿可讓對手認爲後腳方向的切入是比較容易的，當然相對於帶領腳方向的切入，後腳方向的切入對於防守者是比較好移動的，如此的防守站姿可強化防守者的優勢。

而防守球員的手擺置地方有三種。第一種是將一手往帶領腳的方向往前伸去干擾對方投籃，另一手則是往另一方向伸來阻擾傳球。第二種方式是將雙手放置腰際，手掌朝上去壓迫運球者，這個手擺放的位置能便利你用靠近運球者的手來抄球。第三種方式則是將雙手都放在肩膀以上（如圖1.2），這個姿勢可迫使對手使用高吊或地板傳球，方便防守的干擾，同時這個姿勢也能便利手來封蓋投籃、搶籃板以及避免打手犯規；但當雙手置於此位置時，你不能讓你的身體重心跑掉導致失去平衡，且需要保持手肘的彎曲避免造成打手犯規。

圖1.2　　平穩的防守站姿

防守站姿
1. 頭部保持在腰的上方
2. 背部打直
3. 雙手保持在肩膀之上
4. 手肘彎曲
5. 雙腳打開站穩，重量平均分散在雙腳前腳掌
6. 雙腳交錯，雙腳距離比肩寬
7. 膝蓋屈膝

常見的錯誤

手臂往前延伸防守時導致失去身體平衡。

改善方式

頭部在腰的上方、雙手維持在腰際之上、手肘彎曲並將手臂緊靠身體。

當你在防守執球者，需將雙眼直視對手身體中央的部分；但如果是在防守無球進攻者時，一隻手需指向進攻者，另一手則需指向執球者的方向。

當然進攻與防守站姿的錯誤因人而異，高的球員通常比矮的球員有更多保持平衡的問題，通常高的球員雙腳擺放不夠寬、膝也不夠彎曲，這會導致身體的重心不夠低。為了能讓防守站姿保持

平衡，球員需要將雙腳張開與肩同寬、彎曲膝蓋，便利你能隨時移動至任何方向。但如果你發現你在防守站姿時無法保護你的帶領腳，你則需要將你的帶領腳置於對手身體的外側，另一腳置於對手中間前方延伸的地方。或者如果你發現你比較容易受到對手頭部或球的假動作影響，你就將你的視焦專注在對手的中線，而不是在頭部或球。

步伐訓練　站姿

先站好進攻站姿，將身體重心移轉至後腳跟，再慢慢彎腰往前將重心移轉至前腳趾，然後將頭部保持在腰部上方，手往上抬並緊靠身體，分散身體重心於雙腳前腳掌，彎曲膝蓋，並最少保持與肩同寬的寬度。

增加難度

- 請一位夥伴站在你的前方，試圖藉由輕推你的肩膀來打亂你的平衡。
- 請一位夥伴站在你的前方，試圖藉由向前拉你的手來打亂你的平衡。

成功動作的檢查

- 將你的頭部保持在腰部上方來保持身體的重心。
- 將你的雙手臂緊貼於身體。

- 雙膝彎曲、雙腳保持至少與肩同寬並將你的重量平均分布在前腳掌。

為你的成功打分數

每項你可以完成的平衡站姿要素都可以得1分，總分5分。

頭部保持在腰部上方＿＿＿＿

雙手舉高並貼近身體＿＿＿＿

重量平均分布在雙腳＿＿＿＿

雙膝彎曲＿＿＿＿

腳保持與肩同寬＿＿＿＿

你的分數：＿＿＿＿

另外，我們來增加難度，在夥伴的拉或推的干擾之下，你依舊還是可以保持平衡，每次可得1分，全部做三次。

你的分數：＿＿＿＿

步伐訓練　小碎步

請一位夥伴給予口令，當聽到「站姿」口令時，迅速地做出進攻站姿；當聽到「開始」口令時，盡所能地做出最快的小碎步並維持正確的站姿，時間維持10秒直到聽到「停」口令。請做三組循環，每組10秒小碎步，組間休息10秒。

成功動作的檢查

- 維持正確的進攻站姿。
- 快速地移動雙腳。
- 目標要10秒鐘內踩地40至50次。

為你的成功打分數

當你能夠在10秒鐘內踩地40至50次得5分；踩地30至29次得3分；20至而29次得1分，不到20次則得零分。

計算你的腳步數：

第一組10秒踩地＿＿＿＿下，得＿＿＿＿分

第二組10秒踩地＿＿＿＿下，得＿＿＿＿分

第三組10秒踩地＿＿＿＿下，得＿＿＿＿分

你的分數：＿＿＿＿（請加總各組的得分，最高為15分）

動作開始時，雙膝彎曲並將身體重心放在雙腳前腳掌以維持平衡的站姿，然後雙手握跳繩握把擺放至腰部高度並將雙手肘靠近於身體外側，將跳繩擺放至雙腳後側，將跳繩由身體後側擺過頭部到身體前側開始跳繩，為了增加跳的多樣性，也可用單腳跳、交叉跳或將跳繩由前改為向後開始擺。

最好的跳繩訓練為跳30秒後休息30秒，總訓練時間不要超過5分鐘或5組，當你進步後，就可以嘗試跳60秒後休息30秒，並用以下的評分方式來檢視你的熟練程度。

增加難度

- 完成一組60秒的跳繩後休息30秒的循環。

降低難度

- 完成一組30秒的跳繩後休息30至90秒的循環。

成功動作的檢查

- 維持良好的平衡站姿。
- 當跳繩時，將手肘靠近於身體外側。

為你的成功打分數

計算你在60秒內跳的次數。

60秒內60下以上 = 10分

60秒內50到59下 = 8分

60秒內40到49下 = 6分

60秒內30到39下 = 4分

60秒內20到29下 = 2分

60秒內不到20下 = 0分

你的分數：＿＿＿

進攻腳步

帶球或不帶球的移動對於個人或團體的進攻都是非常重要的。當你為進攻球員時，你比防守者更有優勢，因為你知道你要運用什麼腳步以及運用的時機，平衡的快速移動是關鍵，當你熟練這項技能時，你在運用腳步或假動作來欺騙防守者時應該就可保持平衡，如此防守方就比較難即時的對你的動作採取回應，成功的球員應該要熟練這項技能，並且訓練良好的身體條件來執行這項技能。

以下八種進攻的動作建議你要熟練：速度的改變、方向的改變、一二兩步急停與雙腳墊步急停、前轉身與後轉身，以及雙腳與單腳跳躍。

速度的改變

改變速度是一種轉換跑步速度來欺騙或躲避防守者的方法。速度的改變可以從最高速調整至較慢的速度，然後再快速的調整為最快的速度，過程中並沒有改變跑步的方式。

當你在跑步時，記得將頭抬起，如此你才可以看到籃框與球，一開始使

用你的後腳，將其抬至帶領腳的前方，用你的腳底前緣推蹬，將腳趾指向要跑的方向，稍微前傾上半身，前後擺動你的雙臂，讓你的手肘放鬆，完整的延伸你的支撐腳，讓你的膝蓋抬高，並讓大腿平行與地面。為了增加速度，可以讓步伐加大；為了更快到達最高速，可用後腿用力的向後推。進攻者在加速方面擁有優勢，因為進攻者可以決定何時要改變速度，擁有好的良好的欺敵技巧和有力的後腳推蹬，在速度加快的狀況之下，進攻者至少可以比防守者快一步。

常見的錯誤
你無法從慢速快速的加速。

改善方式
用後腳用力的推蹬讓速度加快。

方向的改變

方向的改變幾乎仰賴著每一項籃球的基本動作作為基礎，特別是用來找尋空檔來接獲傳球這部分。一個有效率的方向改變依賴著從一個方向快速切入至另一個方向，要執行此技巧，必須先踩出第一步，接著踩出改變方向的第二步，活動的過程中不可有雙腳交叉的情形發生。第一步踩出時為四分之三的步幅，並且需要彎曲膝蓋來停止你往前的動量，然後使用你的腳掌前緣，用力推蹬至你要改變的方向，轉換身體重心，用另一腳往你要移動的方向踩一大步，用腳尖指向要移動的方向。當轉換方向後，將你的引導手往上抬當成傳球的目標。

雖然改變方向看起來是一個簡單的動作，但此技巧需要透過專注的練習才有辦法有效率與快速的執行。如果你發現你容易被看出將改變的方向或用較短的步伐來改變速度時，你應該運用平常的跑步模式並專心的數步跑，也就是當從右改變至左時，心中默數右、左；當從左改變至右時，心中默數左、右（圖1.3，頁8）。

圖1.3　改變方向

第一步	第二步	第三步
1. 踏出四分之三步幅的第一步	1. 利用腳掌前緣將身體推至一個新方向	1. 大步跨出第二步
2. 膝蓋彎曲	2. 改變重心	2. 將腳趾指向新方向
		3. 持續將手舉高當成傳球目標

常見的錯誤

原地旋轉，而不是做出快速的切入。

改善方式

踩出四分之三的第一步，然後藉由彎曲膝蓋來轉移重心，推向你想要移動的方向，然後踩出大步伐的第二步。

急停

　　快速起步與急停都是非常重要的，沒有經驗的球員通常在急停時失去平衡，學習兩種基本的急停動作將有助於你在急停時保持平衡——一二兩步急停與雙腳墊步急停。

　　在一二兩步急停中，後腳先落地，另一腳後落地，當你在接球或運球停止時做一二兩步急停，先落地的腳將成為軸心腳。當你跑太快導致無法使用雙腳墊步急停時，一二兩步急停就非常有用，特別是在你遠離籃框進行快攻時。

　　用平常的跑步模式來執行一二兩步急停（圖1.4），停止時前先單腳跳起，此動作將有助於讓地心引力減慢你的動能，然後微傾至前進的反方向。先讓後腳落地，之後再讓前領導腳落地，

下盤站得越開，你的平衡將越好；彎曲後腳降低身體，後腳跟成為重心擺放位置並將身體呈坐姿，你坐得越低，身體平衡就越好，並記得讓頭抬起。

圖1.4　一二兩步急停

單腳跳起並身體向後傾
1. 停止前先單腳跳起
2. 身體傾向相反方向

兩步急停落地
1. 後腳先著地
2. 前腳後著地
3. 落地時下盤張開
4. 重心放在後腳跟上
5. 保持頭抬高

常見的錯誤

身體失去重心往前傾，造成軸心腳被拖往前。

改善方式

停止前先單腳跳起，讓地心引力減慢向前的動量，向後傾，先讓後腳著地，接著前腳後著地，記得下盤打開，重心放在後腳腳跟上，並將頭抬起。

在雙腳墊步急停時，兩腳同時落地，當你接球或雙腳急停墊步時，兩腳都可當作你的軸心腳；當你無球移動時，特別是當你接到球背向籃框接近油漆區時（離籃框2.4公尺），雙腳墊步急停將為你帶來優勢。

9

單元一　腳步

當執行雙腳墊步急停（圖1.5），你應該在停止前做單腳跳躍的動作好讓地心引力減緩前進的動能，有點類似一二兩步急停，身體往後傾斜，然後兩隻腳一齊著地，與肩同寬，膝蓋彎曲，將重心轉移置後腳跟，避免讓身體往前傾。

圖1.5　雙腳墊步急停

單腳跳
1. 停止前先單腳跳起
2. 將雙肩向後張開

雙腳著地
1. 雙腳著地後保持與肩同寬
2. 雙膝彎曲
3. 將身體重量放到腳跟
4. 保持頭部抬起

　常見的錯誤
著地時非雙腳同時著地。

改善方式
在停止前先單腳跳起，身體往後傾，讓雙腳與肩同寬，膝蓋保持彎曲。

進攻腳步訓練　一二兩步急停

假設你正在進行快攻，開始時雙腳站在底線後方並站出進攻站姿，用4次一二兩步急停跑到對面底線；過程中請互換先落地的腳，第一次急停先用左腳落地，第二次改為右腳先落地。到了對面底線後，再用一樣的方式做8次一二兩步急停。

- 確保落地時是用一二兩步急停,並維持做到位及平衡良好的停止。
- 保持身體的平衡。
- 嘗試做出8次成功的一二兩步急停。

為你的成功打分數

8次成功的一二兩步急停 = 5分

7次成功的一二兩步急停 = 4分
6次成功的一二兩步急停 = 3分
5次成功的一二兩步急停 = 2分
4次以下成功的一二兩步急停 = 1分
你的分數:____

進攻腳步訓練　雙腳墊步急停

　　假設你是一位背對籃框的低位球員,開始時在籃框前保持進攻姿勢並面對罰球線,你的雙腳平行並將雙手保持腰部以上,用短側步的雙腳墊步急停跳至右邊區塊線外的位置,再從該位置短側步的雙腳墊步急停跳至原本開始的位置,之後再用短側步跳至左邊區塊線外的位置,如此來回的做共12次雙腳墊步急停。

成功動作的檢查

- 確保是兩腳同時落地,並維持做到位及平衡良好的停止。
- 保持好身體平衡。
- 嘗試做出12次成功的雙腳墊步急停。

為你的成功打分數

12次成功的雙腳墊步急停 = 5分
11次成功的雙腳墊步急停 = 4分
10次成功的雙腳墊步急停 = 3分
9次成功的雙腳墊步急停 = 2分
8次以下成功的雙腳墊步急停 = 1分
你的分數:____

軸心腳旋轉與轉身

　　當你拿到球時,籃球規則允許你以一腳為軸心腳,另一腳非軸心腳則可以移動至任何方向,幾步都沒有關係。那隻為軸心的腳稱軸心腳,當你建立軸心腳時,在下球運球之前軸心腳都不能抬起來;而當你傳球或投籃時,只要你的球離開手中,你的軸心腳就可以移動。而你只能有一腳為軸心腳,不能隨便變換腳為軸心腳。

　　以軸心腳為中心來旋轉是一項不可或缺的籃球技巧,該種旋轉技巧需要有一個平衡的站姿:頭在腰部上方、背打直,以及膝蓋彎曲。將身體重心放在軸心腳的腳掌前緣而不是放在腳後跟。

　　兩項基本的軸心腳旋轉為前旋轉與後旋轉,兩種都非常重要,這兩種技巧的目的是讓你在面對防守者時移動到具有優勢的位置。前旋轉是用胸部來帶

領，維持平衡的站姿，將身體重心放在軸心腳的腳掌前緣，用非軸心腳往前踏（圖1.6）。後旋轉則是用背部來帶領，同樣地也是維持平衡的站姿並將身體重心放在軸心腳的腳掌前緣，但是將非軸心腳往後拉（圖1.7）。

常見的錯誤
你因為失去身體重心而抬起或移動你的軸心腳。

改善方式
當你移動非軸心腳時，保持身體重心於軸心腳，並維持平衡站姿。

圖1.6　前旋轉

a

以胸部領導方向
1. 平衡的姿勢
2. 身體重心放在軸心腳的腳掌前緣
3. 以胸部領導方向

b

前旋轉
1. 利用軸心腳腳掌前緣來旋轉
2. 向前踏出非旋轉軸心腳

圖1.7　後旋轉

以背部領導方向
1. 平衡的姿勢
2. 身體重心放在軸心腳的腳掌前緣
3. 以背部領導方向

後旋轉
1. 利用軸心腳腳掌前緣來旋轉
2. 拉回非旋轉軸心腳

進攻腳步訓練　全場進攻腳步

　　這個訓練可以讓你練習一些進攻的腳步，例如慢跑、衝刺、改變速度跑與改變方向跑，你將以三分之一的籃球場寬度（罰球線圈邊線至全場邊線）為範圍，在兩邊底線之間折返跑。

全場慢跑：以進攻站姿站在底線，慢跑至對面的底線，再用相同的方式跑回到原本出發的底線。

全場衝刺：以進攻站姿站在底線，衝刺到對面罰球線或罰球線延伸的地方，再變換速度至慢跑直到對面的底線，再用相同的方式跑回到原本出發的底線。

全場改變速度：以進攻站姿站在底線後方，跑到對面的底線，中間最少要有三次的變換速度，從衝刺到慢跑再到衝刺，回到原本的底線也是用同樣的跑法。

全場改變方向跑：以進攻站姿左腳踩在底線與罰球線圈邊線的交叉點，45度斜線跑至右側邊線，接著90度從右至左斜線跑至左側罰球線圈邊線假想的延長線，再接著90度從左至右斜線跑至右側邊線，就一直用這種模式跑到對面底線，再用相同的方式跑回起跑點。

成功動作的檢查

• 上述的每個技巧完成兩次的折返。
• 使用合適的腳步方式與技巧。
• 使用小而快速的步伐來移動快一點。

單元一　腳步

為你的成功打分數

上述的每個技巧完成兩次的折返後得5分。

全場慢跑次數為＿＿＿次；得＿＿＿分

全場衝刺次數為＿＿＿次；得＿＿＿分

全場改變速度跑次數為＿＿＿次；得＿＿＿分

全場改變方向跑次數為＿＿＿次；得＿＿＿分

你的分數：＿＿＿（總分20分）

跳躍

大家都知道跳躍在籃球運動的重要性，例如搶籃板、蓋火鍋、跳投，大家普遍認為跳得高就是好的跳躍，其實不然，跳躍的速度與頻率比跳的高度來得重要；另外，跳躍的時機、空中的平衡及落地也都是好的跳躍的重要因素。

首先，你需要學習兩個基本的跳法——兩腳跳躍與單腳跳躍。使用雙腳跳躍（圖1.8）的時機可以為當沒有在移位時、當落地需要保持平衡時（例如跳投時）、當需要連續跳躍時（例如搶籃板時）。動作開始為平衡站姿，頭保持在腰部上方、背挺直、雙手肘彎曲、雙手臂貼於身體側，以及身體重量分散於雙腳前腳掌。跳躍之前，依據腳的力量大小，將膝蓋彎曲呈60度至90度，起跳之前也可往前踩一小步。起跳時雙腳快速且有力地推地起跳，並延伸腳踝、膝蓋及臀部。

而達到最高高度的關鍵在於爆發性的起跳，當你越快速越有力地用雙腳蹬地，你起跳的高度就會越高，跳躍時記得將雙手手臂舉起伸直，沒有緊繃的平穩流暢的動作將讓你跳躍的高度越高。最後落地時請用雙腳前腳掌著地，落在原起跳點，保持雙膝彎曲來進行下一次跳躍或是移動。

圖1.8　雙腳跳躍

a

平穩的起跳

1. 起跳前踏出一短步
2. 頭保持在腰部上方、背挺直
3. 雙手肘彎曲、雙手臂貼於身體側
4. 身體重量分散於雙腳前腳掌
5. 膝蓋呈60度至90度的彎曲
6. 用雙腳快速且有力地蹬地起跳

b

雙腳跳躍

1. 延伸腳踝、膝蓋及臀部
2. 將雙手手臂舉起伸直
3. 落在起跳點

　　單腳跳躍是用在移動時，例如：切入的上籃、移動去封阻投籃或移動去搶進攻籃板。當移動時單腳跳躍是比雙腳跳躍來得快速，兩腳跳躍時，你需要花一點時間停止來準備跳躍。但單腳跳躍的缺點就是不容易控制在空中的身體，這樣可能會導致與其他球員的碰撞甚至導致犯規；除此，單腳跳躍後，也比較難平衡的落地來變換方向或做第二次的快速跳躍。

　　單腳跳躍從跑步開始（如圖1.9，頁16），為了可以跳得高，你必須在最後的三至四步加速，當然速度是必須維持在可以控制的範圍內。跳躍的最後一步必須是小步的，如此才可以快速的調降起跳腳的膝蓋，這樣的動作可以將前進的動能轉換成向上的動能。

　　按照腳的力量，起跳腳的膝蓋應該彎曲60至90度之間，起跳的角度應該越垂直越好。從一個平衡的站姿，使用起跳腳快速且有力地推地起跳，延伸起跳腳的腳踝、膝蓋和臀部。記得跳躍的爆發力重點：當你越快速越有力地用腳推地，你將會跳得越高。抬起非起跳腳

單元一　腳步

的膝蓋，爲了讓手摸到更高點，可以將非向上延伸的手往下擺。最後使用平穩流暢沒有緊繃動作平衡的落地，落地時用雙腳前腳掌落地並保持膝蓋彎曲。

圖1.9　單腳跳躍

先跑步

1. 先跑步
2. 起跳前踏出一短步
3. 頭保持在腰部上方、背挺直
4. 雙手肘彎曲、雙手臂貼於身體側
5. 身體重心放在起跳腳前腳掌
6. 降低起跳腳的膝蓋
7. 起跳腳快速且有力地推地起跳

單腳跳躍

1. 抬起非起跳腳的膝蓋，延伸起跳腳的腳踝、膝蓋和臀部
2. 起跳腳的手往上延伸，另一手則往下擺
3. 落在起跳點

　常見的錯誤

跳得遠而不是跳得高。

改善方式

縮短起跳前的最後一步，如此才可以快速的調降起跳腳的膝蓋，改變前進的動量爲向上的動量。另外，當將手臂往上抬時將非起跳腳膝蓋往上抬，一個有力的手臂與膝蓋往上抬也有助於向上動量的增加。

進攻腳步訓練　　雙腳垂直跳測試

面對一道平滑的牆壁，雙手握粉筆，肩膀靠牆壁雙手往上伸直，在雙手指尖可觸及的最高點用粉筆畫一下。起跳時可與牆壁保持一步的距離，用定點的雙腳跳躍，盡可能的跳得越高越好，利用指尖的粉筆，在跳到最高點時在牆壁做記號，然後利用碼尺測量兩道粉筆線之間的距離，測量單位最小到半吋。連續做三次跳躍，每次跳躍之間休息10秒。

成功動作的檢查

- 使用正確的雙腳跳躍。
- 盡所能跳得越高越好。

為你的成功打分數

記錄每次跳躍的成績。超過17吋（43公分）是最棒的並且有5分；15至16吋（38至42公分）有3分；13至14吋（33至37公分）得1分；低於13吋（33公分）得0分。用最好的成績當作最終成績。

第一跳＿＿＿吋；得＿＿＿分
第二跳＿＿＿吋；得＿＿＿分
第三跳＿＿＿吋；得＿＿＿分
你的分數：＿＿＿（最高5分）

進攻腳步訓練　　單腳垂直跳躍訓練

這次簡短的訓練包含五到十步的全力助跑以及三次的單腳跳躍，請一位同伴利用籃網或籃板位置來測量跳躍的高度，這次的訓練是持續性增進的訓練，所以每一次跳躍都要跳得比上一次好。助跑的部分則依個人狀況調整，但重要的是可以讓你跳得更高。

第一跳請跳到最高高度下12吋（30公分）並碰到球網或是籃板，第二跳請跳到最高高度下6吋（15公分）並碰到球網或是籃板，第三跳則盡全力跳越高越好。每一次跳躍中間休息10秒，最後請站在籃網或籃板下雙手往上伸直，並請夥伴利用碼尺測量其高度與三次單腳跳躍的高度，記錄單位最小到半吋。

增加難度

- 多做五下跳躍，並試著每次跳躍都跳更高。
- 如果第五次跳躍高度還是有增加，接著繼續跳，跳到高度無法再增加為止。

成功動作的檢查

- 利用適當的技巧來跳躍。
- 盡所能跳越高越好。

為你的成功打分數

因為這是一個持續性增進的訓練，所以打分數的方式有所不同，記錄每次跳躍的高度，每次跳躍都要有所進步，如果有進步，得5分。

第一跳＿＿＿吋
第二跳＿＿＿吋

防守腳步

移動腳步來防守是一件苦差事，成功的祕訣在於對贏球的渴望、紀律、專注力、預測能力及優良的體能狀況，而在快速移動中能保持平衡，則是能即時反應對手的移動與方向變換的重要因素。

而防守腳步的訣竅為步伐要小且快，並將身體重心平均分配在兩腳前腳掌，利用離想移動方向較遠的腳來推蹬，並踏出離想移動方向較近的腳，切記不能有交叉腳的狀況發生；只有一個狀況例外，就是進攻者往帶領腳的方向切入，此時就要將帶領腳往後拉，接下來移動就遵守著上面敘述的方式，但兩腳距離不要小於肩寬，並儘量貼地。另外，也要彎曲膝蓋來保持身體重心低，上半身打直、挺胸、頭不亂晃，避免身體有上下浮動的狀況，跳躍動作會讓速度變慢且讓身體浮在半空中，所以儘量不要，讓腳緊貼於地面才能快速的回應對手的動作。靠近球的那隻手可以用來快速輕撥球，但要避免打手或身體向前傾。讓頭保持在腰上方、雙手臂貼於身體與手肘彎曲都有助於身體的平衡。

以下幾項基本防守的步伐將有助於防守功力的提升：側步或滑步、趨前步與退後步、後撤步，每項腳步都以防守站姿為開始。

側步或滑步

站在對手與籃框之間保持平衡的防守站姿，如果你的對手移動到一側，開始使用側步或滑步來應對（如圖1.10）。從前後站姿快速改為平行站姿，兩腳應該平行要移動的方向，使用小且快的腳步，身體重心平均分配在兩腳前腳掌，利用離想移動方向較遠的腳來推蹬，並踏出離想移動方向較近的腳，切記不能有交叉腳的狀況發生，專心保持身體平衡，並隨時做好改變方向的準備。

圖 1.10　側步或滑步

側步或滑步
1. 利用離想移動方向較遠的腳來推蹬，步伐要短且快
2. 踏出離想移動方向較近的腳
3. 帶領腳保持在對手身體外測
4. 後腳對齊對手身體中央
5. 兩腳間距不要小於兩肩距離，並切記不要交叉腳
6. 雙腳緊貼於地面
7. 雙膝保持彎曲，不做跳躍或身體上下浮動的動作
8. 保持頭部穩定並在腰部正上方
9. 背部打直不傾斜
10. 雙手舉起
11. 雙手手肘彎曲並將雙手臂貼於身體側
12. 用手輕拍球但不要打手犯規

 常見的錯誤

打手犯規或身體向前傾，而讓身體失去平衡。

改善方式

保持頭部在腰部正上方、雙手舉起、雙手肘彎曲並將雙手臂貼於身體側。

防守腳步訓練　禁區防守滑步

　　開始時先站在禁區內邊線並面向罰球線，右腳踩在右邊罰球線圈邊線，使用平衡的防守站姿，兩腳平行雙手舉起，使用短且快的防守側步移動至左邊罰球線圈邊線，再轉換方向回來至右邊罰球線圈邊線，盡你的能力越快越好，看能碰到幾次邊線。

單元一　腳步

- 保持正確的平衡防守站姿。
- 用短且快的側步向邊線移動。
- 雙手舉起。
- 嘗試在30秒內碰到15次邊線。

為你的成功打分數

30秒內碰到15次以上 = 5分

30秒內碰到13或14次 = 4分

30秒內碰到11或12次 = 3分

30秒內碰到9或10次 = 2分

30秒內碰到8次 = 1分

30秒內碰到7次或以下 = 0分

你的分數：＿＿＿

趨前步與退後步

趨前往外移位來貼身防守進攻球員簡稱「*貼身防守*」，這不是一項簡單的技巧，這項動作需要有好的判斷力與平衡感來支撐，防守者不能因為要快速貼近進攻者，導致失去平衡，甚至來不及往後退來防守。而避免這樣的情況發生，可採用小而快速的趨前步，過程中不能有交叉腳，並且要保護領導腳，盡可能的放在進攻者外側的地方。

如果對手從後腳的方向切入籃框，你就應該要保持平衡的做退後步往後移動，你不能為了要移動快而失去平衡，造成無法快速反應而跟丟對手，當然移動的時候腳步也要小而快，並避免過程中有交叉腳。

趨前與退後步（圖1.11）基本上需要一樣的腳上功夫，只是移動的方向不同，兩種腳步都需要短且快，且保持前後腳站姿，不交叉步伐，並把身體重心平均的分配在兩腳前腳掌。在*趨前*時，使用後腳推蹬，用前腳踏出，但不能讓後腳交叉前腳；在退後時，使用前腳推蹬，用後腳踏出，但不能讓前腳交叉後腳。兩種腳步成功的要素別無竅門，就是努力的練習。

圖1.11　趨前與退後步

趨前步

1. 推蹬後腳往前行進
2. 使用短且快的步伐，並讓腳貼於地
3. 帶領腳持續保持在對手身體的外側
4. 後腳對齊對手身體中央
5. 雙腳距離小於兩肩距離，且兩腳不要交叉
6. 雙膝彎曲，不做任何跳躍或身體上下浮動的動作
7. 頭部保持不動並在腰部上方
8. 背部打直不傾斜
9. 雙手舉起、雙手肘彎曲並將雙手臂貼於身體外側
10.用手輕拍球但不要打手犯規

退後步

1. 推蹬前腳往後行進
2. 使用短且快的步伐，並讓腳貼於地
3. 帶領腳持續保持在對手身體的外側
4. 後腳對齊對手身體中央
5. 雙腳距離小於兩肩距離，且兩腳不要交叉
6. 雙膝彎曲，不做任何跳躍或身體上下浮動的動作
7. 頭部保持不動並在腰部上方
8. 背部打直不傾斜
9. 雙手舉起、雙手肘彎曲並將雙手臂貼於身體外側
10.用手輕拍球但不要打手犯規

 常見的錯誤：趨前步

往前跳造成兩腳平行，無法及時往後退。

改善方式

頭部不動、雙膝彎曲並利用短又快的步伐來維持前後站姿，且不要跳躍，儘量保持雙腳貼於地面。

 常見的錯誤：退後步

前腳交叉後腳，造成無法快速的方向改變。

單元一　腳步

改善方式

利用前腳的推蹬來踏出後腳，不要交叉雙腳，也不要讓兩腳的距離小於肩距。

防守腳步訓練　禁區內的趨前與退後步

開始時先面向罰球線，右腳踩在右邊的第一格防守區塊，左腳面向前踩在罰球線圈邊線，兩腳前後站採防守站姿，左腳與右腳呈45度，前進使用左腳踩趨前步，用左腳（領導腳）一直往前踏直到碰到罰球線中間，再快速的抽回左腳，改成退後步，一直退後到左側第一格的防守區塊；再快速改變方向變成趨前步前進直到右腳碰到罰球線，再退後至右邊第一格的防守區塊。

成功動作的檢查

- 保持正確的防守站姿。
- 利用短且快的腳步。
- 在執行趨前與退後步時，使用正確的技巧。
- 在30秒內試圖碰到15次罰球線和防守區塊。

為你的成功打分數

30秒內碰到15次以上的罰球線和防守區塊 = 5分

30秒內碰到13至14次罰球線和防守區塊 = 4分

30秒內碰到11至12次罰球線和防守區塊 = 3分

30秒內碰到9至10次罰球線和防守區塊 = 2分

30秒內碰到8次罰球線和防守區塊 = 1分

30秒內碰到7次以下罰球線和防守區塊 = 0分

你的分數：＿＿＿

後撤步

在基本的防守站姿中，腳要一前一後，這個站姿的弱點在於領導腳那方，相對於後腳的方向，往領導腳的方向移動較困難。如果對手運球往領導腳的方向切入籃框，此時就要利用後腳當軸心腳，快速的拉退領導腳（圖1.12），之後再使用前腳（新的領導腳）推蹬，採用快速的退後步來重新建立防守站姿。如果距離對手太遠，就可以用跑的來追回距離。

當採用後撤步時，頭保持在腰部上方且往上看並讓雙眼專注於對手，千萬不要轉錯方向或將視線離開對手。當執行後撤步時，使用後腳用力推蹬來讓前腳往後抽退，前腳的後退必須是垂直往後，腳要離地越近越好，不要打轉或舉高帶領腳，在過程中也可利用靠近帶領腳的手肘往身體那邊後拉來增進動能。

圖1.12 後撤步

 a

 b

 c

反轉以及後撤步

1. 以後腳為軸心腳來執行後撤步
2. 將領導腳垂直拉退，過程中腳要儘量靠近地板
3. 將帶領側的手肘拉回至身體側

重建防守位置

1. 將雙眼目光放在對手身體中央
2. 利用退後步重新建立防守站姿

重建帶領腳

1. 利用正轉來重新找回帶領腳位置
2. 隨時準備好改變方向

常見的錯誤

轉錯邊造成視線無法繼續停留在對手身上。

改善方式

往對手移動的方向執行後撤步，並讓視焦停留在對手。

防守腳步訓練　禁區Z字形防守

開始時面向對面的罰球線，右腳站在右邊罰球線圈邊線與罰球線的交叉點上，左腳與右腳呈前後腳差45度，利用快又短的退後步，往對角的方向退後，直到左腳碰到左側罰球線圈邊線；再用右腳後撤步，並持續用退後步直到右腳碰到右邊罰球線圈邊線與底線的交叉點上；再轉回進攻站姿，快速往對角衝刺到左邊罰球線圈邊線與罰球線的交叉點上，後再改回防守站姿，用右腳使用退後步，直到碰到右側的罰球線圈邊線；再用左腳後撤步，並持續用退後步直到左腳碰到左邊罰球線圈邊線與底線的交叉點上；然後改為進攻站姿，快速往對角衝刺到右邊罰球線圈邊線與罰球線的交叉點上，持續的進行，看最快可以做幾次。

成功動作的檢查

- 保持適當的進攻站姿和防守站姿。
- 利用短且快的步伐。

單元一 腳步

- 在30秒內試圖碰到15次線。

在30秒內碰到線15次以上 = 5分

在30秒內碰到線13至14次 = 4分

在30秒內碰到線11至12次 = 3分

在30秒內碰到線9至10次 = 2分

在30秒內碰到線8次 = 1分

在30秒內碰到線7次以下 = 0分

你的分數：＿＿＿＿

防守腳步訓練　波浪

　　開始時站在中線面對隊友，隊友的距離約20呎（6.1公尺），隊友會使用不同的口號與手勢來給予信號。當聽到「防守」時，快速地站出防守站姿；聽到「側邊」時，快速的朝向隊友手部比出的方向移動；聽到「向前」時，快速的朝向隊友移動；聽到「向後」時，請快速地離開隊友所在的位置。隊友會指示向前或向後移動，或利用手比的方向來指示側邊移動的方向，過程中都要使用防守腳步，利用側步來往兩邊移動，或利用趨前與退後步來向前或向後移動，所有過程中都要保持平衡或在快速改變方向時保持良好的腳步。

增加難度

- 隊友在指令中隨機加入「籃板球」，當聽到這個指令時請快速地利用雙腳跳起並假裝用雙手搶得籃板球。

- 隊友在指令中隨機加入「掉球」，當聽到這個指令時請雙手與雙腳碰地假裝用雙手撿球後再起立衝刺。

- 隊友在指令中隨機加入「快攻」當聽到這個指令時請快速的向前衝刺就像你在球場上進行快攻一樣。

成功動作的檢查

- 使用正確的防守站姿與腳步。
- 使用短且快的腳步。
- 30秒內不要停或發生任何失誤。

為你的成功打分數

30秒以上沒有失誤 = 5分

25至29秒內沒有失誤 = 4分

20至24秒內沒有失誤 = 3分

15至19秒內沒有失誤 = 2分

10至14秒內沒有失誤 = 1分

1至9秒內沒有失誤 = 0分

你的分數：＿＿＿＿

防守腳步訓練　全場防守腳步

　　這個訓練可以讓你練習一些防守步伐，例如Z字形、趨前與退後步及反轉後撤步，在每一種練習中，所使用的場地寬度為籃球場寬度的三分之一，大概

從全場的邊線至禁區的邊線。

全場Z字形防守：開始時背對較遠的籃框，左腳在前並踩在左邊底線和邊線的交點上，右腳向後呈現45度的角度，雙腳維持交錯的防守姿勢，使用退後腳步往對角線方向移動直到右腳碰到罰球線圈邊線，此時快速的將左腳抽回，再繼續移動至左邊的邊線，碰到後再退後步去碰右邊罰球線圈邊線的延長端；之後每次只要碰到邊線或罰球線圈邊線延長端都要做後撤步，直到碰到底線，回去的時候也用相同方式做回來。

全場趨前與退後步防守：想像正在防守一名運球球員，背對較遠的籃框採防守站姿，左腳在前並踩在左邊底線和邊線的交叉點上，右腳則筆直地向後方延伸。以退後步開始往後移動，然後再以趨前步往前移動，之後再以退後步往後移動；持續以這種方式進行，但過程中退後步會比趨前步多幾步，直到右腳碰到中線。碰到中線後，快速的使用後撤步拉回左腳，此時右腳在前，此時再重複上面的循環，直到左腳碰到底線，回去的時候也用相同方式做回來。

全場反轉後撤步：想像運球者往帶領腳的方向移動，迫使你要使用後撤步，之後再去追趕。準備站姿為背對較遠的籃框並採取交錯的防守姿勢，左腳在前碰到底線，而右腳筆直地向後方延伸踩在右邊全場邊線，剛開始移動為採取趨前步，接著做帶領腳的後撤步，讓眼睛注視著想像中的防守者，至少跑三步，然後再恢復左腳在前的防守站姿，一直這樣循環的移動直到中線，過程中最少做兩次的轉換。到中線後，換右腳在前，重複上面的循環，直到碰到底線，回去的時候也用相同方式做回來。

成功動作的檢查

- 試著完成上述每項訓練各兩組來回。
- 進行途中請利用良好的技巧與站姿。
- 利用短且快的步伐迅速移動。

為你的成功打分數

當完成上述每項訓練各兩組得5分。

全場Z字形防守來回的組數＿＿＿；得分＿＿＿

全場趨前與退後步來回的組數＿＿＿；得分＿＿＿

全場反轉後撤步來回的組數＿＿＿；得分＿＿＿

你的分數：＿＿＿（共15分）

進攻與防守腳步訓練　全場一對一進攻與防守的對抗

找到一位隊友，你則擔任防守方來對抗沒帶球進攻的隊友，你的隊友將嘗試利用加速、急停及速度或方向的改變來過你，過程中只要是離開防守者的頭或是肩膀都算成功的過人。將球場寬度分成三等份，進攻範圍的寬度為全場

邊線到罰球線圈邊線，長度則為雙邊底線。如果進攻者成功的過人，雙方都要停止；而防守者則要保持雙手可及的距離，並試圖搶在隊友之前到達理想的位置造成隊友進攻犯規。

採取防守站姿並面向隊友，觸碰他的腰之後便開始此項訓練，進攻球員每次超越你一個頭或是肩膀的距離算得1分，而你每次造成進攻犯規則得1分，

不管誰得分之後就重新開始，直到移動至對面底線，攻守才交換。

- 確實做好防守站姿與腳步。
- 比夥伴得更多分數。

如果得分比夥伴多則得5分。

你的分數：＿＿＿＿

夥伴的分數：＿＿＿＿

為你的成功評價

敏捷與平衡的腳步對場上的表現幫助很大，單元中所呈現的資訊與訓練都有助於你成為一個更好的球員，在切入時更有效率，在防守時更能製造對方失誤進而轉換為快攻。

在下個單元中，我們將談論傳接球的基本功，而進入到單元二之前，你應該回頭計算一下你在每次練習所得到的分數，請輸入每項得到的分數，再加總起來，看看一共得了多少分。

步伐訓練

   1. 站姿　　　　　　　　　　　　　　　　5分中得＿＿＿＿分

   2. 小碎步　　　　　　　　　　　　　　15分中得＿＿＿＿分

   3. 跳繩　　　　　　　　　　　　　　　10分中得＿＿＿＿分

進攻腳步訓練

   1. 一二兩步急停　　　　　　　　　　　　5分中得＿＿＿＿分

   2. 雙腳墊步急停　　　　　　　　　　　　5分中得＿＿＿＿分

   3. 全場進攻腳步　　　　　　　　　　　20分中得＿＿＿＿分

   4. 雙腳垂直跳測試　　　　　　　　　　　5分中得＿＿＿＿分

   5. 單腳垂直跳躍訓練　　　　　　　　　　5分中得＿＿＿＿分

防守腳步訓練

   1. 禁區防守滑步　　　　　　　　　　　　5分中得＿＿＿＿分

   2. 禁區內的趨前與退後步　　　　　　　　5分中得＿＿＿＿分

3. 禁區Z字形防守　　　　　　　　　　　　　　5分中得＿＿＿分

　　4. 波浪　　　　　　　　　　　　　　　　　　　5分中得＿＿＿分

　　5. 全場防守腳步　　　　　　　　　　　　　　15分中得＿＿＿分

進攻與防守腳步訓練

　　1. 全場一對一進攻與防守的對抗　　　　　　　5分中得＿＿＿分

總分　　　　　　　　　　　　　　　　　　　　110分中得＿＿＿分

如果你得到60分以上的分數，恭喜你！這代表你已精熟本單元所講的基本動作，並準備好往下一個單元「傳球與接球」出發。如果你的分數是低於60分，你可能要多花點時間再繼續練習單元一所敘述的內容，繼續努力來熟悉所有腳步動作。

單元二　傳球與接球

在好的球隊中，常可以看到球不停的在同隊的五個人之間快速的流動，此時的籃球賽才像是團隊運動，好的傳球與接球是團隊合作重要的一環，這兩項技巧讓籃球比賽變成更好看的團隊運動。

傳球在籃球場上是最常被忽略的基本技巧，球員們多半不想練傳球，原因可能是球迷與媒體都將注意力放在得分的球員而不是助攻的球員。一個會傳球的球隊對於防守方是一個很大的威脅，因為任何球員在任何時間都有可能從任何球員中接到球，提升傳球與接球的能力將可讓自己與隊友變得更強。

傳球有兩個主要原因——製造較好的投籃機會以及維持球權，這兩個優勢可能讓球隊掌握比賽。假傳、適時及精準的傳球將為球隊製造更多得分的機會。移動到可以投籃的位置不是靠運球就是傳球，而傳球的速度比運球快上好幾倍，當球快速且精確的從強邊移轉到弱邊，投籃的機會就製造出來了，且球的流動讓防守者忙碌的移動，如此防守方就比較無法協防或進行包夾。

除此，一個會傳球與接球的球隊也可降低失分，知道何時與何地傳球不但可以為自己的球隊製造得分機會，也可以避免對方的抄截導致對方輕鬆的得分。下面列出幾項傳球的時機：

- 將球傳出擁擠的區域（例如搶到籃板或被包夾時）
- 迅速的傳球給快攻者
- 執行進攻戰術時
- 傳球給有空檔的隊友投籃
- 利用傳切來製造自己投籃的機會

找一位訓練的夥伴（可以是你的教練、老師或好的球員）來觀察你的傳球與接球，這位夥伴可利用圖2-1至2-9來評估你的表現並提供建設性的回饋，同時也請你的教練來評估你傳球的決策判斷時機。

傳球與接球的原則

瞭解以下傳球與接球的原則將有助於你增進在球場上的判斷力、預測能力、時機掌握、欺敵能力、準確度、力量及球感，這些能力將有助於你轉變成一個好的傳球者，進而提升成為一個好的籃球員。

目視籃框：當籃框在你的視線範圍內，意味著你可以看到前方整個場面，包括有空檔的隊友或對手防守的站位，這將有助於你傳球、投籃或切入。

傳球優先於運球：傳球移動的速度遠比運球的快，尤其是進行快攻或突破區域防守時。

知道隊友的優點與缺點：預測隊友將移動的位置或下一個他要做的動作，在好的時間點傳到適當的位置給他，讓他發揮最大效能。

領前傳球：預測隊友切入籃框的速度來傳出一個時間恰到好處的領前傳球，球落點剛好可以在隊友的前方，帶領隊友至一個空檔得分的位置。

利用假動作：傳球前先做假動作，但眼睛不要直視要傳球的方向，而是利用眼角餘光來瞄準真正要傳球的對象。

吸引防守再傳球：傳球之前，先利用投球假動作或運球來吸引對手，但是當你的防守者下沉防守時，就不要嘗試傳球，因為這時防守者就擁有充足的時間與距離來反應，比較容易抄球或影響球的行進方向。

快速及精確的傳球：省略多餘的傳球動作，傳球時避免將球後縮至胸前再傳出。

判斷傳球的力道：長距離時用力的傳球，近距離時輕力傳球。

確定傳球的時機：如果球可能會被抄走就不要傳球，好的傳球是可以被穩穩接到的；也儘量避免傳球到擁擠的地方或未有空檔的隊友。

傳球至遠離貼身防守的那端：當隊友被貼身防守時，傳球要傳到遠離防守者的那端。如果接球的點不是在合適的進攻位置，雙手要高於腰，用彎曲手肘的雙手來接球，並嘗試再傳出球。

傳球至空檔球員遠方手的位置：當球員在可以投球的位置空檔，將球傳至給他遠方手的位置，讓他可以不用移動手或身體姿勢來接到球；而當你是接球者，讓球往你的方向移動，球到之前墊步，用微蹲準備投球的動作以及彎曲手臂的雙手接球，隨時準備投籃。

接球

當在得分區外有空檔，雙手舉起讓傳球者知道空檔，並迎向傳球準備接球

（如圖2.1）。接球時雙手保持柔軟，讓雙手保持放鬆的握手姿勢，雙手掌心朝向來球呈現杯狀，大拇指與其他手指放鬆不要刻意張開，將手臂與手放在胸前位置。接到球後，以一二兩步急停落地，目視籃框與防守者，隨時準備可以傳球至前場。

單元五、單元六與單元七都有進行接球後的動作技巧教學：單元五內容說明在得分區域空檔接到球後的投籃，單元六說明在得分區域被防守者貼身防守接到球後的運球製造投籃機會，單元七則說明在低位或高位接到球後的定點得分技巧。

常見的錯誤
當接球時漏接球。

改善方式
雙手舉起放鬆，眼睛看著球沿著路徑進入到雙手。

圖2.1　接球

雙手舉起
1. 眼睛看球
2. 腳與肩同寬的平衡站姿
3. 雙膝彎曲
4. 背部打直
5. 雙手舉起、手指放鬆並將雙手保持一顆球的距離

雙手接球
1. 往球的方向前進
2. 利用雙手接球
3. 保持手指放鬆
4. 接球時，雙手順著來球後縮
5. 利用一二兩步急停落地

身體正轉
1. 利用內側腳作為軸心腳來將身體轉正
2. 雙手肘伸出並將球保持在胸口前方的位置
3. 目視籃框
4. 雙腳保持與肩同寬
5. 雙膝放鬆
6. 背部打直

暖身訓練　球感練習暖身

這項暖身練習包含傳接球以及雙手流動球的動作，全部有六種球感訓練，分別爲頭頂繞球、環繞頭、環繞腰、環繞右腳、環繞左腳及八字繞雙腳。

開始時採平衡站姿，藉由彎曲手腕及手指將球有力的由一手傳至另一手。爲了改善非慣用手的缺點，可以在傳球時特別注意非慣用手的出力，且每次傳球都要有跟隨的動作，傳球後手指要指向接球手，過程中不要求快，但要注意力道與控制力。在做每一種球感訓練時，都先做同方向10次，再做反方向

10次。

成功動作的檢查

• 試圖在3分鐘內不超過3次失誤。
• 維持力道和控制力。
• 傳球後手指要有跟隨的動作來指向另一接球手。

為你的成功打分數

3分鐘內0至3次失誤 = 5分
3分鐘內4至6次失誤 = 5分
3分鐘內7至9次失誤 = 1分
3分鐘內10次以上失誤 = 0分
你的分數：____

基本傳球

傳球基本技巧包含胸前傳球、地板傳球、過頭傳球、側邊傳球、棒球式傳球、背後傳球及擊地傳球，持續練習上述的動作直到可以自然的做出，然後學習在不同的狀況傳出合適的傳球。可以

找一個隊友或自行練習，傳球時要注意球速與準確性。在個人練習時，則需要一顆球與一面平坦的牆，之後再學習如何在團隊競爭練習或眞實比賽情境做出較好的傳球決定。

籃球
邁向卓越

胸前傳球

　　胸前傳球（圖2.2）是在籃球中最常見的傳球方式，快速且精確的胸前傳球可用在籃球場上的任何位置。相同地，胸前傳球也是以平衡的站姿開始，用雙手將球放置在胸前，將雙手肘收進身體內側，雙手放鬆放置在球的後面，利用餘光來鎖定目標接球者；傳球前先做轉頭或假動作，朝接球者方向踏出一步，延伸雙腳、背部及雙手臂，利用雙手腕及手指有力的將球傳出，並強調用非慣用手出力，慣用手則用來控制球，強調使用雙手的大拇指與食指來釋放球；最後指向傳球目標並手掌面下，這種傳球方式會讓球向後旋轉飛向手指指的方向。

圖2.2　胸前傳球

球在胸前
1. 眼睛沒有直視接球者的瞄準傳球目標
2. 保持身體平衡
3. 雙手放鬆呈握手姿勢並將手微微放在球的後方
4. 球維持在胸前
5. 雙手肘收近身體

胸前傳球
1. 傳球前先做轉頭或假動作
2. 往傳球方向踏出一步
3. 延伸雙膝、背部及雙手臂
4. 利用雙手腕及手指將球用力送出；特別記得用非慣用手出力
5. 用大拇指及食指來釋放球
6. 球傳出後將雙手臂延伸、雙手掌朝下以及手指指向傳球目標

單元二　傳球與接球

胸前傳球缺乏力氣。

改善方式

將雙手肘內縮靠近身體，並用雙手腕以及手指用力將球送出。

地板傳球

當防守者站在你跟傳球目標之間時，就可以利用地板傳球經由對手手臂下方通過；例如：當要傳球給快攻者或空手切入籃框的隊友，地板傳球（圖2.3）就是一個非常有效率的傳球技巧。地板傳球的動作和胸前傳球是一樣的，將球彈地傳送給隊友，讓隊友接

球的高度約在腰部位置，瞄準你跟隊友間距離三分之二的點或是離隊友位置前面幾步的點。如果彈地的位置離隊友太遠，會產生反彈路徑高且速度慢的反彈球，如此對手將可輕易地抄截；相反地，如果彈地的位置離隊友太近，隊友接球的位置就會太低不好接。記得最後手指指向哪球就會到哪，所以請務必讓手指跟隨指向目標並讓雙手手掌朝下。

圖2.3　地板傳球

球在腰際位置
1. 眼睛沒有直視接球者的瞄準傳球目標
2. 保持身體平衡
3. 雙手放鬆呈握手姿勢並將手微微放在球的後方
4. 球在腰際位置
5. 雙手肘收近身體

地板傳球
1. 傳球前先做轉頭或假動作
2. 瞄準你和目標間距的三分之二處
3. 往傳球方向踏出一步
4. 延伸雙膝、背部及雙手臂
5. 利用雙手腕及手指將球用力送出；特別記得用非慣用手出力
6. 利用大拇指及食指來釋放球
7. 球傳出後將雙手臂延伸、雙手掌朝下以及手指指向傳球目標

常見的錯誤

球的反彈路徑太高且速度太慢，對手能夠輕易地抄截。

改善方式

開始時先將球保持在腰際的高度，並將球的反彈點移近至接球者一些。

過頭傳球

過頭傳球（圖2.4）的時機爲當被嚴密防守並需要將球傳越過防守者上方時，例如：快攻搶到籃板球將球傳給前方快攻者，或高調球給走後門至籃框的隊友；另外，高調球就像是側傳一樣，也很適合用來傳給位在低位的隊友。

過頭傳球的準備動作爲平衡的站姿，切記不要將球放在頭的後方，這樣容易被抄截，也會讓過頭傳球的動作花費更多時間；正確的動作爲讓雙手手肘彎曲90度將球保持在額頭正上方，之後再往傳球的方向踏出一步，延伸雙腳及背部可增加傳球的力道，雙手臂延伸並彎曲雙手手腕及手指將球迅速彈出，利用大拇指及食指來釋放球，並將雙手手指跟隨朝向傳球目標並雙手掌朝下。

圖2.4 過頭傳球

球保持在額頭正上方
1. 眼睛沒有直視接球者的瞄準傳球目標
2. 維持平衡姿勢
3. 保持雙手置於球的後側並將雙手保持握手的姿勢
4. 將球保持在額頭正上方
5. 雙手肘收至身體側

過頭傳球
1. 傳球前先做轉頭或假動作
2. 往傳球方向踏出一步
3. 延伸雙膝、背部及雙手臂
4. 利用雙手腕及手指的彎曲來彈出球
5. 利用大拇指及食指來釋放球
6. 球傳出後將雙手臂延伸、雙手掌朝下以及手指指向傳球目標

過頭傳球缺乏力氣及準確度。

改善方式
確保開始時球保持在額頭正上方而非頭部的後方，不要破壞身體的平面。藉由雙手手肘收進身體內側、彎曲雙手手腕及手指，以及延伸雙腳、背部及手臂來增加傳球的力量。藉由手指指向傳球目標來增加傳球的準確性。

側邊傳球

側邊傳球（圖2.5）的時機為當被嚴密防守並需要將球繞過防守者時，就像過頭傳球，側邊傳球也是一種把球餵給低位的選擇，除了開始時球的位置不同，側邊傳球的動作與過頭傳球的動作非常類似。

動作開始先將球移動到身體的一側，球大約在肩膀與臀部之間；切記不要將球放在身體的後側，這樣會造成傳球時間拉長，且球也容易被對方抄截。傳球後雙手手指也要有跟隨的動作指向傳球目標，並讓雙手手掌面向側邊。

側邊傳球可使用雙手或單手，單手側邊傳球（圖2.6，頁38）的動作則將傳球的那手置於球的後方，非傳球的手置於球的前方，在還沒傳球之前，非傳球手一直放在球上，如此就可以隨時中止傳球或做假動作。持續練習非慣用手來做單手側邊傳球直到跟慣用手一樣好。

圖2.5　雙手側邊傳球

球在身體側邊

1. 眼睛沒有直視接球者的瞄準傳球目標
2. 維持平衡姿勢
3. 保持雙手置於球的後側並將雙手保持握手的姿勢
4. 將球保持在肩膀與臀部之間
5. 雙手肘收至身體側

雙手側邊傳球

1. 傳球前先做轉頭或假動作
2. 往傳球方向踏出一步
3. 延伸雙膝、背部及雙手臂
4. 利用雙手腕及手指的彎曲來彈出球
5. 利用大拇指及食指來釋放球
6. 球傳出後將雙手臂延伸、雙手掌朝下以及手指指向傳球目標

 常見的錯誤

側邊傳球缺乏力氣及準確度。

改善方式

確保開始傳球時球不是在身體後方，不要破壞身體的平面。藉由雙手手肘收進身體內側、彎曲雙手手腕及手指，以及延伸雙腳、背部及手臂來增加傳球的力量。藉由將大拇指與食指指向傳球目標來增加傳球的準確性。

單元二　傳球與接球

圖2.6 單手手側邊傳球

a

b

球在身體側邊

1. 眼睛沒有直視接球者的瞄準傳球目標
2. 維持平衡姿勢
3. 傳球手在球後方
4. 非傳球手貼在球的前方
5. 球在肩膀與臀部之間
6. 雙手肘收至身體側

單手側邊傳球

1. 傳球前先做轉頭或假動作
2. 往傳球方向踏出一步
3. 延伸雙膝、背部及雙手臂
4. 利用單手手腕及手指的彎曲來彈出球
5. 還沒傳球之前，非傳球手一直放在球上，如此就可以隨時中止傳球或做假動作
6. 用第一與第二根手指來釋放球出去
7. 球傳出後將傳球手臂延伸、手掌朝下以及手指指向傳球目標

棒球式傳球

當要將球長傳時，棒球式傳球將會是首選（圖2.7），例如：在長傳給跑快攻的隊友、距離較長的領前傳球給切入籃框的隊友，或發球的長傳都可派上用場。

動作開始採取平衡站姿，用後腳當作軸心腳，將身體轉向傳球手的那側，將球舉到耳朵並將雙手手肘收進身體側，傳球手在球後面，非傳球手則在球前面，很像棒球的捕手要傳球到二壘刺殺盜壘的人。當傳球時，身體重心從後腳轉移至前腳，朝著傳球的目標延伸你的雙腳、背部及傳球的手臂；當球離開

指尖時請將手腕彎曲向前延伸，球傳出後將傳球手臂延伸、手掌朝下以及手指指向傳球目標。雖然這是單手傳球，但你應該要讓非傳球手一直在球上直到球離開為止，這樣便利隨時中止傳球或做假動作。

圖2.7　棒球式傳球

球置於耳朵旁
1. 眼睛沒有直視接球者的瞄準傳球目標
2. 維持平衡姿勢
3. 身體側邊站
4. 重心在軸心腳（後腳）
5. 手部放輕鬆，傳球手在球後面，非傳球手在球前面
6. 球在耳朵旁
7. 手肘收至身體側

棒球式傳球
1. 傳球前先做轉頭或假動作
2. 往傳球方向踏出一步
3. 延伸雙膝、背部及雙手臂
4. 雙手都在球上直到球傳出去
5. 利用手腕及手指的彎曲來彈出球
6. 利用大拇指及食指來釋放球
7. 球傳出後將手臂延伸、手掌朝下以及手指指向傳球目標

常見的錯誤
球呈曲線飛行。

改善方式
將傳球手置於球的正後方而非球的側邊，並且將手指指向目標，球將會沿著手指指向的方向移動。

單元二　傳球與接球

背後傳球

　　進階的球員必須要學會背後傳球這項技巧，當在防守者介於你和隊友之間時的二對一快攻，背後傳球（圖2.8）非常的好用。

　　利用後腳前腳掌來進行旋轉，將身體轉至要傳球的手的那一側，使用雙手來將球移到臀部後面的位置，傳球手在球的後方，非傳球手在球的前方，當將球從後方傳向目標時，身體重心會從後腳轉移至前腳。延伸傳球的手臂並將手腕及手指彎曲來送離球，手指指向傳球目標，並將傳球手的手掌朝上且讓傳球手的手臂碰到背，努力練習非慣用手，直到做到跟慣用手一樣好。

圖2.8　背後傳球

球在臀部後方
1. 眼睛沒有直視接球者的瞄準傳球目標
2. 維持平衡姿勢
3. 身體側邊站
4. 重心在軸心腳（後腳）
5. 手部放輕鬆，傳球手在球後面，非傳球手在球前面
6. 球在臀部後方

背後傳球
1. 傳球前先做轉頭或假動作
2. 往傳球方向踏出一步
3. 身體重心從後腳移動到前腳
4. 雙手都要在球上直到球離開為止
5. 球從後方傳
6. 延伸傳球手
7. 利用手腕及手指的彎曲來彈出球
8. 利用大拇指及食指來釋放球
9. 球傳出後將手臂延伸、手掌朝上以及手指指向傳球目標

擊地傳球

當背向籃框在高位區或低位區且被嚴謹的防守時，又想傳球繞過防守者給切入籃下的隊友，擊地傳球是一個非常好的選擇。擊地傳球是一個單手將球往後彈地傳球的動作（圖2.9），動作一開始先背對籃框，移動球至臀部的一側，傳球的手稍微在球的後面上方，非傳球的手則在球的下方，使用傳球手做出擊地傳球；球傳出之前雙手不離開球，如此才可以便利隨時中止傳球或做假動作；球傳出之後手指指向傳球目標，努力練習非慣用手，直到做到跟慣用手一樣好。

圖2.9　擊地傳球

a

背對籃框球在臀部一側
1. 背對籃框
2. 平衡姿勢
3. 眼睛沒有直視接球者的瞄準傳球目標
4. 球在臀部一側
5. 傳球的手稍微在球的上方
6. 非傳球的手在球的下方

b

擊地傳球
1. 傳球前先做轉頭或假動作
2. 做出擊地傳球
3. 球傳出之前雙手不離開球
4. 球傳出之後手指指向傳球目標

單元二　傳球與接球

常見的錯誤

擊地傳球彈跳太高且速度慢造成對手有機會抄截。

改善方式

在臀部的高度將球傳出並請將球傳到距離接球者較近的位置。

傳球訓練　兩人對傳

　　這項訓練可以提升傳球的速度、準確度及自信心，找一位可以對傳的隊友來執行胸前傳球、地板傳球、過頭傳球、側邊傳球、棒球式傳球、背後傳球及擊地傳球。

　　在做胸前傳球、地板傳球、過頭傳球、側邊傳球、背後傳球及擊地傳球時，離隊友約15呎（4.5公尺），並採取平衡的站姿，且讓球在適當預備傳球的位置；而在做棒球式傳球時，移動至離隊友約20呎（6.1公尺），盡所能的將球傳接得越快越精準，並注意要利用指尖來將球送出，這會影響球的後旋及精準度，並嘗試利用手臂做出誇張的跟隨動作直到球被接住為止。而接球的人要注意身體是否在平衡站姿、雙手是否舉起作為隊友傳球的目標，以及是否隨時準備好移動去接球。

成功動作的檢查

- 每項傳球技巧都使用良好的動作。
- 在接球時使用良好的動作。

為你的成功打分數

　　在距離隊友15呎，做胸前傳球、過頭傳球及側邊傳球，30秒內傳球40次以上得5分；30至39次得3分；20至29次得2分；少於20次得0分。

胸前傳球給距離15呎的隊友，30秒內傳球＿＿＿次；得＿＿＿分

過頭傳球給距離15呎的隊友，30秒內傳球＿＿＿次；得＿＿＿分

側邊傳球給距離15呎的隊友，30秒內傳球＿＿＿次；得＿＿＿分

　　至於地板傳球、背後傳球及擊地傳球，在距離隊友15呎，30秒內傳球30次以上得5分；20至29次得3分；10至19次得1分；少於10次得0分。

地板傳球給距離15呎的隊友，30秒內傳球＿＿＿次；得＿＿＿分

背後傳球給距離15呎的隊友，30秒內傳球＿＿＿次；得＿＿＿分

擊地傳球給距離15呎的隊友，30秒內傳球＿＿＿次；得＿＿＿分

　　在棒球式傳球中，在距離隊友20呎，30秒內傳球20次以上得5分；15至19次得3分；10至14次得1分；少於10次得0分。

棒球式傳球給距離20呎的隊友，30秒內傳球＿＿＿次；得＿＿＿分

你的分數：＿＿＿（總分35分）

傳球訓練　傳球並跟進

接下來這個訓練具備有挑戰性、競爭性及趣味性，但需要多位的球員來共同執行。首先，將球員分成兩排，距離12呎（3.7公尺）遠，而隔12呎的部分可藉助罰球線圈或中圈的距離來幫助兩排球員隔開。但是，在做棒球式傳球時，就要隔20呎（6.1公尺）遠。每排第一位球員要面對面，其中一位要拿球，開始時拿球的第一位球員要把球傳給另一排的第一位球員，傳完之後要跑到另一排的尾端；接到球的球員再迅速的把球傳給另一排的第一位球員，再跑到接球端那排的尾端。持續做這個傳球並跟進的循環，每項傳球技巧都要練習60秒。

成功動作的檢查

• 每項傳球技巧都使用良好的動作。

為你的成功打分數

在胸前傳球與過頭傳球方面，在距離隊友12呎，60秒內傳球100次以上得5分，90至99次得3分，80至89次得1分，少於80次得0分。

胸前傳球給距離12呎的隊友，60秒內傳球＿＿＿次；得＿＿＿分

過頭傳球給距離12呎的隊友，60秒內傳球＿＿＿次；得＿＿＿分

在地板傳球、側邊傳球、背後傳球及擊地傳球方面，在距離隊友12呎，60秒內傳球60次以上得5分；50至59次得3分；40至49次得1分；少於40次得0分。

地板傳球給距離12呎的隊友，60秒內傳球＿＿＿次；得＿＿＿分

側邊傳球給距離12呎的隊友，60秒內傳球＿＿＿次；得＿＿＿分

背後傳球給距離12呎的隊友，60秒內傳球＿＿＿次；得＿＿＿分

擊地傳球給距離12呎的隊友，60秒內傳球＿＿＿次；得＿＿＿分

在棒球式傳球方面，在距離隊友20呎，60秒內傳球40次以上得5分；30至39次得3分；20至29次得1分；少於20次得0分。

棒球式傳球給距離20呎的隊友，60秒內傳球＿＿＿次；得＿＿＿分

你的分數：＿＿＿（總分35分）

傳球訓練　星狀傳球

另外這個訓練也具備挑戰性、競爭性及趣味性，但最少要6位球員（最好有10位球員），剛開始球員要站五個點呈現星狀相隔12呎（3.7公尺），每個點一排共五排，而這個訓練使用的傳球方式為胸前傳球。如果少於10個球員，要確認第一個傳球的那排最少要有兩個人。傳球的方式為傳給右邊隔兩排的第一位球員，傳完後跑到那排的最後面；接到球的球員同樣的再傳給右邊

隔兩排的球員，之後再跑到其後面。傳球要精準與快速，傳球的整體路線會呈現星狀，計算一下60秒內可以傳幾顆球。

成功動作的檢查

- 確實做好胸前傳球的動作。

傳球訓練　反彈網側移步傳球

反彈網側移步傳球可幫助球員增加傳球的速度、準確性及自信。將反彈網放在兩條罰球線圈邊線中間的地方，傳球者距離反彈網12呎（3.7公尺），移動範圍設定在兩邊罰球線圈邊線，當外側腳碰到線時再迅速採用側移步至另一條線，如此不斷來回，傳球用胸前傳球，側移的過程中不斷的傳接球。一樣，剛開始採適當的傳球姿勢，當側移時盡所能的將球傳得越快越準，步伐則是小又快，但切記不要有交叉步的狀況發生。如果沒有反彈網，則可以找一面牆代替，然後用膠帶標示出間距12呎來代替罰球線圈邊線。

增加難度

- 將側移步改為跑步，並在每次接球時做一二兩步急停動作。

成功動作的檢查

- 向側邊移動時不要將腳交叉。
- 利用短且快的步伐。
- 試著於間距12呎的兩條邊線間在30秒內完成20次胸前傳球。

傳球訓練　反彈傳球

這項具有挑戰性、競爭性及趣味性的訓練也需要一位隊友的協助，此項練習不但可以訓練傳胸前傳球的準確性與自信，還可以增進速度與敏捷性。

一開始要先面向反彈網或牆，並保持12呎（3.7公尺）的距離，讓隊友

站在你的後面，預備傳球的姿勢，用胸前傳球儘量精準地傳到反彈網的中間，球離手後運用短且快的側移步往右邊移動；當球從反彈網彈回來時，隊友接住球，之後再往右邊側移，側移之前先傳出胸前傳球至反彈網；在隊友傳完球後，你又迅速繞過隊友後方往左邊側移，接住球後再做胸前傳球，再往右邊側移，持續的來回，也可以嘗試往另一個方向做循環的練習。

- 使用良好的胸前傳球技巧。

- 使用良好的接球技巧。
- 當側移時不要交叉腳。
- 利用短且快的步伐。
- 在側移、12呎距離以及30秒內完成20次的胸前傳球。

30秒內完成20次以上的胸前傳球 = 5分
30秒內完成15次至19次的胸前傳球 = 3分
30秒內完成10至14次的胸前傳球 = 1分
30秒內完成少於10次的胸前傳球 = 0分
你的分數：＿＿＿

傳球訓練　逗牛傳球

　　這項好玩的訓練需要五位進攻球員及一位防守球員，進攻球員等距的圍繞罰球線圈或是中圈，其中一位進攻球員掌握一顆球，防守者則站在圈圈中央，扮演牛的角色要去抄截、干擾或碰到傳球，外圍五個球員則一直傳球，很像在逗圈圈裡面的牛，但先決條件不能傳給左右鄰近兩位進攻球員；進攻者可以用任何方式傳球，但球在手中不能超過兩秒。如果防守者碰到球或進攻者傳壞球或犯規，該名傳球者就要扮牛，原本的牛就變成進攻者。

- 使用各種良好的傳球技巧。
- 球不要停留在手中超過兩秒。
- 試著完成連續五次的傳球，過程中不被抄截、不要傳不好或不要犯規。

連續五次以上不犯錯的傳球 = 5分
連續四次不犯錯的傳球 = 3分
連續三次不犯錯的傳球 = 1分
連續三次以下不犯錯的傳球 = 0分
你的分數：＿＿＿

傳球訓練　反彈網傳球

　　這項訓練需要將球傳到反彈網，有助提升傳球速度、準確性及自信，如果沒有反彈網則可以找一面牆代替。傳球的方法可以為胸前傳球、地板傳球、

過頭傳球、側邊傳球、棒球式傳球及背後傳球，與反彈網的距離為12呎（3.7公尺），但在做棒球式傳球時則要隔20呎（6.1公尺）。盡可能的將球傳越快越準越好，正確的指尖運用將可增加球的後旋並讓球直直的反彈回來，切記手臂需要做跟隨的動作直到球碰到反彈網。

成功動作的檢查

- 開始時採取平衡站姿。
- 使用各種良好的傳球技巧。
- 傳完任何一種傳球動作之後都要做跟隨的動作。

為你的成功打分數

在胸前傳球、過頭傳球、側邊傳球、棒球式傳球及背後傳球方面，距離反彈網或牆壁12呎（棒球式傳球則為20呎），30秒內完成30次以上的傳球得5分；30秒內完成25至29次的傳球得3分；30秒內完成20至24次傳球得1分；20次以下得0分。

30秒內胸前傳球的次數＿＿＿；得＿＿＿分

30秒內過頭傳球的次數＿＿＿；得＿＿＿分

30秒內側邊傳球的次數＿＿＿；得＿＿＿分

30秒內棒球式傳球的次數＿＿＿；得＿＿＿分

30秒內背後傳球的次數＿＿＿；得＿＿＿分

在地板傳球方面，距離反彈網或牆壁12呎，30秒內完成20次或以上的傳球得5分；15至19次得3分；10至14次得1分；少於10次得0分。

30秒內地板傳球的次數＿＿＿；得＿＿＿分

你的分數：＿＿＿（總分為30分）

培養良好的手部技巧

良好的手部技巧在接球、搶籃板球及保護球都是非常重要的，有些球員被教練或球探貼上壞的手部技巧標籤，因為他們掉球、漏接球或讓對手輕易地把球從手中奪走，這些缺點都是需要避免的，球員想要有良好的手部技巧就可以勤練下面的手部技巧訓練來改善。

良好的手部技巧訓練　快速過頭傳球及接球

這項訓練就是使用過頭傳球將球傳到距離5呎（1.5公尺）的反彈網，當然牆壁可被用來代替反彈網。此訓練可以增進手部技巧與接球能力，還可培養增加傳接球的速度、準確性及自信。

準備動作為平衡的站姿，讓雙手手肘彎曲90度將球保持在額頭正上方；切記不要將球放在頭的後方，這樣容易

被抄截，也會讓過頭傳球的動作花費更多時間。開始動作為快速延伸背與雙手臂，以及藉由彎曲雙手手腕及手指來增加力量，並利用大拇指及食指來彈出球，將雙手手指跟隨朝向傳球目標並雙手掌朝下，盡所能的將球傳得越大力越準越好，球反彈後請將雙手置於額頭前上方準備接球。

- 開始時採取平衡站姿。

- 使用良好的過頭傳球技巧。
- 盡所能傳出越有力越精準的傳球。
- 試著在30秒內盡所能達成越多次傳接球越好。

30秒內完成60次以上的傳球得5分；50至59次得3分；40至49次得1分；低於40次得0分。

30秒內過頭傳球的次數＿＿＿；得＿＿＿分

良好的手部技巧訓練　快速單手側邊傳球及接球

這項訓練就是使用單手側邊傳球將球傳到距離5呎（1.5公尺）的反彈網，沒有反彈網可以使用牆壁代替。此訓練可以增進手部技巧與接球能力，還可訓練單手（慣用手或非慣用手）側邊傳接球的速度、準確性及自信。

準備動作為平衡的站姿，轉身讓胸口與反彈網在適當的角度，並用慣用手拿球，非慣用手則下放在身體側邊（整個過程只會用到單手），使用慣用手做單手側邊傳球，傳球時越有力越精準越好，過程中也只用慣用手接球。數一下30秒可以做幾次單手側邊傳球，完成後再換手用相同的方法做一個循環。

- 開始時採取平衡姿勢並和反彈網保持適當的角度。
- 利用單手側邊傳球技巧來傳接球。
- 盡所能做出越有力越精準的傳球。
- 試著在30秒內盡所能達成越多次傳接球越好。

30秒內完成50次以上的傳球得5分；40至49次得3分；30至39次得1分；低於30次得0分。

30秒內利用慣用手進行單手側邊傳球的次數＿＿＿；得＿＿＿分

30秒內利用非慣用手進行單手側邊傳球的次數＿＿＿；得＿＿＿分

你的分數：＿＿＿（總分共10分）

良好的手部技巧訓練　快速單手背後傳球及接球

這項訓練是使用單手背後傳球將球傳到距離5呎（1.5公尺）的反彈網，沒有反彈網可以使用牆壁代替。此訓練可以訓練單手（慣用手或非慣用手）背後傳接球的速度、準確性及自信，這比前一項訓練更有挑戰性，更可以增進手部的技巧。

準備動作為平衡的站姿，轉身讓胸口與反彈網在適當的角度，並用慣用手拿球，非慣用手則下放在身體側邊（整個過程只會用到單手），使用慣用手做單手背後傳球，傳球時越有力越精準越好，過程中也只用慣用手接球。數一下30秒可以做幾次單手側邊傳球，完成後再換手用相同的方法做一個循環。

成功動作的檢查

- 開始時採取平衡姿勢並和反彈網保持適當的角度。
- 利用單手背後傳球的技巧來傳接球。
- 盡所能做出越有力越精準的傳球。
- 試著在30秒內盡所能達成越多次傳接球越好。

為你的成功打分數

30秒內完成40次以上的傳球得5分；30至39次得3分；20至29次得1分；低於20次得0分。

30秒內利用慣用手進行單手背後傳球的次數＿＿＿；得＿＿＿分

30秒內利用非慣用手進行單手背後傳球的次數＿＿＿；得＿＿＿分

你的分數：＿＿＿（總分共10分）

良好的手部技巧訓練　擊地傳球、轉身及接球

這項訓練也是將球傳到距離5呎（1.5公尺）的反彈網，可訓練良好的手部技巧與培養回應與接獲快速傳球的能力，也可以訓練單手（慣用手或非慣用手）擊地傳接球的速度、準確性及自信。

準備動作為背向牆的平衡站姿，如果沒有合適的牆就可以使用反彈網，雙手拿球放在臀部的右邊，右手面向牆，非傳球手則用來平衡球，用右手傳出擊地傳球，儘量做出越有力越精準的傳球，然後以右腳當作軸心腳轉正用雙手接由牆邊反彈回來的球，之後再用同腳反轉回去背向牆；下一個動作則用左手傳球，左腳當作軸心腳轉正用雙手接由牆邊反彈回來的球，持續這項練習並不斷地改變左手和右手擊地傳球的順序。

成功動作的檢查

- 開始時採取平衡站姿並背對牆壁。
- 使用正確的擊地傳球。
- 盡所能做出越有力越精準的傳球。
- 使用正確的正轉與反轉。
- 試著在30秒內盡所能達成越多次傳接球越好。

30秒內完成40次以上的傳球得5分；30至39次得3分；20至29次得1分；低於20次得零分。

20秒內擊地傳球的次數＿＿＿；得＿＿分

為你的成功評價

好的傳接球技巧對於想要幫助球隊有更好表現的球員是非常重要的，在這單元中，我們提及各種不同傳接球的技巧，下一個單元我們將探討運球的基本動作。在進入下一個單元之前，我們再次回顧你在每次訓練的表現，請輸入你在每個訓練的分數，最後再加總起來看幾分。

暖身訓練

   1. 球感練習暖身　　　　　　　　　　5分中得＿＿＿分

傳球訓練

   1. 兩人對傳　　　　　　　　　　　35分中得＿＿＿分

   2. 傳球並跟進　　　　　　　　　　35分中得＿＿＿分

   3. 星狀傳球　　　　　　　　　　　5分中得＿＿＿分

   4. 反彈網側移步傳球　　　　　　　5分中得＿＿＿分

   5. 反彈傳球　　　　　　　　　　　5分中得＿＿＿分

   6. 逗牛傳球　　　　　　　　　　　5分中得＿＿＿分

   7. 反彈網傳球　　　　　　　　　　30分中得＿＿＿分

良好的手部技巧訓練

   1. 快速過頭傳球及接球　　　　　　5分中得＿＿＿分

   2. 快速單手側邊傳球及接球　　　　10分中得＿＿＿分

   3. 快速單手背後傳球及接球　　　　10分中得＿＿＿分

   4. 擊地傳球、轉身及接球　　　　　5分中得＿＿＿分

總分　　　　　　　　　　　　　　　155分中得＿＿＿分

如果你得到80分以上的分數，恭喜你！這代表你已精熟本單元所講的基本動作，並準備好往下一個單元「運球」出發。如果你的分數是低於80分，你可能要多花點時間再繼續練習這一單元所敘述的內容，繼續努力來熟悉所有傳接球動作。

單元三　運球

運球在籃球比賽中是不可或缺的一部分，跟傳球一樣，運球是一種移動球的方式，但爲了要持球移動還能保持球權，你就只能運球。而運球有幾項需要注意的籃球規則，例如：下球之後軸心腳才可以離地，或運球時不能用兩隻手同時持球或讓球停在手中。

爲了讓籃球打得更好，非慣用手跟慣用手的運球能力要一樣好，如果只有慣用手可運好球，你就會過度依賴慣用手，讓你變得沒有效率。運球時要讓身體保持在防守者與球之間，這樣才可以用身體保護球；換句話說，當你運向非慣用手的那邊（假設你的慣用手是右手，你運球的方向是左邊），你就用左手運球，且用你的身體來保護球。

運球能讓你靠自己來移動球，藉由運球你可以將球推往前場或避開對手的緊迫防守，每個球隊最少都要有一位運球能力良好的球員幫助球隊將球推向前場來快攻，或是在對手緊迫盯人時來保護球。

運球的時機

一些特殊的運球時機如下：

- 當要把球從人多的地方移出去但又無法傳球給隊友時，像是剛搶到籃板時或是被包夾防守時
- 要把球推往前場時，但所有隊友都受到嚴加防守，尤其是全場緊迫盯人時
- 當要把球推往前場來進行快攻時，沒有隊友站在可以得分的位置
- 用切入來撕裂對方防守時
- 爲了讓隊友有空檔，用運球來吸引防守
- 跑進攻戰術時
- 爲了要改變自己的位置或角度來傳球給隊友時
- 來製造投籃的機會

運球在籃球比賽中是最常被濫用的基本動作，你必須要瞭解何時要運球以及何時不要運球，傳球永遠比運球的速

度快，所以當要運球之前，養成一個習慣，先看有沒有空檔的隊友。如果你運球太頻繁，會導致隊友開始停止移動，讓防守者的工作輕鬆，且過度的運球也會嚴重打擊一個球隊的團隊合作與士氣，所以嘗試減少運球的使用，運球要有目的，要瞭解運球後的下一步要做什麼，不要盲目的運球。

　　運球要避免接到球就立刻下球的壞習慣，不必要的運球會浪費傳球給空檔隊友的機會，或造成隊友要跑出空檔之前你就先停球了。當你有運一兩下球就停止運球的壞習慣，你的防守者將更容易對你的投籃施壓，同時也讓你的對手更容易防守你的傳球，因為你已經沒有切入的威脅了。所以切記，當開始運球後，在隊友沒有空檔之前都不要停球。

　　想當一位好的進攻組織者，就要學會雙手都能運球，嘗試讓球變成你手延伸端的一部分，讓頭永遠抬起來可以看到全場，在對的時間做對的決定，而你在運球方面的控球能力、時機掌握、欺

敵技巧及速度將是影響你成為一位良好進攻組織者的關鍵因素。

　　邀請一位受過專業訓練的觀察者（可以是你的教練、老師或是技巧良好的球員）來看你的運球，觀察者可以利用圖3.1至圖3.10來檢驗你的表現以及提供動作修正回饋，同時也請你的教練來評估你使用運球的時機是否合宜。

　　一些需要學習的運球基本動作有原地運球、快速運球、小碎步運球、變速運球、退後運球、換手運球、由內往外拉運球、轉身運球及背後運球，要盡力的將運球技巧練成可以不假思索地進行，如此你才可以將全部的精力用來因應球場上多變的狀況，且要知道自己在運球多快時會開始失去控制，練習時持續的增進自己的能力，但比賽時又知道自己的能耐。運球是一項自己可以練習的技巧，該項練習所需要的東西就是一顆球、平坦的地板，以及一份想進步的渴望。

運球訓練　運球暖身

　　運球暖身能幫助培養慣用手與非慣用手在運球時的能力及自信心，這項訓練分成五個部分，分別為換手運球、八字運球、單膝運球、坐下運球及躺下運球。

換手運球：首先採取平衡的站姿，將球由一手運至另一手，運球時要低於膝蓋的高度且不要超過兩膝寬度，非運球手

要舉起來保護球，腳與身體的位置也要適當的改變來搭配，運球的循環為右到左左到右，共做20次運球（左右手各10次）。

八字運球：運球依照八字形由後往前的的穿越以及環繞腳，穿越腳後立刻換手，共做10次運球，10次後運球的方向改為由前往後，也是共做10次。

單膝運球：首先單膝跪下，在後膝前方開始運球，運球穿越並繞過前膝下方並換手，後再用另一手運球跨過後腳回到原點，重複八字形的動作，10次運球之後開始用反方向做出10次。

坐下運球：坐下時持續運球，坐下單邊10次運球後，將雙腳抬起，運球經由雙腳下通過至另外一側，雙腳再放下，並在該側再做坐下10次運球。

躺下運球：在躺下時持續運球，躺下時單邊做10次運球，完成後，坐起並雙腳舉高，運球經由雙腳下通過至另外一側，之後再次躺下，並在該側再做10次運球。

成功動作的檢查

• 有自信的運球。

• 將非慣用手訓練成跟慣用手一樣強。

• 在上述各種運球練習中，嘗試不同方向運球10次沒有失誤。

為你的成功打分數

在上述每項運球練習中，記錄不同邊運球你可以連續不失誤運球的次數，單項練習如果兩邊都可以運球10下不失誤就得5分。

	右邊	左邊	得分
換手運球	_____	_____	_____
八字運球	_____	_____	_____
單膝運球	_____	_____	_____
坐下運球	_____	_____	_____
躺下運球	_____	_____	_____
你的分數			_____

原地運球

原地運球準則（圖3.1，頁54）可以幫助你當被嚴加看管時還可以保護球及控制球，好的平衡站姿是控球的關鍵，它可以讓你在投籃、傳球與切入方面都造成防守方的威脅，也可以讓你快速移動、方向改變，以及在可控制範圍之下急停來保護球。運球時要適應眼睛不要看球，抬起頭來讓眼睛可以看到籃框，如此可以幫助你眼觀全場、隊友及防守者。

運球時，頭要在腰上方並將背挺直，兩腳至少應該要與肩同寬，重心分配在兩腳前腳掌並保持膝蓋彎曲，隨時準備好可以移動。讓運球手的手肘貼近身體，運球的手應該要放輕鬆，所以拇指要放鬆、五指要舒服的張開，用指尖指腹運球，利用手腕與手指的彎曲伸直來傳輸力量到球。切記不要上下起伏你的手臂，運球也不要高於膝蓋，並讓球離身體近一點，用非運球手來保護球，讓身體維持在防守者與球之間。

圖3.1　原地運球

原地運球
1. 頭抬起並目視籃框
2. 運球
3. 確保軸心腳離開地板之前球已離開手
4. 利用手指的指腹運球，並利用手腕及手指彎曲伸直來增加運球的力道
5. 利用身體及非運球的手來護球

常見的錯誤
運球時將目光放在球上。

改善方式
將頭抬起並目視籃框。

快速運球

　　快速運球（圖3.2）在沒有被嚴加防守時、球必須快速移動到沒人防守的地方時或必須快速切入至籃框時是非常好用的。在快速運球時，運球高度的位置在腰部，頭往上抬直視籃框，讓你可以目視全場、看到有空檔的隊友，以及觀察防守者的位置。

　　動作開始後，先將球往前丟至前方幾步然後再去追球，切記軸心腳離開地板之前球必須先離開手，然後持續在腰部的位置將球往前推，並利用手腕及手指的彎曲來將力量灌輸到球，用指尖指腹的位置來控球。

圖3.2 快速運球

快速運球
1. 頭抬起並目視籃框
2. 球丟至前方數步遠然後去追球
3. 向前推運球,球在腰部的高度
4. 確保軸心腳離開地板之前球已離開手
5. 利用手指的指腹運球,並利用手腕及手指彎曲伸直來增加運球的力量
6. 利用身體及非運球的手來護球

常見的錯誤
運太多球。

改善方式
每次推運球的高度在腰部,然後再去追球,運球的次數越少越好。

快速運球非常重要,但是快速運球後急停的平衡保持也不能忽視,沒有經驗的球員常在快速運球急停後失去身體平衡與控制。一二兩步急停(圖3.3)可以用來防止你快速運球急停後產生的軸心腳移動與走步,尤其是在快攻的時候。

在一二兩步急停時,後腳先著地,前腳後著地,先著地的那腳變成軸心腳,急停前可以先跳起,利用地心引力來減緩向前的動能;然後身體向後仰,著地時兩腳間距要寬,兩腳間距越寬,穩定性將越高;之後接著彎曲後腳膝蓋來降低身體高度,姿勢好像坐在後腳腳跟一樣,膝蓋越低身體平衡將越好,但別忘了還是要把頭抬高。

圖3.3 快速運球後一二兩步急停

a

跳起身體後仰
1. 急停之前先跳
2. 身體後仰
3. 最後一下運球將球接起

b

一二兩步急停
1. 後腳先著地
2. 前腳後著地
3. 落地時放寬雙腳間距
4. 頭抬起目視籃框

常見的錯誤

急停時身體重心向前，導致軸心腳移動。

改善方式

急停之前先跳，讓地心引力減低向前的動量，身體往後仰，讓後腳先著地，前腳後著地，藉由落地時放寬雙腳間距來增加穩定性，然後動作好像坐在後腳腳跟上，並保持頭抬起。

小碎步運球

　　當運球接近防守者時，你可以利用小碎步運球（圖3.4）來停止移動但仍保持活球的狀況。小碎步運球能幫助運球者在快速移動急停後平衡的獲得，同時也可獲得一些空間來觀察及解讀防守者陣型，在快攻時最好用，能讓自己在投籃、傳球與切入方面都可造成威脅。

　　小碎步的執行，就是從快速運球瞬間的調整為原地運球但仍保持活球的狀況，原地運球時身體面向籃框兩腳要與肩同寬，然後上下的快速移動雙腳猶如地板是發燙的一樣。這小碎步的動作將

有助於平衡的獲得，也可瞬間冷凍防守者的動作，而要讓小碎步的效果發揮到極致，你就必須要在小碎步後獲得完整的平衡與控制、解讀防守者的陣型，以及在下一個前往投籃、傳球或切入的動作之前做假動作。

圖3.4　小碎步運球

快速運球
1. 頭抬起並目視籃框
2. 在腰部高度快速推球

小碎步運球
1. 從快速運球改變至原地運球，接著再繼續運球
2. 雙腳快速地做出小碎步（燃燒腳）

頭部抬起
1. 頭抬起並目視籃框
2. 讓自己在投籃、傳球與切入方面都可造成威脅
3. 下一個動作前先做頭部假動作

常見的錯誤

做小碎步時無法保持穩定。

改善方式

利用兩腳與肩同寬以及膝蓋彎曲來增加身體平衡與控制。

變速運球

　　變速運球（圖3.5，頁58）可用來欺騙以及閃避防守者，所謂的變速運球就是改變運球的速度，從原地運球到快速運球，再從快速運球到原地運球。而變速運球的效用就要看進攻者的假動作能力及自身的速度，看進攻者是否可以快速的加速。在加速時，進攻者較有優勢，因為進攻者決定何時加速，所以通常在從原地運球改變到快速運球時，進攻者最少可以將防守者甩開一步之遠。

單元三　運球

圖3.5　變速運球

原地運球至快速運球
1. 頭抬起並目視籃框
2. 改變為腰間位置的快速運球
3. 往前推球並去追

快速運球至原地運球
1. 頭抬起並目視籃框
2. 改變為在膝蓋位置的原地運球
3. 用身體和非運球手來保護球

常見的錯誤

從快速運球轉變為原地運球時球失去控制。

改善方式

雙腳打開以及屈膝來取得平衡,且在膝蓋或膝蓋以下的高度運球。

退後運球

退後運球可用來避開緊迫防守所造成的麻煩,通常使用退後運球的時機為在使用換手及快速運球來逃離雙人包夾陷阱之前,退後運球可幫進攻者在與防守者之間製造一些距離出來,之後再使用換手與快速運球來逃離陷阱。

使用退後運球時(圖3.6),腳步要短與快的往後退,當退後時要保護球並維持平衡的站姿,之後再做一個改變方向以及快速運球來過對手,切記過程中頭要抬起並目視籃框,這樣你才可以看到空檔的隊友並傳球給他們。

圖3.6　退後運球（到快速運球）

退後運球
1. 頭抬起並目視籃框
2. 改變為在膝蓋位置的退後運球
3. 使用短且快的退後步伐
4. 用身體和非運球手來保護球

快速運球
1. 頭抬起並目視籃框
2. 改變為腰間位置的快速運球
3. 往前推球並去追球

常見的錯誤

無法快速地向後退。

改善方式

身體不要向前傾，且要保持平衡，並使用短且快的退後步伐。

換手運球

　　當想要突破後場緊迫防守來進行快攻時、製造空隙切到籃下時或製造空檔來投籃時，換手運球這個技巧就非常的重要，換手運球效果的好壞取決於轉變運球方向的流暢度，原地運球或快速運球時都可使用換手運球。當執行被貼身防守時的換手運球（圖3.7，頁60），在身體前方把球往後拉的換手運球對於預防防守者的干擾與抄截有所幫助，切記過程中要使用在膝蓋或更低的原地運球方式；而執行全速行進的換手運球就有一點不同，運球的高度要在腰的位置。換手時要將球往前推，把非運球手抬起並改變帶領腳及身體位置來保護球。

單元三　運球

圖3.7　換手運球（在原地運球之後）

原地運球

1. 頭抬起並目視籃框
2. 改變為在膝蓋位置的原地運球
3. 用身體和非運球手來保護球

換手運球

1. 球在身體前方往後拉的換手運球
2. 靠近身體運球
3. 用身體和非運球手保護球

 常見的錯誤

當改變方向時，運球太高或太寬。

改善方式

在膝蓋高度運球，並且貼近身體。

由內往外拉運球

　　由內往外拉運球是在原地運球或小碎步運球過後使用的假裝換手運球技巧，這種欺敵性的運球可以用來製造空隙切入籃下或製造投籃的機會。當執行由內往外拉運球時（圖3.8），頭部朝真正要移動的反方向做假動作，同一時間加上手部感覺要做換手運球的動作，但沒有眞的把球交到另一手，而是將手環繞到球的另一邊把球推向外側原本運球的地方放，在膝蓋高度貼近身體運球，用身體和非運球手來保護球。

圖3.8　由內往外拉運球（假換手運球）

a

b

假交叉運球

1. 頭抬起並目視籃框
2. 頭朝真正要移動的反方向做假動作
3. 在身體前方假裝要換手運球
4. 迅速迴轉手腕至球另一側，並用由內往外拉的手腕動作將球拉回原本要移動的方向

將球向後運

1. 將球運回在同邊的腳外側
2. 在膝蓋的高度運球
3. 用身體和非運球手來保護球

常見的錯誤

你的由內往外拉運球不具有欺敵性。

改善方式

頭朝真正要移動的反方向做假動作。

轉身運球

　　轉身運球讓你在轉換方向時可以將身體維持在球與防守者之間來保護球，但缺點就是轉身時你會暫時看不到其他的防守者，這些防守者有可能從你的盲點將球抄截掉。當防守者過度防守你運球的那邊，轉身運球就是一個非常好用的進攻武器，它可以讓你在另一個方向製造出投籃的機會。

　　轉身運球（圖3.9，頁62）的過程中共做兩次運球，第一下運球運在身體後側，再來往後腳的方向旋轉並將肩膀倒向運球的那隻手；再來將後腳往前踏，第二下用同一隻手運球往前拉，過程中儘量靠近身體，完成轉身運球後，再做換手運球。

單元三　運球

圖3.9　轉身運球

a　　　　　　　　　b　　　　　　　　　c

運球到身體後側	軸心腳旋轉往後	換手運球
1. 頭抬起並目視籃框	1. 軸心腳旋轉後轉	1. 換手運球
2. 將球運向身體後側	2. 後腳跟隨往前踩	2. 在膝蓋高度做原地運球
3. 用身體和非運球手來保護球	3. 拉第二下運球往前運	3. 用身體和非運球手來保護球

常見的錯誤

當轉身時也做了換手動作，造成運球幅度太大。

改善方式

先將球運在身體後側，當軸心腳旋轉後轉時，強調用同一隻手將球拉向前，過程中球要儘量靠近身體。

運球訓練　把球打出圓圈外

　　這項練習能訓練你被緊迫防守時依舊能將頭抬高來運球，找一位隊友來當對手，你們兩人各有一顆球，在罰球線圈或中圈內運球，過程中雙方要嘗試拍掉對方的球。

增加難度

- 雙方都使用非慣用手運球。
- 比平常增加更多的肢體碰撞，使球員習慣在防守壓力下運球。

成功動作的檢查

- 保持頭抬高。
- 使用身體和非運球手來保護球。
- 注意對手的一舉一動。

為你的成功打分數

　　將對手的球打出圓圈外即得1分，先得5分者獲勝。

你的分數：＿＿＿

籃球

邁向卓越

背後運球

背後運球讓你在轉換方向時可以將身體維持在球與防守者之間來保護球，同樣地，當防守者過度防守你運球的那邊，背後運球就是一個非常好用的進攻武器，但是如果要熟練背後運球就要比其他運球花更多時間來練習。背後運球的優點很多，以換手運球來做比較，背後運球可讓身體維持在球與防守者之間來保護球；而跟轉身運球來做比較，背後運球不會有目光暫時看不到籃框或其他防守者的問題，除此之外，背後運球的速度遠比轉身運球來得快，甚至可以跟換手運球的速度來比擬。

而背後運球的動作（圖3.10）與轉身運球一樣要用兩次運球來完成，剛開始一樣先運球到身體後側，再來當運球經由背後往前時，骨盆要向前推，且球要靠近身體並向前來靠近另一隻手。完成後再做換手運球，並用身體與非運球手來保護球。

圖3.10　背後運球

第一次運球到身體後側
1. 頭抬起並目視籃框
2. 將球運向身體後側
3. 用身體和非運球手來保護球

拉第二次運球到背後面
1. 將骨盆向前推
2. 運球經由背後往前

換手運球
1. 換手運球
2. 在膝蓋高度原地運球

常見的錯誤
運球幅度太大。

改善方式
注意用同一隻手將球拉向前並靠身體來做第二次運球。

運球訓練　定點兩顆球的運球

同時運兩顆球是有趣的，且還可以培養你雙手運球的能力與自信，下面有六種雙手運球的練習：同節奏運球、一上一下運球、換手運球、由內往外拉運球、胯下運球及側邊前後拉運球，每種練習都需要雙手同時運球，如果掉了一顆，另一隻手持續運球，撿回掉了的那顆球之後再繼續運。

同節奏運球：在膝蓋高度同節奏的運兩顆球。

一上一下運球：同時運兩顆球，但是保持一顆上另一顆則下的狀態。

換手運球：用兩隻手在身體前方將兩顆球一前一後的互換手，儘量讓運球低且靠近身體，有時運球可以不用固定模式，換手時可改為一後一前。

由內往外拉運球：由內往外拉的運球是一種方向改變的假動作，當雙手運球時，一球先在內側，然後掌控內側那球的手轉至內側將球往外推至同側，之後用另一隻手做同樣動作，最後再用兩隻手做同樣動作。

胯下運球：先用一手運球通過同邊胯下，再用另一手運球通過另一邊胯下，最後同時運兩顆球通過自己各自同一邊的胯下，第一次都是由後往前，再來則是由前往後。

側邊前後拉運球：同時在身體兩側運兩顆球，藉由彎曲手腕與手指來將球前後拉。

成功動作的檢查

- 兩隻手都要運球。
- 每種運球練習都要嘗試不失誤地連續運20顆球。

為你的成功打分數

每種運球練習都要記錄你連續運幾下沒有失誤，如果你完成連續20顆或以上的運球獲得5分；如果你完成連續15至19顆的運球獲得3分；如果你完成連續10至14顆的運球獲得1分；如果你連續運球無法超過10顆獲得0分。

同節奏運球顆數＿＿＿；得＿＿＿分

一上一下運球顆數＿＿＿；得＿＿＿分

換手運球顆數＿＿＿；得＿＿＿分

左手由內往外拉運球顆數＿＿＿；得＿＿＿分

右手由內往外拉運球顆數＿＿＿；得＿＿＿分

雙手由內往外拉運球顆數＿＿＿；得＿＿＿分

左手胯下運球顆數＿＿＿；得＿＿＿分

右手胯下運球顆數＿＿＿；得＿＿＿分

雙手胯下運球顆數＿＿＿；得＿＿＿分

側邊前後拉運球顆數＿＿＿；得＿＿＿分

你的分數：＿＿＿（最高50分）

　　如果你已經熟練定點的雙手運球，你可以開始挑戰移動的雙手運球，這項練習不僅能夠加強慣用手與非慣用手的運球能力，而且還能提升運球的自信心。移動的雙手運球共有六種練習方式如下：Z字形移動運球、趨前與退後腳步運球、衝刺與急停運球、變速運球、轉身運球、假轉身運球。

Z字形移動運球：雙手運球採Z字形移動前進（運球往對角方向移動），碰到邊線之後做雙手換手，並往反方向移動。

趨前與退後腳步運球：雙手運球採趨前與退後腳步往前方移動，過程中不要有交叉腳的情形，每次做完一循環趨前與退後腳步運球後，要改變領導腳繼續再做一循環持續前進。

衝刺與急停運球：雙手快速運球往前，突然急停但身體保持穩定，且球繼續運。

變速運球：運用雙手變速運球往前（快速至原地運球或原地至快速運球），並在不同加速時運用想像力來做一些假動作。

轉身運球：雙手運球採Z字形移動前進，改變方向時使用轉身運球，轉身時先將兩顆球運在同一邊，然後利用軸心腳轉身，且記得轉身時兩顆球都要靠近身體。

假轉身運球：雙手運球採Z字形移動前進，在變換方向之前，將兩顆球運到同側，並將頭與肩膀轉後，之後迅速的再將頭與肩膀轉向前，同時雙手接著再運球向前。

成功動作的檢查

- 有自信的運球。
- 兩隻手都要運球。
- 進行「Z字形移動運球」和「趨前與退後腳步運球」時，試著完成全場來回兩趟，而且每趟失誤不超過一次。
- 進行「衝刺與急停運球」、「變速運球」、「轉身運球」和「假轉身運球」時，試著完成全場來回兩趟，而且每趟失誤必須低於三次。

為你的成功打分數

　　在進行「Z字形移動運球」和「趨前與退後腳步運球」時，如果完成全場來回兩趟，而且每趟失誤不超過一次，給你自己加5分；如果進行「衝刺與急停運球」、「變速運球」、「轉身運球」和「假轉身運球」時，完成全場來回兩趟，而且每趟失誤低於三次，給你自己加5分。

單元三　運球

	趟數	失誤次數	得分
Z字形移動運球	＿＿＿	＿＿＿	＿＿＿
趨前與退後腳步運球	＿＿＿	＿＿＿	＿＿＿
衝刺與急停運球	＿＿＿	＿＿＿	＿＿＿
變速運球	＿＿＿	＿＿＿	＿＿＿
轉身運球	＿＿＿	＿＿＿	＿＿＿
假轉身運球	＿＿＿	＿＿＿	＿＿＿
你的分數			＿＿＿

運球訓練　角錐運球訓練

在場上擺好五個角錐：第一個擺在球場底線，第二個擺在底線和球場中央間的中間點，第三個擺在場中央，第四個擺在對面底線和球場中央間的中間點，第五個則擺在球場對面底線。這項訓練有三種：換手運球、背後運球及退後運球搭配換手運球，每種訓練都要用全速衝刺。

換手運球：以第一個角錐為起點，運球全力衝刺到第二個角錐，換手再做衝刺到下一個角錐，直到做到對面底線，轉身回來，再依上面模式做回來，每次遇到角錐就換手。

背後運球：跟換手運球的方式一樣，每次遇到角錐就換手，但換手的方式是用背後運球。

退後運球搭配換手運球：全速運球到第一個角錐，遇到後退後運球至少有三次運球，再繼續全速運球到下一個角錐，直到碰到對面底線再做回來。

成功動作的檢查

- 運球要有速度與自信。
- 進行「換手運球」訓練時，30秒內通過10個圓錐。
- 進行「背後運球」訓練時，30秒內通過8個圓錐。
- 進行「退後運球搭配換手運球」訓練時，30秒內通過6個圓錐。

為你的成功打分數

進行「換手運球」時，30秒內通過10個角錐，給你自己加5分；30秒內通過8或9個角錐的話，給你自己加3分；30秒內通過6或7個角錐的話，給你自己加1分；30秒內通過不到6個角錐的話，給你自己0分。

進行「背後運球」時，30秒內通過8個角錐，給你自己加5分；30秒內通過7個角錐的話，給你自己加3分；30秒內通過6個角錐的話，給你自己加1分；30秒內通過不到6個角錐的話，

籃球

邁向卓越

給你自己0分。

進行「退後運球搭配換手運球」時，30秒內通過6個角錐，給你自己加5分；30秒內通過5個角錐的話，給你自己加3分；30秒內通過4個角錐的話，給你自己加1分；30秒內通過不到4個角錐的話，給你自己0分。

「換手運球」通過的角錐數＿＿＿；得＿＿＿分

「背後運球」通過的角錐數＿＿＿；得＿＿＿分

「退後運球搭配換手運球」通過的角錐數＿＿＿；得＿＿＿分

你的分數：＿＿＿（贏得的分數；滿分15）

為你的成功評價

一旦你運球信心滿滿，控球行雲流水，你在球場上移動就多了更多選擇，不但可以傳出更好路線的傳球與戲耍對手，還可以掌握比賽的節奏。

下一個單元我們將探討投球的基本動作，在進入下一個單元之前，我們再次回顧你在每次訓練的表現，請輸入你在每個訓練的分數，最後再加總起來看幾分。

運球訓練	
1. 運球暖身	5分中得＿＿＿分
2. 把球打出圓圈外	5分中得＿＿＿分
3. 定點兩顆球的運球	50分中得＿＿＿分
4. 移動兩顆球的運球	30分中得＿＿＿分
5. 角錐運球訓練	15分中得＿＿＿分
總分	125分中得＿＿＿分

如果你得到65分以上的分數，恭喜你！這代表你已精熟本單元所講的基本動作，並準備好往下一個單元「投籃」出發。如果你的分數是低於65分，你可能要多花點時間再繼續練習這一單元所敘述的內容，繼續努力來熟悉所有運球動作。

單元四　投籃

籃球運動中最重要的技巧莫過於投籃了，雖然藉由傳球、運球、防守及籃板等基礎動作的努力可以讓你獲得較高的投籃命中率，但這些動作的最終目的還是要得分，而得分就是要靠投籃來命中籃框。影響投籃最大的因素就是心理因素，除了投籃技巧之外，你必須對自己的投籃有信心，因此可以說成功投籃的必備條件為堅強心理素質與適當投籃動作機制的整合。

假設你投籃很準時，你就會讓防守者不得不貼近防守且變得很容易被假動作騙，而這些都有助於你下一個動作的傳球、切入或投籃；但是如果你不準時，防守者只要後退一步等待你的切入或傳球，且防守者也不容易被假動作騙，所以當你沒有球時，你的防守者就可以離你遠一點，相對的就可以在更好的位置來協防隊友防守他的進攻者。所以說，一個成功的球隊中一定要有一個外圍投籃很準的球員。

一個好的投籃者通常稱為*純射手*（pure shooter），因為他有流暢、圓滑及柔軟的投籃球感。有些球員認為純射手是天生的，這是一個錯誤的概念，因為他們都是透過訓練才變成的。

曾獲選籃球名人堂與兩次NBA最有價值球員的Steve Nash，他可以在防守球員身邊繞來繞去，且毫不費力氣的拉起來做跳投的動作，看起來他像一個天生的純射手，但是他在移動時不會想著投籃的動作要怎樣做，而是持續的觀察進攻與防守者的移動與防守位置。正常來說，進攻時一個純射手他會想著要如何做出投籃假動作、傳球、切入籃框或改變進攻的方向來重新布置進攻的戰術，對於Nash與其他偉大的射手，他們所有的技巧看起來都是自然發生的，因此純射手在做任何籃球技巧時都可以不加思索，但是他們也都曾經歷過初學者的階段，所以說他們也都是經過辛苦的練習才造就了他們的現在。

投籃是可以自己一個人訓練的技巧，當你懂得正確的投籃動作機制時，練習時所需要的就是一顆球、籃框以及想要進步的熱忱。但練習在比賽情境中

投球也是非常重要的，例如：在比賽後段的壓迫防守，找一位夥伴來製造這種防守壓迫的情境。記得經由練習可以培養你投籃的技巧與信心，你可以請一位受過訓練的觀察者（教練、老師或是技巧純熟的球員）來觀察你投籃的動作，以及提供改進的回饋；但是大多的投籃練習還是沒有人陪練，所以為了要強調成功的投籃動作、找出錯誤的投籃缺點及可能造成的原因，你就必須學會如何分析投籃後球在籃框的回應。

射籃的信心

相信你自己！你必須對你投出的每一顆球都有信心，有信心的射手可以掌握自己的思緒、感覺及投籃技巧，籃球是生理及心理的遊戲，讓自己擁有強大的心理素質不但可以增進投籃的表現，還可以增進其他籃球基本動作的表現。

知道籃框多大將能有效的改善投籃的信心，事實上籃框可以容納三顆半的籃球，這讓許多球員都嚇一跳，你可以嘗試拿一個梯子，把三顆籃球塞在籃框內，依舊會發現籃框內還有空間，甚至還可以把手放在球與球的縫隙之間，因此瞭解籃框的寬度將有助於籃球員鞏固投籃心理層面的建設。另一個可以增進投籃信心的方法就是要做投籃手的跟隨動作直到球碰到籃框為止，這項動作不只符合力學的根據，最重要的還會讓你看起來像是一名射手。

你一定要相信你自己每一次投籃都會命中，好的射手在手感冷卻或連續幾顆球都沒投進的狀況下還是很有信心的，他們在心理層面會調整自己的錯誤，並想像怎樣投出一顆好球。重複一些正面的自我對話來提升投籃的想法與能力，例如：「我是一個射手」、「籃框很大」、「下一球會進」，或是可以用過去成功的投籃經驗來增加自我的信心。

偉大的射手與好的射手之差別在於誰能在壓力下投籃，偉大的射手不管是在球隊領先或是落後時都敢投籃，投籃的信心與投籃的成功有很大的關聯，而擁有投籃的信心是影響成為一個偉大射手的關鍵因素。

正向的自我對話

投籃的準確性不只需要投球的技巧，還需要強大的正面思考與自信，所以說單只有投籃的技巧或心理的自信是不夠的，兩者缺一不可，唯有同時擁有良好的生理與心理狀況才可帶來成功的投籃。

當你在思考時，你就是在跟自己對話，對話可能是正面的或負面的，*正面的自我對話*能幫助你整合心理與投籃動作的機制，這些都可以加速你投籃的進

步。而正面的自我對話可使用一些關鍵字，選擇一些可增強投籃動作改進、建立投籃節奏、增進自信心的字，這些字應該都要是正面的、簡短的（最好單音節）及個人化的，而有關成功投籃的正面字又稱作定心字（anchor word），你可以選擇一些讓你想像投進球的定心字，例如yes（是的）、net（進球）、whoosh（嗖嗖進球聲）、swish（沙沙進球聲）、in（進球）或是through（入網）。

而另一種可以調整投籃機制的關鍵字則稱為觸發字（trigger words），以下是一些範例：

- **舉高（high）**：投籃前先把球舉高，避免在低處投球。

- **拉直（straight）**：投籃的那隻手要拉直，並往籃框方向做投籃跟隨動作。

- **面向前（front）**：投籃的那隻手要面向籃框。

- **指尖（point）**：球最後離手是經由食指的指腹推出。

- **高（up）**：讓球的拋物線高一點。

- **跟隨（through）**：球出手後，肩膀、手臂、手腕與手指要做跟隨的動作。

- **往前進（head in）**：出手後頭與肩膀也要往籃框方向做跟隨動作，並減少往後傾或往後踩的狀況。

- **腳（legs）**：使用腳的力量投球。

- **蹲低伸直（down and up）**：注重腳蹲低並蹬地讓腿伸直，藉由反作用力的動作來產生投籃的節奏與力量。

找出兩個可以調整投籃機制的觸發字與一個可以強化投籃成功的定心字，有時一個字可以同時成為觸發字與定心字，例如：「throguh」可以是一個觸發字，用來觸發你投籃後要做肩膀、手臂、手腕與手指的跟隨動作，但「throguh」同時也可以是一個定心字，強化當球進籃框時的心理狀況。

而這些字是要有順序性的說出來，按照的順序為投籃動作的先後，例如：如果「腳（legs）」與「跟隨（through）」是你的觸發字，而「進球（yes）」是你的定心字，你說的節奏就會是「腳—跟隨—進球（legs-through-yes）」，當然如果還可以將這些字對自己大聲說出來會更有用。

有節奏的說出你個人化的自我對話，將有助於建立投籃的節奏與改善投籃的生理、心理狀況，而鍛鍊投籃心理的時間，則要跟訓練投籃機制的動作一樣多，所以當你想像投球與看球進籃框時，有節奏的說出你的自我對話來鍛鍊你投籃的心理狀況。

你的目標就是在投籃的時候可以不加思索且自然而然的做出投籃的動作，觸發字可以幫助你修正投籃的動作，定心字可以幫助你建立投籃的信心，但當你投球越來越順暢時，觸發字就只要用

一個，甚至到最後，只要用一個定心字來觸發你整個不加思索且自然而然的投籃動作。

投籃的節奏

所有籃球技巧都必須要流暢、圓滑且有節奏的，特別是在投籃這個區塊，投籃動作的機制是很重要的，但你不希望投籃時動作太機械化，而是希望投籃動作流暢又有節奏，所有投籃的動作應該都是有順序的一個接著一個身體動作。

投籃的節奏與距離取決在腿部蹲低伸直的動作，搭配著投籃的開始動作與球的出手說出*蹲低伸直*（down and up）的字語，將有助於你的腿部做出蹲低伸直的動作來提供投籃的節奏與射程。你的腳與投球的手也應該要互相搭配，當你的腳往上挺直，手臂也要跟著往上伸直，而當腿部向上延伸到極限，你的背、肩膀及投籃的手也應該要流暢且連續的往上延伸，切記投籃腳要蹲低伸直，而不是靠降低球的高度來取得節奏。

評估投籃

知道投籃的正確動作與每天聰明且有效率的練習投籃，對於投籃的進步是很重要的。如果你要知道你自己的投籃動作，可以請一個指導者或教練來看你的投籃，但是我們要知道大部分的投籃練習時間教練是不會在場的，因此自我表現的評估就變成非常重要，這可以幫助你決定要調整哪一部分的投籃動作。以下介紹三種評估投籃表現的方法：觀察投籃後球在籃框的反應、內心自己投籃的感覺，以及利用影片來分析自己的投籃動作。

觀察投籃後球在籃框的反應可幫助鞏固成功的投籃動作，或者找出大部分投籃的錯誤姿勢。舉一個例，球通常往投籃手手指跟隨的方向走，如果你的球擊中籃框的右側（左側），代表你投籃最後跟隨動作手指就是指向那個方向，不然就是身體面向失投的那個方向，而不是朝向籃框，或是手肘開了造成投籃跟隨動作跑到右邊去了。

但如果你看到球打到右邊的籃框然後往左邊滾出，代表你投球時有側旋，基本上側旋的原因就是你把手放在球的側邊然後從底部旋轉它投出球，如果你將投籃手過度放在球的內側，球就會側旋擊中籃框右邊然後從左邊滾出；但如果你將投籃手過度放在球的外側，球就會側旋擊中籃框左邊然後從右邊滾出；但如果都不是以上這些原因，原因就可能是你投籃最後離開的手指是無名指而不是食指。

投籃的感覺也可幫助找出錯誤的投籃動作。投籃後你可能感覺你投籃的手移動到球的太右側或者是用無名指最後將球推出，以上兩種原因都可能造成球側旋。而最好鍛鍊投球感覺的練習就是站在罰球線上遮眼投球，找一個夥伴來幫你撿籃板球與告訴你投籃進球與否，並在失投後告訴你失投的方向與球在籃框上的反應。藉由分析你自己的投籃，可以找出與改正自己錯誤的動作，避免這錯誤的動作變成壞習慣。

投籃的機制

七種常見的投籃技術為單手輔助投籃、罰球、跳投、三分球、勾射、上籃及騎馬射箭投籃，這些投籃都有共同的基本機制——視線、身體平衡、手的位置、手肘內縮對齊、有節奏的投籃動作、跟隨動作，而最好的練投方法就是每次投籃專注一或兩項投籃機制。

視線（sight）：大部分的投籃視線要放在籃框前緣，除了投擦板球以外，當你跟籃板呈現45度時，眼睛要瞄準籃板方形線靠近上方的角落。

投籃時瞄準目標的時間越短越好，並把視焦集中在目標直到球碰到目標為止，你的眼睛不能隨著投籃的路線移動或是受到防守者手的影響，專注在投球的目標將有助於避免受到敵隊球迷吶喊、毛巾的揮舞、防守者的手、嚴重犯規等的干擾。

身體平衡（balance）：身體保持平衡能讓你的投籃有力量且有節奏，而你的下盤與腳的位置是保持平衡的關鍵點，還有維持頭部在腳（下盤）的上方也是控制平衡的策略。

腳應該舒服的打開與肩同寬，並讓腳趾直指向前，且讓膝蓋、臀部與肩膀跟腳趾連成一直線，投籃邊的那隻腳（右手投就是右腳）要朝前，後腳的腳趾與投球手側的那隻腳後跟要成一直線（腳趾與腳後跟關係）。

膝蓋要彎曲，這是為了讓投球更有力量的關鍵，許多剛進場比賽或疲勞的球員常常會忘記彎曲膝蓋，且為了增加投球的力量，他們常常將球放在頭的後方或是利用臀部的力量將球投出，而這兩種方式都是投球的錯誤姿勢；正確的方式應該要將頭放在腰與腳的上方，頭部位置會影響平衡，所以應該讓肩膀與身體上方微微的前傾帶動頭部的往前，但切記肩膀應該是要保持輕鬆的狀態。

手的位置（hand position）：手的位置在投籃中是最容易犯的錯，投籃前或投籃後，投籃的手（球的後方）都要面向籃框，而非投籃的手（又稱為平衡的手）就要放在球的下方，而這個投籃手面向籃框（在球的後面）而非投籃手在球下面的動作又稱為「*推又擠*」（block-and-tuck），這樣的動作可以

讓投籃手專心投籃，不用兼顧投籃又要保持平衡。

更清楚的說，投籃時兩手的位置是接近的，且雙手要放輕鬆、手指自然的分布在球上，而投籃手的大拇指要放輕鬆且靠近食指，這樣的動作有助於減緩手與前臂的緊繃。投籃手的形狀就有如握手的形狀，自然而然的呈現一個杯狀，讓手指指腹接觸球而不是手掌。非投籃手輕輕的放在球的下方，靠無名指與小指來保持平衡，且該手臂應該是放輕鬆的，並讓其手肘指向後側方；而投球手的位置則是在球的後面，要讓手面向前，且讓食指在球的中間，讓球出手時最後離開的位置是食指指腹，所以當你在罰球時，你就有多一點的時間將食指放在球充氣的地方或其他球的中間點。有時間要訓練指尖的控制與手感，這樣才可以投出一個柔軟並且準確的投籃。

手肘內縮對齊（elbow-in alignment）： 輕輕的將球放在前方與投籃肩膀上方介於耳朵與肩膀的位置，並將投籃手的手肘往內縮，當你的手肘往內縮時，球就跟籃框連成一直線。有些球員的柔軟度不夠，導致當手肘內縮時無法將手放在球的後面並面向籃框；如果有這種狀況，先將投籃手放在球的後面面向籃框，然後盡你的柔軟度所能儘量的將手肘往內縮。

有節奏的投籃動作（rhythmical shooting motion）： 投籃的動作要做到身體上下部分的同步進行，腳、背、肩膀和投籃手臂的延伸要同步手腕與手指彎曲的動作，整個投籃動作會是流暢、圓滑以及有節奏的向上提升。

整個投籃的力量與節奏來自於腿部的蹲低伸直的動作，投籃剛開始時要微彎膝蓋，膝蓋先彎曲後再完全的伸直，搭配著投籃的開始動作與球的出手說出*蹲低伸直*（down and up）的字語，將有助於你腿部做出蹲低伸直的動作來提供投籃的節奏與射程。你的腳與投球的手應該要互相搭配，當你的腳往上挺直，手臂也要跟著往上伸直，而當腿部向上延伸到極限，你的背、肩膀及投籃的手也應該要流暢且連續的往上延伸，切記要讓投籃手面向籃框並讓球在高處，利用腿部的蹲低伸直來獲得投籃的節奏，而不是靠降低球的高度來獲得，球在高處可讓球快速的出手且造成較少的投籃動作錯誤。

隨著手臂慢慢向上延伸，球也從非投籃手慢慢的傾倒到投籃手，直到手腕與前臂的皮膚開始出現皺紋，這個角度最能提供快速與穩定的投籃。然後彎曲手腕與手指，反彈手臂、手腕與手指指向籃框約呈45至60度，在手肘處完整的延伸你的投籃手臂，投籃的力量與控制來自於手腕與手指彎曲，並利用食指的指腹來推出球讓球後旋，而非投籃的手則要一直放在球上，直到整顆球送出為止。

而手要釋放的力量大小是根據球跟籃框的距離來決定，近距離的投籃只要運用手臂、手腕與手指來提供大部分力量；而遠距離的話則需要蹲低伸直的腿步動作，其力量則來自腿、背、肩膀以及完整的投籃跟隨動作。

跟隨動作（follow-through）：利用食指指腹把球推出去之後，手臂要保持朝上，並完整的延伸你的食指指向目標（籃框的前緣），投籃手的手掌應該要微微的朝前並向下，而非投籃手的手掌則要微微的面向上。眼睛要一直停留在投籃的目標，誇大投籃的跟隨動作，過程中手臂持續朝上，直到球碰到籃框，然後再跑去搶籃板或立刻換成防守動作。手至球碰到籃框前都要做跟隨的動作，原因不只是符合力學原理，還可讓你的表現看起來像是一個射手，並增加你的信心。

瞭解自己的投籃並變成自己最好的教練

變成一位較好的射手需要自律、努力及正確的練習，大部分的投籃練習時間都是自主練習，沒有教練的輔助，瞭解自己的投籃以及變成自己最好的教練將有助於你正確的練習與進步。以下是一些練習的訣竅：

對自己有信心：總是先做你擅長的事。

問你自己：「當你投得很好時，你做了哪些事？」這題沒有錯誤的答案，這題只是簡單的反映出你自信心的層級與你瞭解自我投籃動作的程度，如果你只是回應：「我就是投出去」，這可能代表你很有信心或在投籃的時候沒有過度的思考；但如果你的回答是：「當我投得好時，我的手會直指向籃框」，當你投籃時，你就應當要知道你要做什麼。

告訴自己：「我想要有信心且有節奏的投球，我想要專注一個可以幫我投籃最多的投籃機制，我想要自己訓練自己。」選兩個或三個可以調整你投籃動作的單音節關鍵字。

保持簡單：過度的思考會造成分析的痲痺。投籃應該要流暢、圓滑且有節奏的，你的關鍵字應該要正面且簡短精煉，從投籃開始到球離手，有自信與有節奏的說出你的關鍵字。

抱持正面，避免思考投籃動作或投不進的球：負面思考會使你分心、緊張與失去信心，當你投不進，立即用一些可以修正投籃動作的正面關鍵字來修正自己的投籃動作，並想像自己投出好球的樣子，把自己當成是個射手。

努力的讓自信心保持高昂：一直提醒自己可以並即將達成自己要做的目標，鼓勵自己持續的做一些可以幫助完成目標的事情，這些目標必須是每天都要完成的、具體的、可測量的，設立完目標後就要努力的去做以及練習，這將都有助於自信心的培養，每一刻都要認為自己可以成功，持續告訴自己：「我是一個射手」。

保持熱誠、活力及頑強來鼓勵自己完成更高的目標：這也將激勵你的隊友。

最後，享受所有過程：當你擁有更旺盛的精神意志、更燦爛的笑容、更好的幽默感，你就會變成更好的射手。

投籃訓練　單手慣用手投籃熱身

靠近籃框投籃可幫助培養投籃的自信心、正確的投籃動作及投籃的節奏，單手投籃（慣用手或非慣用手）是一個非常好的方法，可用來培養你在投籃開始或投籃結束後投籃手面向籃框的能力，這項動作可以減少球的側旋，也可幫助球上升到籃框。如果你的非投籃手會習慣性的干擾投球（例如：非投籃手的大拇指會碰到球），這項練習可以幫你改進這個缺點。這項練習可讓你專心於使用投籃手在正確位置面向籃框，當你的手肘往內縮，球跟籃框就會變成一直線，但有些球員柔軟度不好，所以當手肘往內縮時，他們就無法將手放在球的下方面向籃框，如果這真的發生，你就可以嘗試先將手面向籃框，再盡所能將手肘儘量的往內縮。

開始時站在離籃板9呎（2.7公尺）的距離，投籃手面向籃框，然後將手肘盡所能的往內縮，投籃手的位置在投籃

邊耳朵與肩膀的之間，記得用非投籃手將球放在你的投籃手上，投籃手手掌不要接觸到球，手掌碰到球會自然而然的造成手放在球的側邊，該動作會造成投籃時的球側旋。然後，放下非投籃手至側邊，將投籃手的食指放在球的中間來平衡球，檢查一下前臂是否跟地板呈現90度，這個姿勢將幫助你將球上升至籃框，而非把球丟出去。

當進球或需要調整投籃時，有順序的說出個人化的關鍵字。如果你的投籃習慣是將球往後拉之後再投籃，你應該要強調「*面向前（front）*」的關鍵字；如果你是因為投球手的手肘往外拉而造成失投讓球碰到籃框，考慮強調使用「*手肘向內縮（in）*」的關鍵字。也別忘了，投籃時球碰到地板之前都要將手臂朝上做投籃跟隨的動作。正確的投球姿勢是將投籃手放在球的下方且面向前，然後靠食指的指腹最後將球推出，

如此球才會後旋,打到籃框後才會再彈回向你。

如果球沒投進,用投球的感覺以及球在籃框的反應來判讀投籃錯誤的動作,然後再用一些可幫助你進球的關鍵字來修正投籃的動作。假如投球過短是因為沒用腿的力量,強調「*腳*（legs）」這個關鍵字;假如投籃過短是因為沒完整的做完投籃跟隨的動作,強調「*跟隨*（follow-through）」這個關鍵字;假如投籃過短是因為投籃節奏太慢,你就要說出「*蹲低伸直*（down-and-up）」的關鍵字來加速蹲低伸直的腿步動作以增快投籃的節奏;假如是投籃過長,說出「*高*（up）」來增加投籃的弧度;假如投彎了,使用「*拉直*（straight）」來修正投籃。最後,在用關鍵字矯正投籃動作之後,想像一個有正確姿勢的進球動作,然後再一次的說出你的關鍵字來強調你的成功以增進信心。

記錄用慣用手投10顆球進球的數量,當你連續進5顆球,你就可以往後退一大步來增加投籃的距離。

增加難度

- 在9呎的距離連續命中5顆球後,向後退一大步到12呎（3.7公尺）。
- 在12呎的距離連續命中5顆球後,向後退一大步到罰球線（15呎,4.6公尺）。

成功動作的檢查

- 用非投籃手將球放在投籃手上,投籃手手掌不要接觸到球。
- 有順序的說出關鍵字。
- 藉由球碰到籃框後的反應以及投球的感覺來分析投籃的動作。
- 使用正確的投籃機制。
- 成功的在不同距離連續命中5顆球。

為你的成功打分數

每投進一球就獲得1分,想辦法在每個距離都可以連續投進5顆球。

在9呎連續投進的球數＿＿＿

在12呎連續投進的球數＿＿＿

在15呎連續投進的球數＿＿＿

你的分數:＿＿＿（最高15分）

投籃訓練　單手非慣用手投籃熱身

利用非慣用手單手投籃可以訓練你用非慣用手投籃的能力,特別是非慣用手的上籃,此練習跟單手慣用手投籃熱身練習一樣,只是用的手不同。而當你用非慣用手投籃時,你有可能會把球推向與籃框相反的方向,此時就要強調腿部的蹲低伸直動作,這個動作將有助於你提升投籃的距離以及將球直直往籃框方向送的能力,過程中可以搭配說出「*蹲低伸直*（down-and-up）」的關鍵字。記錄用非慣用手投10顆球進球的數量,你的目標就是要連續進5顆球,

在9呎（2.7公尺）連續進5球後，增加
距離到12呎（3.7公尺），進5球之後，
再移動至罰球線（15呎，4.6公尺）。

- 用非投籃手將球放在投籃手上，投
籃手手掌不要接觸到球。
- 有順序的說出關鍵字。
- 藉由球碰到籃框後的反應以及投球
的感覺來分析投籃的動作。

- 使用正確的投籃機制。
- 成功的在不同距離連續命中5顆球。

　　每投進一球就獲得1分，想辦法在
每個距離都可以連續投進5顆球。

在9呎連續投進的球數＿＿＿＿

在12呎連續投進的球數＿＿＿＿

在15呎連續投進的球數＿＿＿＿

你的分數：＿＿＿（最高15分）

投籃訓練　三根手指頭的練習

　　這項練習你只會用到三根手指
（非投籃手的小指與無名指，以及投籃
手的食指），該練習將有助於你專心用
食指指腹來將球推出。先從距離籃框9
呎（2.7公尺）的地方練習，將投籃手
面向籃框，並將投籃手手肘盡可能的往
內縮，投籃手的位置在投籃側耳朵與肩
膀之間，檢查一下投籃手前臂是否與地
板呈現90度，這個姿勢將有助於你將
球往籃框的方向往上送；而非投籃手則
放在球的下方來平衡球，讓非投籃手的
手肘往外開。將球放在投籃手，然後用
非投籃手的小指與無名指來穩定球，其
餘的非投籃手手指不會碰到球；然後再
將投籃手的食指指腹放在球的中間後面
位置，將球往上升，最後用食指指腹

的地方將球推出，過程中說出「*指尖
（point）*」這個關鍵字；然後再完整
的延伸投籃手臂來做跟隨的投籃動作，
最後將食指指向籃框前緣。

- 在投籃時有節奏的重複你的關鍵
字。
- 將非投籃手放在球的下面，並用其
小指及無名指來平衡球。
- 將慣用手的食指指腹放在球後面且
面向前。

　　每投進一球就獲得到1分，試著只
用三根手指來連續投10顆球。

用三根手指連續投進球的數量＿＿＿＿

你的分數：＿＿＿（最高10分）

單手輔助投籃

內線跳投包含兩個動作——跳的動作以及跳到最高點時將球投出的動作，而主要的力量來源來自手臂、手腕及手指，單手輔助投籃（圖4.1，頁80）時，舉起球的同時也會向上延伸腿、背及肩膀。

如果投球的距離都太短，通常代表投球時沒有用到腳的力量、沒有做投籃的跟隨動作或投籃時節奏太慢，善用投球的感覺來發現是否投球時需要使用更多腳的力量、更一致性的投籃跟隨動作（到球碰到籃框時都要保持手臂朝上）或快一點的投籃節奏。但如果是投籃都太長時，這通常代表你的投球手臂延伸的軌跡太過平（低於45度）、肩膀向後傾倒或雙手在球上的位置太遠，導致手臂無法向上延伸，此時改善的策略就可將肩膀向前放鬆、將兩手移近一點或將投球手臂抬高一點來投出較高弧度的投籃，也可以在投籃跟隨動作時將頭往前移來避免身體往後傾或往後踩，記得每次投球都要完整的延伸手臂。

如果你的右手投籃打到左邊的籃框時，代表你沒有站好面對籃框、你投球時先將球放在右臀前方的位置或離你的右邊太遠，或者是投籃時球從右邊推到左邊。投球投偏的原因可能是你沒用蹲低伸直的腳部動作來獲得投籃的力量，

正確動作應該要身體面對籃框、將球放在投球邊耳朵與肩膀的位置、將手肘往內縮，並用投球的手臂、手腕及手指向前指向籃框。

如果你的投籃缺乏射程、控制及一致性（或你的投球太短、太長或偏彎），大概是因為球放得太低、把球往後拉放在頭或肩膀後面，或者是沒有一致性的投籃跟隨動作，這些錯誤發生的原因是為沒有善用腿的力量。正確的動作應該先將球放在耳朵與肩膀前方的位置，強調先用腳的力量，之後在球碰到籃框之前都要將手臂往上延伸以完整的完成投籃的跟隨動作。

投球後發覺球打到籃框後轉出來或在籃框前後緣輕跳後彈出來，這代表投球動作開始時將投球手放在球的側邊、用無名指來將球推出，或用非投球手的大拇指壓著球，這些錯誤的動作都會造成球的側旋。正確的動作應該是將投球手放在球的後方，非投球手放在球的下方，並利用投球手的食指來送出球。如果投球的機制是正確的，但球依然失控且大力的打在籃框，原因可能為投球手的手掌接觸到球，這時就要放鬆投籃手的大拇指，將球的重心放在投球手手指上而不是手掌，然後用投球手的食指指腹推出球來讓球輕輕地往後旋。

圖4.1　單手輔助投籃

投籃手在前並舉高
1. 目視投籃目標
2. 腳與肩同寬與腳趾面向前
3. 膝微彎曲
4. 肩膀放鬆
5. 非投籃手放球下面：投籃手面向籃框
6. 手肘往內縮
7. 球在耳朵和肩膀之間

蹲低膝蓋
1. 目視投籃目標
2. 投籃前蹲低膝蓋

單手支撐投籃
1. 膝蓋與手臂同時往上升
2. 延伸腳、背、肩膀與手肘
3. 將手腕與手指彎曲向前
4. 用食指指腹推出球
5. 一直將非投籃手放在球上直到球離手之後
6. 用手臂延伸來做投球的跟隨動作，食指要指向目標直到球進網

常見的錯誤

投籃的機制都做對了，但球還是沒進。

改善方式

請人在投球時觀察你的眼睛，你可能沒有一直看著投籃目標，球碰到籃框之前，眼睛要一直看著投籃目標而不是看球的飛行。

罰球

成功的罰球需要自信、儀式、放鬆、節奏及專注，而放鬆、節奏及儀式是有助於促進專注與自信。

自信：多一點正面思考，你總是在同一個位置同一條線投籃，沒有人防守你，而且籃框很大，可以塞得下三顆半的籃球。除此，利用肯定的語句來提升自信的想法以及投籃的能力，例如你可以告訴自己：「我是一個射手」或者是回想過去成功的經驗；另外，在投籃之前也可以想像自己能夠投出一個成功的投籃，這樣也可以增加你的自信；再來，投籃前後的行為舉止如果都像個射手，這樣也可以增強你的自信，例如：你可以在球碰到籃框之前一直舉高投球的手臂來誇張你投籃的跟隨動作。總而言之，有了自信以及正確的投籃動作，你不想投進都難。

儀式：為罰球發展一個完善的投籃儀式吧！投籃儀式可以幫助你放鬆、專注以及有節奏的投籃，最重要的是，使用罰球儀式也可以增加投球的自信。你的儀式可以是透過心中想像來練習你的投球，也可以是實際用身體模擬投球的動作，許多在罰球方面表現很好的NBA球員都這樣做，例如Steve Nash和Ray Allen。除此，罰球儀式也可以是運個幾次球、檢視投籃球前的投籃機制，或者是利用深呼吸來放鬆。當然世界上沒有一個罰球儀式是對每個人都有效的，所以你要選一個適合自己的，一旦習慣那個罰球儀式，就不要輕易的改變，切記不要跟著流行或不斷的更換罰球的儀式。

大部分的人用單手輔助投籃來罰球（圖4.2，頁83），過程中要花一點時間來學習操作每一個基本的投籃機制：視線、身體平衡、手的位置、手肘內縮對齊、有節奏的投籃動作及跟隨動作。這裡介紹一個簡單的投籃儀式，你可以嘗試去適應一下：在裁判給球之前，可以在罰球線後面踩幾步，這會讓你感到更放鬆；然而，如果你聽到群眾有負面的評語或你知道自己有一些負面的想法，用「*停止（stop）*」這個字來中斷它們，然後深吸一口氣，當吐氣時將所有的負面想法都釋放出去，取而代之的是肯定且正面的語句，例如：「我是一個射手」、「眼中只有籃框」或「進球吧！」。

一旦你接到球之後，要把腳放在正確位置，再把球（不是你的頭）對準籃框中間。對準的方式可以利用你的指甲來標記出罰球線中間的位置，之後再把投籃的腳放在中間靠外面一點，然後再把球對準籃框中間。

投球開始時使用平衡站姿，有些球員會拍幾下球來幫助放鬆，當拍球時，記得讓投籃手在球的上方，這可確保當球在最高點快投出去前投籃的手可以面向籃框。嘗試使用放鬆的手部姿勢，然後將食指對準籃球充氣的地方，下一步

再將手肘往內縮，讓食指對準籃框前緣中心點。

放鬆：罰球時一定要記得放輕鬆，相對於其他的投籃，罰球時擁有更多的時間來思考，想太多會造成身心的過度緊繃。可以利用深呼吸來放鬆身心，尤其是在罰球時，你應該特別放鬆你的肩膀，讓肩膀放低且放鬆，接著再慢慢的放鬆手臂、手與手指，如果需要的話，也要學習放鬆身體的其他部位。控制呼吸以及放鬆肌肉在所有罰球儀式中是最有用的，所以記得要將深呼吸放鬆身心列為你投籃的儀式中。

節奏：投籃的節奏是靠剛開始將球的位置擺高並利用蹲低伸直的腳部動作來獲得，而不是靠降低球的高度來獲得，腳部蹲低伸直的動作是提供投球力量的來源，特別是在比賽後半段腳已經很累的狀態之下，藉由將球擺高以及使用腳部力量，你將可以減少因為把球放低投籃所造成的失誤。誇張你投籃跟隨的動作，讓你的眼睛專注在投籃目標，並在球碰到籃框之前將投籃手臂朝上。罰球跟其他場上的投球是不同的，因為你有更多的時間來思考，過多的思考可能讓投籃節奏變慢，間接的就會導致投球太短。

罰球要有流暢及圓潤節奏，這時就要使用個人化的關鍵字來幫助你建立流暢及連續的節奏，在投籃的節奏中說出你的關鍵字，例如：如果你的觸發字為「*腳*（legs）」與「*跟隨*（through）」而定心字為「*是的*（yes）」，就要把這幾個字排成這樣——「*legs-through-yes*」，排的順序是按照投籃動作順序的先後，使用關鍵字這個方法能建立投籃節奏、改善投籃的機制以及建立自信。

專注：最後且最重要的步驟就是在開始罰球之前要去除所有的干擾，只專心注視在籃框前緣，不要被觀眾或是你自己負面的想法影響，當你聽到負面的語言或知道自己有負面的想法，用「*停止*（stop）」這個字來去除所有負面的想法，取而代之的是肯定且正面的字語。自信與專注是連在一起的，專注於投一個成功的好球，並拋開過去所有沒進的球或者任何你可能會做不好的想法，把握現在，想像自己投進一個成功的罰球，並說出定心字「*是的*（yes）」、「*入網*（net）」、「*進球*（in）」、「*進球*（through）」，最重要的是要享受那個時刻，當你投籃時持續專注於籃框，看、出手、得分，就是這麼簡單。

圖4.2　罰球

罰球儀式
1. 投籃腳稍微放在罰球線中間位置外面
2. 用膝蓋稍微彎曲的平衡站姿
3. 非投籃手在球下；投籃手的大拇指放鬆且面向籃框
4. 手肘內縮
5. 球放在耳朵和肩膀之間
6. 肩膀放鬆
7. 專注在籃框前緣

有節奏地說關鍵字
1. 有節奏地說關鍵字
2. 投籃前蹲低膝蓋

罰球
1. 膝蓋與手臂同時往上升
2. 延伸腳、背、肩膀與手肘
3. 將手腕與手指彎曲向前
4. 用食指指腹推出球
5. 一直將非投籃手放在球上直到球離手之後
6. 有節奏有信心的投籃
7. 用手臂延伸來做投球的跟隨動作，食指要指向目標直到球進網

常見的錯誤

在投籃之前與投籃的過程中感到緊張。

改善方式

用深呼吸來調整身心，大口吸氣再全部吐出，放鬆肩膀，讓肩膀放低且放鬆，接著再慢慢的放鬆手臂、手與手指，如果需要的話，也要學習放鬆身體的其他部位。

罰球訓練　每天演練

　　每天都要固定投幾組罰球，在練習完其他訓練之後，練投10顆罰球，因為籃球員很少在比賽中連續投2顆以上的罰球，所以當你在做這個訓練時，連續投2顆球之後就要稍微的離開罰球線的位置。然後要練習在壓力之下投球，

單元四　投籃

運用你的想像力或與自己挑戰，例如：想像一下比賽快結束，投進罰球後比賽就會贏。記錄你每罰100球會進幾球，也記錄一下最多可以連續進幾球，持續的挑戰自己。

　　罰球要有信心，在走向罰球線之前，說一些正面肯定的字語，在投球之前想像一下自己等下會投進，並做一些罰球的儀式，這將有助於你建立罰球的信心，過程中要深呼吸以及放鬆肌肉。最後一步就是在投籃之前去除所有的干擾並專心直視籃框，按照投球動作的前後，有節奏地說出你的關鍵字；如果投球沒進，想像一個正確動作的成功投籃，說出關鍵字來調整你罰球的動作。

罰球訓練　　閉眼投籃

　　過去研究指出閉上眼睛以及張開眼睛的罰球混合訓練比只有張開眼睛的罰球訓練更有效果，閉上眼睛的罰球等於移除你的視覺，代表你只能用其他感覺來罰球，特別是動覺（感覺肌肉運動的知覺）及觸覺。在閉上眼睛之前，想像一個成功的投籃動作以及眼睛直視在籃框，然後投幾顆球，請一位夥伴來幫你撿籃板並給予投每顆球的回饋（包含球在籃框的反應），利用夥伴的回饋，加上動覺及觸覺來調整你的投籃。完成20顆罰球，你的夥伴要幫你計算總共進幾顆以及最多連續進幾顆球。

籃球

邁向卓越

跳投

跳投（圖4.3，頁86）與單手輔助投籃很類似，除了兩個動作不一樣以外。跳投會將球舉得更高，而且也在跳起來之後才會投籃，不像單手輔助投籃，只有原地同時向上延伸雙腳。另外，因為你先跳再投籃，所以你的上半身、手臂、手腕與手指必須要出更多的力量。

調整球到耳朵和肩膀之間的位置，動作都跟單手輔助投籃很像，但是再舉高一點；目光在籃框前方而不是在球上面；再來前臂與地板要成垂直，用雙腳垂直的往上跳，充分的延伸你的腳踝、膝蓋、背與肩膀，不要往前、往後或往側邊跳。

要跳得多高取決於要投得多遠，當你在內線跳投，且被嚴厲的防守時，你的腿就要產生更多的力量來跳得比防守者更高。而投球點是在跳躍最高點的位置，所以手臂、手腕及手指要出更多的力量，此時會感覺當球離手時你是吊在半空中。

大部分長距離的跳投，你會擁有更多的投籃時間，所以你不需要跳得比防守者更高，因此你會希望利用更多腳的力量來投球而不是跳得更高。所以跳投時會感覺跳起來就要投了，而不是跳到最高點時才放球，且跳的時候要平穩的跳，這樣會讓你在投籃時更輕鬆。平衡與控制對於增加跳投的高度是有很大的影響，除此，平順的節奏與完整的投籃跟隨動作也會是影響長距離跳投的重要因素。記得落地時要平穩，且也要在原本起跳的位置。

圖4.3　跳投

a

b

c

投籃手在身體前並舉高

1. 腳與肩同寬與腳趾面向前
2. 膝微彎曲
3. 肩膀放鬆
4. 手肘往內縮
5. 球在耳朵和肩膀之間
6. 非投籃手放球下面；投籃手
　 面向籃框

蹲低膝蓋

1. 目視投籃目標
2. 投籃前蹲低膝蓋

跳投

1. 膝蓋與手臂同時往上升
2. 延伸腳、背、肩膀與手肘
3. 將手腕與手指彎曲向前
4. 用食指指腹推出球
5. 一直將非投籃手放在球上直
　 到球離手之後
6. 用手臂延伸來做投球的跟隨
　 動作，食指要指向目標直到
　 球進網

常見的錯誤

為了獲得投籃的節奏把球的位置降低了，該動作延長了推球的時間，也製造更多
可能發生錯誤的空間，以及更容易被蓋火鍋。

改善方式

把投球的位置抬高，並使用蹲低伸直的腳部動作來獲得投球的節奏，千萬不要降
低球的高度。

跳投訓練　跳投暖身

　　這個練習的目的在於培養跳投的信心、姿勢、節奏與射程。剛開始以平衡站姿站在籃框前9呎（2.7公尺）的距離，用正確的跳投姿勢完成跳投，在跳投時球要舉得比單手輔助投籃來得高。跳投的高度依照不同的距離有所不同，在內線跳投時，你需要在跳躍的最高點放球，所以你的手臂、手腕與手指應該要出多一點力量；在遠距離的跳投，讓多一點腳的力量在投籃。試著用平衡的跳躍，如此才可以在球碰到地板以前做投籃跟隨的動作。最後切記，依據投籃動作的順序，跳投時可以搭配有節奏地說出你三個個人化的關鍵字。

增加難度

- 在9呎的距離連續投進5球後，向後退到12呎（3.7公尺）的距離。
- 在12呎的距離連續投進5球後，向後退到罰球線（15呎，4.6公尺）的距離。
- 在15呎的距離連續投進5球後，再持續往後退，直到無法連續再投進5

顆球。

成功動作的檢查

- 投籃時有節奏的說出關鍵字。
- 依據不同射程，跳投跳出正確的高度。
- 使用正確的跳投投籃機制。
- 在不同距離嘗試連續投進5球。

為你的成功打分數

　　記錄在不同距離投進的球數，每次成功的連續投進5球就獲得5分。

在9呎連續投進的球數＿＿＿；得＿＿＿分

在12呎連續投進的球數＿＿＿；得＿＿＿分

在15呎連續投進的球數＿＿＿；得＿＿＿分

在18呎連續投進的球數＿＿＿；得＿＿＿分

在21呎（三分球線頂端）連續投進的球數＿＿＿；得＿＿＿分

在24呎（NBA三分線）連續投進的球數＿＿＿；得＿＿＿分

你的分數：＿＿＿（最高30分）

跳投訓練　擦板跳投暖身

　　擦板跳投暖身跟一般的跳投暖身很類似，但是就差了一個地方，擦板跳投時跟籃框夾了45度角。開始時以平衡的站姿站在和籃板呈45度角的位置，當你在投擦板跳投時，記得要瞄準籃板方形線上方角落，並有節奏的說出你的

關鍵字，籃框左右兩側的地方都記得要投。

增加難度

- 在左右兩邊9呎（2.7公尺）的距離連續投進5球後，向後退到12呎（3.7公尺）的距離。

單元四　投籃

- 在左右兩邊在12呎的距離連續投進5球後，向後退到15呎（4.6公尺）的距離。
- 在左右兩邊15呎的距離連續投進5球後，向後退到18呎（5.5公尺）的距離。

- 投籃時有節奏的說出關鍵字。
- 使用正確的擦板跳投投籃機制。
- 在左右兩邊不同距離成功的連續投進5球。

記錄在左右兩邊不同距離擦板跳投投進的球數，每次成功的連續投進5球就獲得5分。

在右邊9呎連續擦板跳投投進的球數_____；得_____分

在左邊9呎連續擦板跳投投進的球數_____；得_____分

在右邊12呎連續擦板跳投投進的球數_____；得_____分

在左邊12呎連續擦板跳投投進的球數_____；得_____分

在右邊15呎連續擦板跳投投進的球數_____；得_____分

在左邊15呎連續擦板跳投投進的球數_____；得_____分

在右邊18呎連續擦板跳投投進的球數_____；得_____分

在左邊18呎連續擦板跳投投進的球數_____；得_____分

你的分數：_____（最高40分）

三分球

投三分球（圖4.4）時要離三分線夠遠不要有踩線的嫌疑，並要把視線一直集中在籃框而不是看下面的三分線，投籃時要用平衡的跳投，跳起來時要不費力的投籃。

投籃的距離越遠，正確的投籃機制、順序與節奏就顯得更重要。在三分線投籃，你通常擁有更多的投籃時間，所以跳投時不用跳得很高，應該把腿部的力量多用一點在投籃，如果需要更多腳的力量，投籃前也可以往前踏一步來產生更多的力量；或者投籃的動作要順暢點，力量才可以完整的從腳慢慢的送到手。而投球的感覺很像你跳起來就投，而不是在最高點時才把球送出去（在內線跳投時，被對方緊迫防守，所以需要跳得比對手高）。

想辦法做出平衡的跳躍，這可幫助你在跳投時不用費力，且平衡與控制比跳躍的最大高度來得重要，平順的節奏與完整的投籃跟隨動作也可改善遠距離的跳投，當然對其他類型的跳投也有幫助，特別是三分球跳投。最後，你應該要平衡的落地，落地的地點跟起跳是同一個地方。

成功的三分球射手要熟練以下的

動作：平穩的節奏；有次序的使用腳、背及肩膀的力量；正確的投籃機制（例如：手的位置、手肘內縮對齊）；以及完整的投籃跟隨動作。

常見的錯誤
你的投籃太短。

改善方式
三分球投太短的原因有三個：(1)沒有使用腳、背及肩膀的力量；(2)沒有做投籃跟隨的動作；(3)投籃的節奏太慢。透過投籃感覺來發現你的問題，看要強調使用腳、背及肩膀來產生力量，或是在球碰到籃框之前將手臂朝上來做完整的投籃跟隨動作，或是增快投籃的節奏。

圖4.4　三分球

手和腳都準備好
1. 站在三分線後
2. 腳與肩同寬與腳趾面向前
3. 膝微彎曲
4. 手肘往內縮
5. 球在耳朵和肩膀之間
6. 肩膀放鬆
7. 非投籃手放球下面；投籃手面向籃框且大拇指放鬆
8. 如果需要的話，往前踏一步再投

有信心與有節奏地投籃
1. 不費力地跳起來，在跳起來的過程中將球送出
2. 有信心且有節奏地投籃
3. 力量從腳、背及肩膀有順序的往上傳送
4. 延伸手肘
5. 將手腕與手指彎曲向前
6. 用食指指腹推出球
7. 一直將非投籃手放在球上直到球離手之後
8. 做投籃跟隨動作

單元四　投籃

坐在椅子上投籃是一項基本的投籃訓練方式，可以培養三分球投射及罰球線投籃的能力，而這項訓練的目的如下：

1. 培養三分球投射及罰球線投籃的信心

2. 讓投籃及投籃後的跟隨動作更有穩定性

3. 學習專注於改正特定的投籃錯誤動作

生理以及心理的專注：學習坐在椅子上保持生理上的專注，當做到時就代表你已經準備好投籃了。生理上的專注就是肌肉放輕鬆，以及呼吸比平常更慢更深沉，當身體重量平均分配到該技能要使用的所有肌肉，你就可以獲得更多投籃的力量；而生理的專注也有助於心理的專注，當心理專注時，你會更加警戒、專注以及有信心。生理及心理的專注對於投籃是非常重要的，專注可以讓身體重心提高，以及把力量從背部傳送到肩膀來產生更多投籃需要的力量。

在投籃前想像一個成功的投籃：想像就是從心裡聯想一個成功投籃畫面的技巧，在投籃之前想像將有助於你的投籃更流暢、平穩以及增加信心。

練習投籃的力量要有次序的從背、肩膀、手臂、手腕及手指等順序慢慢的傳送上來：利用投球的感覺、投出的距離、投出的方向以及擊中籃框的反應來得到回饋。

用個人化的關鍵字來矯正你投籃的錯誤動作：從投球動作的開始到球離手之間，有信心且有節奏的說出你的關鍵字。以下介紹一些投籃的錯誤姿勢，以及一些可以改進這些錯誤的關鍵字：

1. 投籃太短時，說出「*跟隨*（through）」這個關鍵字，可以觸發做出在球碰到籃框之前要做到完整的投籃跟隨動作。

2. 投籃太長時，說出「*高*（up）」這個關鍵字，可以觸發做出將投籃手抬高一點來提升投籃的弧度。

3. 投籃時將球往後拉或向後傾倒，之後再投出球（而不是直接將球推出向籃框），這時就可使用「*面向前*（front）」關鍵字，這可觸發做出投球時將頭、肩膀及投球手面向前。

4. 因為降低球高度再把球向上推出去，所以造成球打到非慣用手邊的籃框，此時就要說「*舉高*（high）」及「*拉直*（straight）」，可以觸發做出投球時將球舉高，以及投籃手拉直面向籃框並做出投籃跟隨動作。

5. 因為投球手的手肘向外，所以造成投籃擊中投球邊的籃框，此時就可說出「*手肘內縮*（in）」，來觸發做出投球手手肘內縮的動作。

6. 因為投球手在球的側邊，所以造成球的側旋，這時要說出「*拉直*

（straight）」，觸發做出投籃開始時投籃手要面向籃框，且在做投籃跟隨動作的過程中，投籃手都要直直的面向籃框。

7. 說出「*舉高（high）*」及「*拉直（straight）*」來改善降低球以及將球旋轉到另一側臀部位置的錯誤，此舉可觸發做出將球舉得更高以及投籃時要直。

　　將椅子放在9呎（2.7公尺）的位置，大概是罰球線往前走兩大步的位置。屁股坐在椅子前緣，肩膀面向前，腳與椅子腳呈一直線，腳趾面向前。

　　開始時先將投籃手面向籃框，並將其手肘盡所能的往內縮，投球手的位置大概是在耳朵與肩膀之間。*注意事項：*用非投籃手把球放在投籃手中，避免投球籃手掌碰到球，要讓投籃手食指放在球的中間；檢視一下前臂是否與地板垂直，這個姿勢可以幫助你直接將球上送到籃框，而不是先降低球後再丟出。

增加難度

- 在9呎連續投進5顆球後，將椅子退到12呎（3.7公尺）的位置。
- 在12呎連續投進5顆球後，將椅子

退到15呎（4.6公尺）的位置（罰球線）。

- 在15呎連續投進5顆球後，將椅子退到18呎（5.5公尺）的位置。
- 在18呎連續投進5顆球後，將椅子退到21呎（6.4公尺）的位置（三分線頂端）。

成功動作的檢查

- 利用正確的射籃姿勢。
- 投籃時有節奏的說出關鍵字。
- 嘗試在不同的距離連續投進5顆球。

為你的成功打分數

　　記錄在不同距離連續投進的球數，每次連續投進5球就獲得5分。

在9呎連續投進的球數＿＿＿＿；得＿＿＿＿分

在12呎連續投進的球數＿＿＿＿；得＿＿＿＿分

在15呎連續投進的球數＿＿＿＿；得＿＿＿＿分

在18呎連續投進的球數＿＿＿＿；得＿＿＿＿分

在21呎連續投進的球數＿＿＿＿；得＿＿＿＿分

你的分數：＿＿＿＿（最高25分）

三分球訓練　環遊世界

　　這個練習可以培養在時間壓力之下的三分線投籃能力。把三分線分成五的點，分別為左底線、左翼、頂點、右翼、右底線，你要站在這五個點投籃，每個點連續投進兩顆才可以移到下一個點，目標就是在2分鐘之內完成五個點的投籃。

　　找一個隊友來幫你撿籃板以及傳

球給你，從左邊底線的點開始投，連續投進兩顆球才可以移動至左邊45度的點，以此類推往前進。

增加難度

- 在2分鐘以內，每個位置都可以連續投進兩顆球，再把時間減為90秒。
- 在2分鐘以內，每個位置都要連續投進三顆球。
- 在2分鐘以內，每個位置都可以連續射進三顆球，再把時間減為90秒。

成功動作的檢查

- 使用正確的三分球投籃技巧。
- 球的出手前後之間，有信心且有節奏的說出你的關鍵字。
- 在2分鐘以內，每個位置都可以連續投進兩顆三分球。

為你的成功打分數

在2分鐘以內，你必須要每個位置都連續投進兩顆球，連續投進兩顆後才可以移到下一個點，每次連續投進兩顆球後就獲得2分。

左邊底線連續投進的球數＿＿＿；得＿＿＿分

左邊45度連續投進的球數＿＿＿；得＿＿＿分

頂點連續投進的球數＿＿＿；得＿＿＿分

右邊45度連續投進的球數＿＿＿；得＿＿＿分

右邊底線連續投進的球數＿＿＿；得＿＿＿分

你的分數：＿＿＿（最高10分）

勾射

勾射（圖4.5，頁94）的優點就是即使面對較高的對手也不容易被蓋火鍋，勾射通常是在離籃框較近的距離使用，差不多在10至12呎（3到3.7公尺）。藉著學會兩隻不同手的勾射，你將會增進你在禁區的威力，而且如果適當的使用，也會造成對手過度防守你，此時一個勾射的假動作就可以幫助你在另一個方向製造出空檔來強攻籃下投籃、切入或是傳球。而跟一般人想的不一樣，勾射不會難學，只要透過練習，你的慣用手與非慣用手都可以投得很好。

投籃開始時以平衡站姿背對籃框，雙腳與肩同寬，藉由看著要轉身投籃的肩膀方向來看投籃目標，如果是跟籃板隔45度角，用擦板球可以降低投球的力道來增加投籃的準確性，而投籃的點要落在籃板方形線上方角落的地方；如果不是投擦板球，就直接瞄準籃框的前緣。

在大部分的情況下，你會先在你真正要投球的反方向做個投球假動作，假動作之後，再把投籃手放在籃球的下面，而非投籃手放在籃球的後面稍微靠上方的位置，這個持球的動作稱做*勾射投籃位置*（hook shot position）；且彎

曲投籃手臂的手肘，把手肘放在臀部的位置，讓球與要投球的肩膀成一直線。

利用非投籃邊的腳來向外踩一步遠離防守者，當你往外踩時，把球拉回來，用頭及肩膀來保護球，而不是將球往外伸。當踩的時候，利用軸心腳將身體轉向籃框，抬起投籃邊的腳，並用軸心腳往上跳。再來，藉由將投籃手臂延伸至耳朵至耳朵一直線的方向，用勾射的動作把球往上升，彎曲你的手腕及手指朝向投籃的目標，最後用食指將球推離手，平衡手要一直在球上直到球離手為止。落地時要平衡，隨時準備好要用兩手去搶失投球的籃板，然後再用強攻籃下投籃得分。你應該要有一個想法，失投的勾射就好像自己傳球給自己，通常防守你勾射的人，他們站的位置無法將你卡位或避免你搶到籃板。

如果你側旋球，球將會打到籃框，而不是直接進籃，球打到籃框時有可能會轉出來或是在籃框上彈跳幾下後再彈出來。如果你一開始雙手是在球的兩側，投球時再用側邊投出，或是投球最後離手時是用無名指（而不是用食指），你投出去的球將會有側旋的狀況而不是後旋。改正的動作為將投籃手的手肘與臀部成一直線，並將投籃手放在球的下面，平衡手放在球的後面稍微靠上的位置，且用食指將球送出來造成後旋，這樣球在打到籃框的時候就會彈進去。

如果你用右手勾射打到右邊籃框，代表你在做投籃跟隨動作時，將投籃手的手臂放在頭的前方；如果你用右手勾射打到左邊籃框，代表你在做投籃跟隨動作時，將投籃手的手臂放在頭的後方。為了改進上面兩個狀況，勾射動作開始時，將投籃手肘與臀部成一直線，這樣可以幫助你在往兩耳連線的方向將手臂直直的延伸至籃框。而如果你勾射的球太短或太長時，你大概沒有完整或穩定的延伸手肘，記得在投每顆球時都要完整的延伸手肘。

圖4.5　勾射

a

b

投籃手在球下
1. 背對籃框
2. 腳與肩同寬
3. 膝微彎曲
4. 肩膀放鬆
5. 投籃手在球下；非投籃手在球後面
6. 手肘在臀部位置
7. 把球收回來，用頭和肩膀保護球

踩一步再勾射
1. 踩一步並以軸心腳旋轉進去
2. 將球升起到兩耳連線的方向
3. 延伸手肘
4. 彎曲手腕及手指
5. 用食指推出球
6. 直到球離手之前，平衡手都要放在球上
7. 落地時保持平衡，準備搶籃板

常見的錯誤

當投球時，你失去球的保護及控制。

改善方式

平衡手太快離開球。將平衡手放在球上，直到球離手之後才可以放開。

勾射訓練　勾射暖身

　　這個練習要用慣用手與非慣用手來做勾射的投籃動作。動作開始時，頭在籃框前緣的正下方，用平衡站姿面向邊線，將投籃手肘放在側邊，投籃手放在球的下面，平衡手放在球的後面稍微上方的位置，利用兩耳與籃框成一直線的方線，把球用勾射動作往上升，平衡手要在球離手後才可以放開；之後再用雙

手接進或不進的球，並把不進的球當作是自己傳給自己的球來對待。

成功動作的檢查

- 有信心地投籃。
- 使用正確的投籃機制。
- 用每隻手連續投進5顆勾射。

為你的成功打分數

記錄兩隻手連續勾射進球的球數，每次連續進5顆球就獲得5分。

慣用手勾射連續進球數＿＿＿；得＿＿＿分

非慣用手勾射連續進球數＿＿＿；得＿＿＿分

你的分數：＿＿＿（最高10分）

勾射訓練　交叉步勾射暖身

在兩隻手都可以完成勾射暖身連續進5顆球後，你可以開始做交叉步勾射的暖身了。還是一樣，動作開始時，頭在籃框前緣的正下方，手握在勾射投籃位置且面向邊線，用內側腳（靠近籃框那一隻腳）往罰球線的方向做交叉步，然後再做勾射的動作；之後再用軸心腳往籃框方向踩一步，抬起投籃邊的膝蓋，再做勾射的動作。

成功動作的檢查

- 當進球時，說出關鍵字。
- 利用正確的勾射投籃機制。
- 用每隻手連續投進5顆勾射。

為你的成功打分數

記錄兩隻手使用交叉步勾射的連續進球球數，每次連續進5顆球就獲得5分。

慣用手交叉步勾射連續進球數＿＿＿；得＿＿＿分

非慣用手交叉步勾射連續進球數＿＿＿；得＿＿＿分

你的分數：＿＿＿（最高10分）

勾射訓練　換手勾射（Mikan練習）

在這個練習中，你會使用左右手勾射搭配交叉步來投籃。第一次投籃，使用右手勾射，開始在籃下面向右邊的邊線，球握在勾射投籃位置，右手放在球的下面，用左腳（靠進籃框那隻腳）做遠離籃板45度的交叉步，再用軸心腳往籃框的方向踩，當用右手勾射時抬起右膝蓋，瞄準籃板方形線上方角落的地方，在球進或沒進之後再用兩隻手接球。之後再換邊，換左手勾射，動作跟右手勾射時都呈反方向。

成功動作的檢查

- 球進或沒進搶到籃板時用雙手去撿球。
- 用交叉步做換手勾射連續投進10顆球。

上籃

上籃（圖4.6）是在空切或運球切入靠近籃框時使用，為了讓上籃時可以跳得高，空切或運球切入的最後三四步要有速度，但也別忘了這個速度是要可以控制的，踩出你的內側腳，也就是上籃的最後一步，也必須是要短的，如此你才可以快速的下沉你起跳的膝蓋讓前進的動量改為向上。起跳後升起你投球邊的膝蓋，起跳時把球直直的向上升，把球帶到耳朵與肩膀之間。且記得當上籃時，不要將球轉到身體側邊，這樣容易被蓋火鍋或被抄截。另外，如果你投籃的手有側旋到球，球會側旋，造成球從籃框轉出來。除此，當上籃時直直把球拉起來，你的投籃手應該在球的後方，讓球旋轉時是後旋，這樣球才會彈進籃框；而眼睛瞄準的位置是籃板方形線上方角落，這樣球才會掉進籃框。而非投籃手會一直在球上，直到球離手為止，這樣既可以保護球又可以平衡球，且投球時最後離手的地方是食指。起跳的地方跟落地的地方是一樣的，投完之後要用雙手準備搶籃板，以預防上籃沒進。

籃球
邁向卓越

圖4.6　上籃

a

b

運球後收球

1. 當靠外側的手（離防守者較遠的手）是右手，就用右手上籃
2. 最後一個運球的腳步要用內側腳踩小步
3. 快速下沉內側起跳腳膝蓋
4. 在投籃側的膝蓋接到球
5. 投籃手（外側手）在球上面；非投籃手在球下面
6. 眼睛看投籃目標
7. 瞄準籃板方形線上方角落的地方

上籃

1. 用面對投籃目標的投籃手將球直直的升起投籃
2. 用起跳腳蹬地，直直跳起來
3. 用非投球手保護球直到球離手後
4. 投在籃板方形線上方角落的地方
5. 平衡的落地在原本起跳的地方，準備好搶籃板

常見的錯誤

向前滑行造成投球沒進。

改善方式

為了將向前的動能改為向上，在投球側的膝蓋接球。

單元四　投籃

上籃訓練　運一球上籃

　　這個練習需要用慣用手與非慣用手來上籃。先練習慣用手，以平衡站姿站在靠近慣用手邊的罰球線圈邊線中間的位置，用慣用手邊的腳當作軸心腳，軸心腳會在前，另一側的腳會在後，用後腳往前踩一短步搭配慣用手的運球，將球在慣用手邊的膝蓋接起來，此時平衡手在球的下面，而投籃手在球的後面，把球夾起來，往上直直的跳起來，再用慣用手上籃將球送到籃板方形線上方角落的位置，落地時要保持平衡，不管球進或不進都要用兩手來接球。完成後，再用非慣用手練習，所有的方向會變成反方向。

成功動作的檢查

- 接球時，平衡手要在球下面，投籃手要在球的上面。
- 運用正確的上籃技巧。
- 嘗試雙手都可以連續五次運一球上籃進球。

為你的成功打分數

　　記錄左右手運一球上籃進球的球數，連續5顆進球就獲得5分。

慣用手運一球上籃連續進球的球數____；得____分

非慣用手運一球上籃連續進球的球數____；得____分

你的分數：____（最高10分）

上籃訓練　快速運球上籃

　　這個挑戰性的上籃練習需要用到慣用手與非慣用手的快速運球及轉身運球。這個練習需要交換地從兩側肘區（罰球線與罰球線圈邊線交錯處）運球切入到籃下，當你是從右邊運球時用右手上籃，左邊運球時則是用左手上籃。開始時以平衡站姿站在右邊肘區，此時左腳在前右腳在後，用右手快速運球到籃框來做右手上籃，然後用雙手接球，再用右手快速運球到左邊肘區，將左腳踩在肘區時再做轉身運球，用右手把球拉回來面向籃框；再用左手快速運球到籃框做左手上籃，用雙手撿到球後再用左手快速運球到右邊肘區，右腳踩在右

邊肘區，再用左手做轉身運球的動作面向籃框。重複上面的練習，看30秒可以進幾顆球。

成功動作的檢查

- 運用正確的上籃技巧。
- 要用雙手接投進或沒投進的球。

為你的成功打分數

　　記錄在30秒內進幾顆上籃，每進一顆球就獲得1分，在30秒投進8顆以上的進球算很好，6至7顆球算好，5顆以下就需要再加強，通常速度快好的上籃者可以進9顆球。

30秒內上籃進球的球數____

你的分數：____（最高8分）

這個練習可以培養你運球以及運球上籃的速度，因為你一邊運球還要一邊保護球，避免後面的防守者追上來。找一位球員當作你的對手，開始時站在半場中線面對邊線用慣用手運球，對手的領導腳會碰到你的後腳。當你開始用快速運球前進時，後面的對手就會開始追你，並儘量的帶給你防守壓力，嘗試把你的運球毀掉或干擾你的投球，而你就要嘗試用運球去躲避對手來上籃，投完籃後攻守交換，每個人進攻五次。

增加難度

- 從非慣用手的方向開始，用非慣用手運球上籃。

成功動作的檢查

- 利用正確的上籃技巧。
- 運用好的腳步及運球技巧來繞過防守者。
- 用非投籃手的手與手臂來保護球。

為你的成功打分數

　　每一次成功的進球獲得1分，嘗試比你的夥伴得更多分，如果最後你的分數贏過他，你就獲得10分。

你的分數：＿＿＿＿

反手上籃

　　反手上籃（圖4.7，頁100）是在空切或運球切入到籃框下時使用，一般上籃跟反手上籃不同的地方在於反手上籃投籃的手是在球下面，為了能讓反手上籃跳得更高，你需要在最後三、四步時加快速度，但又要能在投球前的最後一步控制速度。

　　站在籃框底下，眼睛看著邊線，將投籃手放在球的下面，非投籃手放在球的後面稍微靠近上方，用非投籃邊的腳，往遠離籃板45度角的方向向外踩一步，在反手上籃前的一步應該要短且快速的下沉起跳腳的膝蓋，這樣才能轉變向前的動能至向上。再來用非投籃邊的腳往罰球線圈邊線的中間踩，同時旋轉你的頭與肩膀向中間的方向，抬起你投籃邊的膝蓋，當跳起來時將球往上升，將球帶至耳朵與肩膀之間，瞄準籃板方形線上方角落的地方，這樣的投法，就算你被犯規，球還有機會投進。切記當投球時，要將球直直的往上送，投籃手要直接在球的下方，這樣球才會後旋；如果你將投籃手轉至球的側邊，球投出去後就會側旋，球碰到籃框後就會轉出來。而且要用食指將球推出，並將非投球手一直放在球上直到球離手。最後，跳起來跟落地的地方要在同一個點，並隨時準備好用雙手去搶失投的球。

圖4.7 反手上籃

a

b

運球後收球

1. 站在籃框底下，眼睛看著邊線
2. 用非投籃邊的腳，往遠離籃板45度角的方向向外踩一步
3. 快速下沉非投籃邊的膝蓋
4. 投籃手在球下面；非投籃手在球後面
5. 投籃手的手肘在臀部位置
6. 眼睛看投籃目標
7. 瞄準籃板方形線上方角落的地方

反手上籃

1. 將非投籃腳當成支點
2. 將頭與肩膀轉向罰球線圈邊線的中間
3. 眼睛看著投籃目標
4. 抬高投籃側的膝蓋
5. 用起跳腳往下蹬，直直的向上起跳
6. 用在球下面的投籃手將球升起
7. 非投籃手一直放在球上直到球離手
8. 用食指指腹來推出球，讓球後旋
9. 平穩落地在原本起跳的點

常見的錯誤

因為側旋，所以球會滾出籃框。

改善方式

你投籃的手轉到側邊去了，所以投球時會側旋，改善的方法就是將投籃手直接的放在球的下面，直直的將球向上升起，這樣就會後旋。

反手上籃訓練　運一球反手上籃

　　這個練習會讓你在運球後用左、右手做反手上籃。先練習你的右手，以平衡站姿站在籃下並面對進攻方左邊的邊線，用你的左腳朝左邊的邊線踩一小步，用右手運一球後接起球，此時右手會在球的下方，之後就把反手上籃投出去，隨時要有球可能不會進的準備，然後再用雙手去接球。完成後，再用左手上籃，動作與上面都相同，只是方向不同。

成功動作的檢查

- 接球的時候，把你的投籃手放在球的下面。
- 運用正確的反手上籃技巧。
- 嘗試用左、右手完成連續五次運一球反手上籃的進球。

為你的成功打分數

　　記錄你左、右手運一球反手上籃進球的球數，連續進5球就獲得5分。

慣用手運一球反手上籃連續進球數____；得____分

非慣用手運一球反手上籃連續進球數____；得____分

你的分數：____（最高10分）

反手上籃訓練　快速運球反手上籃

　　這個挑戰性的反手上籃練習需要用到慣用手與非慣用手的快速運球及轉身運球。這個練習需要交換地從兩側肘區（罰球線與罰球線圈邊線交錯處）運球切入到籃框下，當你是從右邊運球時用右手反手上籃，左邊運球時則是用左手反手上籃。開始時以平衡站姿站在右邊肘區，此時左腳在前右腳在後，用外側（右）手快速運球到籃框下來做右手反手上籃，然後用雙手接球，再用外側（右）手快速運球到左邊肘區，將左腳踩在肘區時再做轉身運球，用右手把球拉回來面向籃框；再用外側（左）手快速運球到籃框做左手反手上籃，用雙手撿到球後再用外側（左）手快速運球到右邊肘區，右腳踩在右邊肘區，再用左手做轉身運球的動作面向籃框。重複上面的練習，看30秒可以進幾顆球。

成功動作的檢查

- 運用正確的反手上籃技巧。
- 用雙手去撿進或不進的球。

為你的成功打分數

　　記錄你30秒內可以投進的反手上籃球數，每進一球就獲得1分，8球以上是很好，6至7球是好，5球以下就需要再加強。

30秒內進球的球數____；得____分

你的分數：____（最高8分）

騎馬射箭投籃

騎馬射箭投籃（圖4.8）又稱為長距離上籃（extended layup shot），使用的時機為當空切或是運球切入到離籃框較遠的距離但還需要快速出手時。騎馬射箭投籃跟一般的上籃動作差不多，只是起跳的距離離籃框比較遠，當你空切或是運球切入被較高的選手防守，且想要打你火鍋時，騎馬射箭投籃就可以讓你快速出手，比跳投的速度還快，所以被蓋火鍋的機率就小一點。

騎馬射箭投籃需要你在空切或是運球切入後還要能控制你的速度，所以在起跳前的一步必須要短，這樣才可以快速下沉你起跳腳的膝蓋，來讓向前的動量轉變成向上。而接球位置在投籃邊的膝蓋前方，接球後要把投籃手放在球的上面，再把投籃邊的膝蓋抬起，球直直的往上升，避免將手轉到球的側邊，這會讓球容易被抄截或造成側旋的投籃。之後再用柔軟的手感將球投出去，高於防守者的手，並讓平衡手一直放在球上來保護球直到球離手，投完球後落地要平衡。

過程中切記要做投籃跟隨的動作，讓手臂朝上、手肘充分的延伸，以及食指指向投籃籃框前緣。當你在罰球線圈邊線外投籃，隨時準備好轉換成防守狀態，但在罰球線圈邊線內投籃，你就要準備好搶籃板。

圖4.8　騎馬射箭投籃（長距離上籃）

蹲低膝蓋

1. 踩一小步
2. 下沉要起跳的腳的膝
3. 肩膀放鬆
4. 非投籃手在球下面；投籃手在球的上面
5. 手肘內縮
6. 將球抬起到耳朵與肩膀之間

騎馬射箭投籃

1. 抬高投籃邊的膝蓋
2. 延伸腳、背及肩膀來直直往上跳
3. 延伸手肘
4. 食指指向投籃目標
5. 平衡手一直放在球上直到球離手
6. 直到球碰到投籃目標之前都要做投籃跟隨動作
7. 落地在起跳的點

　常見的錯誤

因為往前跳或往側邊跳，所以球投太長或偏掉了。

改善方式

在起跳前往前踩一小步，如此你才可以快速下沉起跳腳的膝蓋，來讓向前或向側的動量變成向上。

單元四　投籃

這個練習會讓你在運球後用慣用手及非慣用手做騎馬射箭投籃。先練習你的慣用手，以平衡站姿站在籃框前9呎（2.7公尺）的地方，慣用手邊（軸心腳）的腳在前面，另一腳在後面。這個練習很像運一球上籃的動作，用你的慣用手運球，用非慣用手邊的腳往前踩一短步，並在慣用手邊的膝蓋位置接起球，接球時平衡手要在球的下面，而投籃手會在球的上面，之後再直直的往上跳起，用右手投出騎馬射箭投籃，落地時保持平衡，準備好搶籃板或轉變成防守姿勢。完成後再用非慣用手練習，動作跟慣用手邊相同，只是所有動作變成反方向。

增加難度

- 在9尺的地方完成連續五次運一球騎馬射箭投籃的進球後，往後退到籃框前方12尺（3.7公尺）的位置。
- 在12尺的地方完成連續五次運一球騎馬射箭投籃的進球後，往後退到籃框前方15尺（4.6公尺）的位置。

成功動作的檢查

- 接球後，平衡手在球的下面，投籃手在球的上面。
- 運用正確的騎馬射箭投籃技巧。
- 成功地在不同距離用不同手連續投進5顆騎馬射箭投籃。

為你的成功打分數

　　記錄不同距離用不同手連續投進運一球騎馬射箭投籃的球數，如果連續投進5顆就獲得5分。

用慣用手從9呎連續投進運一球騎馬射箭投籃的球數＿＿＿；得＿＿＿分

用非慣用手從9呎連續投進運一球騎馬射箭投籃的球數＿＿＿；得＿＿＿分

用慣用手從12呎連續投進運一球騎馬射箭投籃的球數＿＿＿；得＿＿＿分

用非慣用手從12呎連續投進運一球騎馬射箭投籃的球數＿＿＿；得＿＿＿分

用慣用手從15呎連續投進運一球騎馬射箭投籃的球數＿＿＿；得＿＿＿分

用非慣用手從15呎連續投進運一球騎馬射箭投籃的球數＿＿＿；得＿＿＿分

你的分數：＿＿＿（最高30分）

強攻籃下投籃

　　強攻籃下投籃（power move）（圖4.9）是一種當你靠近籃框且被一個或多個人防守的一種強力得分方式，這種動作通常是在搶到進攻籃板後做的，但它也可以在切入籃框時使用。開始時將球放在額頭前方的位置，兩手的手肘往外伸來保護球，並讓你的肩膀平行於籃板。防守者可能在你的後方或側邊，將內側腳（靠近防守者的那隻腳）往防守者的方向踩來創造一些空間可以

做強攻籃下的動作，接著做一個投球假動作，再用縮回的內側腳往前踩一步，如果需要時可以再做第二次投籃假動作，將球移動到前額側邊來遠離防守者。瞄準籃板方形線圈，用兩隻腳跳起來，用兩隻手投籃，讓你的肩膀平行於

籃板，不要期待有空檔的投球，要期待投籃會被犯規，就算被犯規也要強力的完成投籃。落地時保持平衡，準備用兩隻手去搶籃板，搶到籃板後再持續的強攻籃下直到得分。

常見的錯誤

把球放低，造成球容易被抄截或是投籃時容易被蓋火鍋。

改善方式

用雙手拿球，將球抬高在你額頭前方的位置，兩個手肘往外伸來保護球，肩膀跟籃板平行，做一兩個投籃假動作來騙防守者跳起來或是使防守者的腳伸直，然後再做強攻籃下的投籃動作。

圖4.9　強攻籃下投籃

保護球的姿勢
1. 雙手握球
2. 球在前額前面
3. 雙手手肘朝外
4. 肩膀和籃框平行

往防守者方向踩一步以及做投籃假動作
1. 往防守者方向踩一步
2. 做出強力投球的假動作

再往前踩一次做投籃假動作

1. 同一隻腳再跨一步
2. 如果需要，再做一次投球假動作
3. 將球移動到前額側邊來遠離防守者
4. 肩膀和籃框平行

強攻籃下投籃

1. 瞄準籃板方形線圈
2. 雙腳起跳
3. 雙手投籃
4. 期待對方犯規，被犯規也要出手
5. 降落時保持平衡，要準備好搶籃板

強攻籃下訓練　強攻籃下投籃假動作

　　開始以平衡站姿站在靠近籃框的一側，用雙手將球抬高至保護球的位置，位置就在額頭前方，並用雙手手肘外張來保護球，讓肩膀平行於籃板，用內側腳朝想像中的防守者方向踩一步，同時做一個強力的投籃假動作，之後再用縮回的內側腳往同方向再踩一步，做第二次的投球假動作，將球移動到前額側邊來遠離防守者，做出強攻籃下的投籃動作，落地時保持平衡，準備用兩隻手去搶籃板，搶到籃板後再持續的強攻籃下投籃直到得分。重複上面的動作，之後

再移動至籃框的另一側，同樣的也做一樣的動作。

增加難度

- 變成兩位防守者站在身體的兩側，防守者兩手向上伸直，並在你做強攻籃下投籃動作時，給你的手臂或身體一些碰撞。

成功動作的檢查

- 用雙手將球舉高到被保護位置。
- 做出很像真投籃的投籃假動作。
- 將球高高的投向籃板做擦板球。

記錄你在籃框左右邊強攻籃下投籃的進球數量，嘗試每一邊都要連續進5球，連進5球得5分。

籃框左側強攻籃下投籃的連續進球數量____；得____分

籃框右側強攻籃下投籃的連續進球數量____；得____分

你的分數：____（最高10分）

為你的成功評價

球放進籃框內是唯一得分的方式，培養各式各樣投籃的方式將幫助你在籃球場上各個區域都更有進攻威脅性。在下個單元中，我們將談論接球後投籃，而進入到單元五之前，你應該回頭計算一下你在每次練習所得到的分數，請輸入每項得到的分數，再加總起來，看看一共得了多少分。

投籃訓練

    1. 單手慣用手投籃熱身   15分中得____分

    2. 單手非慣用手投籃熱身   15分中得____分

    3. 三根手指頭的練習   10分中得____分

罰球訓練

    1. 每天演練   100分中得____分

    2. 閉眼投籃   20分中得____分

跳投訓練

    1. 跳投暖身   30分中得____分

    2. 擦板跳投暖身   40分中得____分

三分球訓練

    1. 坐在椅子上投籃   25分中得____分

    2. 環遊世界   10分中得____分

勾射訓練

    1. 勾射暖身   10分中得____分

    2. 交叉步勾射暖身   10分中得____分

    3. 換手勾射（Mikan練習）   10分中得____分

上籃訓練

　　1. 運一球上籃　　　　　　　　　　　　　　　　　10分中得＿＿＿分

　　2. 快速運球上籃　　　　　　　　　　　　　　　　　8分中得＿＿＿分

　　3. 快速運球上籃加上防守者　　　　　　　　　　　10分中得＿＿＿分

反手上籃訓練

　　1. 運一球反手上籃　　　　　　　　　　　　　　　10分中得＿＿＿分

　　2. 快速運球反手上籃　　　　　　　　　　　　　　　8分中得＿＿＿分

騎馬射箭投籃訓練

　　1. 運一球騎馬射箭投籃（長距離上籃）　　　　　　30分中得＿＿＿分

強攻籃下訓練

　　1. 強攻籃下投籃假動作　　　　　　　　　　　　　10分中得＿＿＿分

　　總分　　　　　　　　　　　　　　　　　　　　　381分中得＿＿＿分

如果你得到200分以上的分數，恭喜你！這代表你已精熟本單元所講的基本動作，並準備好往下一個單元「接球後投籃」出發。如果你的分數是低於200分，你可能要多花點時間再繼續練習單元四所敘述的內容，繼續努力來熟悉所有腳步動作。

單元五 接球後投籃

大部分的籃球投籃都是在空檔的投籃（例如：快攻結束時、運球吸引防守後再傳球、從防守陷阱中傳球出來、對抗區域防守或協防時做球的輪轉、掩護後切入、掩護跑位與長籃板球等），處理空檔球時，你應該要一個動作做好面向籃框、接球及投籃。最好的傳球能讓你在可以投球的位置且還在你的射程內接到球，所謂的射程就是你可以穩定的投進外圍投籃的距離。如果你有空檔而且還在你的射程內，雙手舉起來放在可以投籃的位置來讓你的隊友知道你有空檔，當球傳過來時，跳到球的後方，手放在可以投籃的位置，接球後就是直接面對籃框。讓球跑到你的手，而不是手伸直去接球。

接球後快速出手投籃

為了可以快速出手投球，你的手與腳要提早準備好，手的部分要舉高在肩膀以上可以投籃的位置來讓傳球者知道你已經準備好了，腳的部分則是稍微彎曲膝蓋。

好的傳球可帶來好的投籃，一個好的傳球就是直接將球傳到接球者可以直接做投籃的位置。如果球稍微傳偏，跳到球的後方，但如果是接球後手腳還未準備好投籃，投籃前做一個投籃假動作，這個投籃假動作可以讓你有多一點的時間來調整手與腳的位置，以及重新整理投籃的節奏；切記刺探步或轉身也可以用，但是只有在被嚴密防守時才適合運用。

接球時，手要呈現放鬆的姿勢，放鬆的姿勢就是接到球的姿勢很像是要給人家球的姿勢，並且用推與擠的手勢來接球，這個手勢就是投籃手面向籃框（在球的後面）而非投籃手在球的下面。千萬不要接球時雙手在球的兩側，然後再把手轉到要投球的手勢，因為當著急時會做不好，造成你投球出去會有側旋的狀況。而傳球者則應該將球傳到離接球者較遠的手，這樣方便接球者用手擋住來球。

在接球之前先微彎你的膝蓋，一接到球就立刻向上延伸，節奏很像下上的動作。確認要使球在高處，且讓投籃手面向籃框，要利用腿部下上的動作來做投球的節奏，而不是靠降低球的高度，球擺在高位的優點很多，既可以幫助快速投籃，也可減少失誤的機會。

可以使用關鍵字來幫助你調整投籃的機制、建立投籃的節奏，以及建立投籃的自信。找一至三個單音節的關鍵字，這些關鍵字必須要正面的、明確的及個人化的，而說出這些關鍵字時是要有順序的，順序就按投籃動作的先後，但記得最後一個字是用來建立投籃自信心的，所以是在投進之後說。如在第四單元敘述的（71頁），用來修正投籃機制動作的關鍵字稱觸發字或稱提示字，一些用在快速出手投籃及有節奏的腿部動作之觸發字有「*蹲低伸直（down and up）*」（觸發有節奏的下上蹲低伸直的腿步動作），以及「*高與進球（up and in）*」（觸發投球要投高及避免把球的位置放低）。

前方接球後投籃

當你接到從前方來的傳球（從內線傳出來），你應該藉由投球手擋下球來接球。投球手應該放在球的後面且面向籃框，再將你的非投球手轉移到球的下方，膝蓋會在接球以前彎曲，接到球的同時也將膝蓋及投籃手往上抬，好讓你以快速出手投籃的節奏來投籃（圖5.1）。

常見的錯誤

接到球後，因為你在投球前先把球放低，所以出手時較慢。

改善方式

手在可以投籃的位置接到球，把球持續放在高的位置，接球與投球是在同一個動作，在接到球前先微彎膝蓋，接到球後快速向上延伸膝蓋，很像有節奏的下上動作。

圖5.1　前方接球後投籃

投籃手在前
1. 面向籃框，這樣你才可以同時看到傳球者與籃框
2. 兩腳與肩同寬，腳趾朝向前
3. 膝蓋微彎曲
4. 手放在耳朵與肩膀之間
5. 投籃手面對籃框；非投籃手稍微面向上

有節奏地接球與投籃
1. 跳到球的後方，手放在可以投籃的位置
2. 手臂要在內側不要伸直
3. 用投籃手來阻擋球
4. 把非投籃手塞到球的下面
5. 接到球前彎曲膝蓋，接到球後延伸膝蓋

接球後投籃訓練　反應從前面傳球的接球與投籃（從內線傳出來）

　　這個練習需要你在外圍的五個點投球——左底線、左翼、頂點、右翼、右底線。先站在籃框前頂點的位置，面向籃框，在你的射程內站好準備好接球與投球，你的夥伴則持球站在內線低位的位置，用胸前傳球傳到你的投籃手，如果傳球有一點偏，跳到球的後方，讓球往你的方向飛，而不是等球來時再伸手去接，接球時用投球手把球擋下來，再用非投球手塞在球的下面。接球前膝蓋微彎，一接到球後立刻將膝蓋及投籃手向上延伸，讓你有一個快速出手投籃的節奏。投籃後你的夥伴要用雙手去檢籃板，然後再把球傳給你，投完5顆球後，位置交換，等兩個人都在頂點投完5顆球，換到下一個位置，每一個位置都要投5顆球。

增加難度
• 在三分線外投籃。

接球後投籃練習:慣用手邊接球後投籃

　　當你從你的慣用手邊接到傳球,用你的非投籃手(較遠的)來擋下球,投籃手則是放在球後面以及面向籃框,之後再將非投籃手塞在球的下面,你的膝蓋應該要在接球以前彎曲,接球後膝蓋與投籃手立刻向上延伸,讓你可以以快速出手投籃的節奏投籃(圖5.2)。

| 圖5.2 | 慣用手邊接球後投籃 |

慣用手在前
1. 面向籃框,這樣你才可以同時看到傳球者與籃框
2. 兩腳與肩同寬
3. 膝蓋微彎曲
4. 手放在耳朵與肩膀之間
5. 非投籃手面向傳球者;投籃手面向籃框

用非慣用手擋球
1. 跳到球的後方
2. 接球前膝蓋微彎
3. 手臂在內側,避免伸直手臂
4. 用非投籃手擋下球
5. 把投籃手放在球的後面
6. 在把非投籃手塞在球的下面

籃球
邁向卓越

當你從你的慣用手邊要去接傳球，你面向傳球者伸手去接，這樣會讓你投球的速度變慢。

改善方式

面向籃框，轉頭看著來球，讓球往你的方向飛來，跳到球的後方，接球與投籃一氣呵成。

接球後投籃訓練　反應從慣用手邊傳球的接球與投籃

這個練習需要你在非慣用手邊外圍的三個點投球——肘區、側翼及底線。先站在非慣用手邊的肘區，在你的射程內站好，面向籃框並讓你的手與腳準備好接球以及快速出手投籃，邀請一位夥伴持球站在慣用手邊的肘區，用胸前傳球傳到你較遠的那隻手（非投籃手），如果傳球有一點偏，就跳到球的後方，讓球往你的方向飛，而不是等球來時再伸手去接，之後再用非投籃手把球擋下來，接球時你的投籃手應該是放在球的後面並面向籃框前方，接著再把你的非投籃手塞在球的下面。接球前膝蓋微彎，一接到球後立刻將膝蓋以及投籃手向上延伸，讓你有一個快速出手投籃的節奏。每顆球投完之後，你的夥伴要用雙手去搶籃板，然後運球回去原本傳球的點，再把球傳回給你，投完5顆球後，位置交換，等投完肘區後，換投側

翼及底線，但這兩個點的傳球方式就要變成過頭傳球，記得每個點都要投5顆球再換人。

增加難度

* 在三分線外投籃。

成功動作的檢查

* 使用關鍵字來調整動作。
* 接球與投球一氣呵成。

為你的成功打分數

記錄在場上每一位置投進的數量，每個位置投5球，每投進一球就獲得1分。

在非慣用手邊肘區投進的球數＿＿＿；得＿＿＿分

在非慣用手邊側翼投進的球數＿＿＿；得＿＿＿分

在非慣用手邊底線投進的球數＿＿＿；得＿＿＿分

你的分數：＿＿＿（最高15分）

接球後投籃練習：非慣用手邊接球後投籃

如果球從你的非慣用手邊傳過來，用投籃的手（較遠的）將球擋下

來，然後把非投籃手塞在球的下面；然後再把投籃手放開球，再重新放在球的

後面且面向投籃目標，而你的膝蓋應該要在接球以前彎曲，接球後膝蓋與投籃

手立刻向上延伸，讓你可以以快速出手投籃的節奏投籃（圖5.3）。

圖5.3 非慣用手邊接球後投籃

投籃手面向傳球者
1. 面向籃框，這樣你才可以同時看到傳球者與籃框
2. 兩腳與肩同寬
3. 膝蓋微彎曲
4. 手放在耳朵與肩膀之間
5. 投籃手面向傳球者；非投籃手面向上

用投籃手擋球
1. 跳到球的後方準備投球
2. 接球前膝蓋微彎
3. 手臂在內側，避免伸直手臂
4. 用投籃手來擋下球

重設投籃手
1. 把非投球手塞在球的下面
2. 投籃手放開球後再重新放在球的後面且面向投籃目標

常見的錯誤

接球時雙手在球的兩側，再將球轉到投籃的位置，造成投籃時有側旋的狀況發生。

改善方式

投球前，你的投籃手總是在球的後面並且面向投籃的目標，當你接到從非慣用手邊傳過來的球，你的投籃手是較遠的那隻手，接球後把投籃手放開球，之後再重新放在球的後面且面向投籃目標。

接球後投籃訓練　反應從非慣用手邊傳球的接球與投籃

這個練習需要你在慣用手邊外圍的三個點投球——肘區、側翼及底線。先站在慣用手邊的肘區，在你的射程內站好，面向籃框並讓你的手與腳準備好接球以及快速出手投籃，邀請一位夥伴持球站在非慣用手邊的肘區，用胸前傳球傳到你較遠的那隻手（投籃手），讓球往你的方向飛，而不是等球來時再伸手去接，之後再用投籃手把球擋下來，並把非投籃手放在球的下面，再來一個動作將投籃手放至球的後面並朝向籃框前緣。接球前膝蓋微彎，一接到球後立刻將膝蓋及投籃手向上延伸，讓你有一個快速出手投籃的節奏。每顆球投完之後，你的夥伴要用雙手去搶籃板，然後運球回去原本傳球的點，再把球傳回給你，投完5顆球後，位置交換，等投完肘區後，換投側翼及底線，但這兩個點的傳球方式就要變成過頭傳球，記得每個點都要投5顆球再換人。

增加難度

- 在三分線外投籃。

成功動作的檢查

- 使用關鍵字來調整動作。
- 接球與投球一氣呵成。

為你的成功打分數

記錄在場上每一位置投進的數量，每個位置投5球，每投進一球就獲得1分。

在慣用手邊肘區投進的球數＿＿＿；得＿＿＿分

在慣用手邊側翼投進的球數＿＿＿；得＿＿＿分

在慣用手邊底線投進的球數＿＿＿；得＿＿＿分

你的分數：＿＿＿（最高15分）

接球後投籃訓練　反應拋球到肘區後的接球與投籃

本次練習的目標就是培養用一個動作接球與快速出手投籃的能力；另一個目標就是練習從平衡站姿開始做跳投，跳投的同時要面向籃框，且著地時要保持平衡。

練習開始時先持球站在進攻方左邊罰球線圈邊線外的格子，背向籃框，藉著將球往上丟高，讓球在左邊肘區彈高，沿著罰球線圈邊線跑到左邊肘區，快速的跳到球的後面，再轉向中間身體面向籃框。用跳的來急停，落地時記得保持平衡，讓你的手與腳準備好，手在肩膀上方，膝蓋微彎，投籃手舉高面向籃框來接球。接球跟投籃的動作要一氣呵成，在接球之前要彎曲膝蓋，接球的時候膝蓋要快速向上延伸來做出快速有節奏的下上動作。動作完成之後換在右邊做一次，每一邊各投10顆球。

增加難度

- 在三分線外投籃。

- 往球的後面跳，跳時雙手舉高在投籃的位置。
- 在接球之前微彎膝蓋。
- 接球與投球是用一個快速下上的動作。
- 使用關鍵字來調整動作。

記錄在每一個肘區投進的球數，每投進一球獲得1分，每個點投10顆球。

左側肘區投進的球數＿＿＿；得＿＿＿分
右側肘區投進的球數＿＿＿；得＿＿＿分
你的分數：＿＿＿（最高20分）

接球後投籃訓練　籃板正面打板投籃

這項練習注重幾項基本動作的熟悉，練習的重點在於涵蓋投籃手放在球的後面、手肘內縮對齊、用食指將球推出去、要做投球跟隨動作，以及在可以投球的手勢下接球。以面向籃板開始，以籃板中間方形框上方角落的一點為投籃目標，這個訓練將有助於讓你的投球軌跡更直。預備動作為將手舉高放在投籃位置，且將手放在球的後面、面向籃框，以及食指在球的正中央。眼睛瞄準投籃的目標，使用跳投來擊中目標，過程中要完整的做完投籃跟隨動作（手肘完整的延伸），並讓球直接彈回到你的手中，你就不需要再移動手來接球了。投球的過程中可以有節奏的說出你個人化的關鍵字，如果球沒有彈回到你準備投籃的位置，人就可跳到球的後方，讓接到球的位置是可以投籃的位置，但是如果球沒有打到目標或是球沒有直接彈回到你的手中，投球就算是失誤。失誤後，想像一個有正確投籃動作的成功投球，再一次的說出你的關鍵字，從投球

球感以及球在籃框的反應來得到回饋，例如：如果你的失投是因為你的手臂跟隨動作跑到側邊，使用「*直*」這個關鍵字；如果是從錯的手指出手，造成球的側旋，用「*指尖*」這個關鍵字；如果接球時兩手是在球的兩側，用「*手*」這個關鍵字。

- 使用正確的跳投技巧。
- 以可以投籃的姿勢來接到籃板。
- 目標就是投10顆球有10顆球都可以打到籃板的目標點並直接彈回到你的手中，讓你的手可以不用移動的在投球的位置接到球。

記錄球打到籃板的目標點並直接彈回到你的手中的球數，過程中手不用移動就可以在投球的位置接到球，每接到一球獲得1分，總共投10顆球。

成功的投球與接球的球數＿＿＿；得＿＿＿分

籃球

邁向卓越

接球後投籃訓練　籃板側邊打板投籃

這項練習跟籃板正面打板投籃是一樣的，差別的地方就是投籃的目標變成是在籃板的側邊，練習的重點要強調投籃的軌跡要直以及接球要準確；相同地，如果球稍微投偏了，籃板會彈到側邊，這時就要跳到籃球的後面，以可以投球的手勢接球。練習開始時面向籃板側面，選一個籃板側面的高點當作投籃的目標，這項練習很好，可以幫助你投球更直。投籃時眼睛瞄準投籃的目標，使用跳投來擊中目標，過程中要完整的做完投籃跟隨動作（手肘完整的延伸），並讓球直接彈回到你的手中，你就不需要再移動手來接球了。儘量讓球都在你可以投籃的位置接到球，如果投偏了，可以跳到球的後面來接球。

成功動作的檢查

- 使用正確的跳投技巧。
- 以可以投籃的姿勢來接到籃板。
- 目標就是投10顆球有8顆球都可以打到籃板側邊的目標點並直接彈回到你的手中，讓你的手可以不用移動的在投球的位置接到球。

為你的成功打分數

記錄球打到籃板側邊的目標點並直接彈回到你的手中的球數，過程中手不用移動就可以在投球的位置接到球，每接到一球獲得1分，總共投10顆球。

成功的投球與接球的球數＿＿＿；得＿＿＿分

接球後投籃訓練　籃板側邊轉角打板投籃

這項練習跟籃板正面打板投籃及籃板側邊打板投籃是一樣的，差別的地方就是投籃的目標變成是在籃板與籃板側邊之間的轉角位置。這項練習明顯的就是比籃板側邊打板投籃還要難，過程中就要更強調球離手時食指的使用，但是球如果沒有投準，球會彈得比籃板側邊打板投籃還要更遠，所以跳得球的後面來接球的難度就更高了。

練習開始時面向籃板側面轉角，選一個籃板側面轉角的高點當作投籃的目標，專心瞄準投籃的目標，使用跳投來擊中目標，過程中要特別專注於用食指將球推送出去的動作，接球時以投籃準備動作接球，如果投偏了，就跳到球的後面來接球。

成功動作的檢查

- 使用正確的跳投技巧。
- 以可以投籃的姿勢來接到籃板。
- 目標就是投10顆球有6顆球都可以打到籃板側邊轉角的目標點並直接彈回到你的手中，讓你的手可以不用移動的在投球的位置接到球。

為你的成功打分數

記錄球打到籃板側邊轉角的目標點並直接彈回到你的手中的球數，過程

中手不用移動就可以在投球的位置接到球，每接到一球獲得1分，總共投10顆球。

成功的投球與接球的球數＿＿＿；得＿＿分

接球後投籃訓練　施壓球員

這項練習需要兩位球員，一位進攻，一位防守，進攻者站在三分線或其他該球員投籃射程範圍內的位置，防守者則先站在籃下。練習開始後，防守者用胸前傳球把球傳到進攻者的投籃手，然後再跑向進攻者，嘗試對進攻者的投籃施壓，但不要蓋火鍋。每次投進一球就獲得1分，每次投完一顆球就攻守交換，每個人投10顆球。

接球後投籃訓練　一分鐘投籃

這個練習在培養你接球與快速出手投籃的一氣呵成動作，也培養你在壓力之下投籃的能力，好的射手跟偉大的射手差別在於能在壓力下投籃的能力（此練習的壓力就是時間）；除此之外，這項練習是一個好的傳球（傳球到投球者）、接球以及搶籃板（球落地前用兩手接到籃板球）的訓練。

找兩個球員跟你一齊來練習，一位投籃、一位搶籃板與傳球、一位計時，計時的人也要負責吹哨音以告知投籃者時間的進行，全部吹四次哨音，第一個哨音代表練習開始，再來每20秒吹一個哨音，直到第四個哨音（時間為一分鐘時）響哨時，代表投籃練習結束。

投籃分成三個點，投進越遠距離的球得越多分，每投進一顆9呎的球獲得1分、一顆15呎（罰球線後）的球獲得2分、一顆21呎（三分線後）的球獲得3分。

練習開始時先以平衡站姿站在籃框前9呎的位置，球放在投籃邊肩膀前的投籃位置，第一個哨音響時，一直投到第二聲哨音響；聽到第二聲哨音時，立刻退到籃框前15呎的位置，繼續投籃直到第三聲哨音響；聽到第三聲哨音時，再立刻退到籃框前21呎的位置，繼續投籃直到第四聲哨音，而最

後一顆投球要在最後一個哨音響前出手才算。

投完一分鐘後，與其他球員交換位置，投籃的人變成搶籃板球與傳球的人、搶籃板球與傳球的人變成計時者、計時者則變成投籃的人。

- 接球後快速出手投籃。
- 一直做投籃跟隨的動作，直到球碰到籃網為止。
- 一個好的搶籃板者與傳球者，可以幫助你得到更高分。

記錄在每個位置投進的球數，投進越遠距離的球得越多分 —— 9呎一球得1分、15呎（罰球線後）一球得2分、21呎（或在三分線後）一球得3分。

20秒內從9呎投進的球數_____；得_____分

20秒內從15呎投進的球數_____；得_____分

20秒內從21呎投進的球數_____；得_____分

一分鐘內總共投進的球數_____球；總共獲得_____分（最高40分）

你的分數：_____

為你的成功評價

大部分的籃球投籃都是在空檔的投籃，個人接球以及快速出手投籃的能力對於個人與團隊的成功都是非常重要的，記得好的傳接球可帶動好的得分。在下個單元中，我們將討論如何利用運球來製造投籃的機會，以及當你被貼身防守時應該要怎樣回應。而進入到單元六之前，你應該回頭計算一下你在每次練習所得到的分數，請輸入每項得到的分數，再加總起來，看看一共得了多少分。

接球後投籃訓練

1. 反應從前面傳球的接球與投籃（從內線傳出來）	25分中得_____分
2. 反應從慣用手邊傳球的接球與投籃	15分中得_____分
3. 反應從非慣用手邊傳球的接球與投籃	15分中得_____分
4. 反應拋球到肘區後的接球與投籃	20分中得_____分
5. 籃板正面打板投籃	10分中得_____分
6. 籃板側邊打板投籃	10分中得_____分

單元五　接球後投籃

7. 籃板側邊轉角打板投籃	10分中得	分
8. 施壓球員	5分中得	分
9. 一分鐘投籃	40分中得	分
總分	150分中得	分

如果你得到80分以上的分數，恭喜你！這代表你已精熟本單元所講的基本動作，並準備好往下一個單元「運球創造投籃機會」出發。如果你的分數是低於80分，你可能要多花點時間練習再繼續練習單元五所敘述的內容，繼續努力來熟悉所有腳步動作。

單元六　運球創造投籃機會

有些人只能在空檔接到球時才有辦法得分，頂尖的球員就不一樣了，就算他們被貼身防守，他們還是有辦法得分，而且這些人有多元的進攻手段，讓他們在投籃、傳球及切入都可以造成威脅，所以如果你要變成頂尖的球員，你就要能在外圍投球、傳球給有空檔的隊友，以及切入籃下並完成投籃（不是自己得分，就是傳球給隊友得分）。每一次接到球，你就有機會可以持球用各式各樣的進攻手段來回應你一對一防守的對手，進攻結果可能是幫助或是傷害球隊，這就要看你怎樣來回應這種一對一防守的情形。自私的球員就可能自己投出球或自己運球陷入對方設立的防守陷阱，而防守方通常會透過團隊的防守（離球較遠的隊友過來協防）來把這種自私的進攻球員擋下來。

無私的球員做法就不同了，他可能藉由投籃假動作來過人，或者是藉由切入來吸引其他防守者的協防，來替隊友製造投籃的空檔，再把球傳給空檔的隊友來得分，這種一對一進攻的手段稱為「吸引防守者後傳球」（draw-and-kick），是團隊籃球戰術的重要一環。吸引防守者後傳球被認為是一種最好的進攻手段，它吸引其他防守者的協防，然後將球傳給有空檔的隊友，製造簡單的得分機會，這種替隊友製造投籃空檔的打法才是團隊籃球。許多歷史有名的球員Bob Cousy、Oscar Robertson、Jerry West、Elgin Baylor、Julius Erving、Magic Johnson、Larry Bird與Michael Jordan都是無私的球員，他們都會利用運球來吸引防守，之後再把球傳給有空檔的隊友。

當在得分區域被貼身防守的接球

你可能很擅長投籃，進攻動作也很紮實，但若受到貼身防守時，你就無法找到空檔接到球，所以投籃能力再好都是白費的；因此當你移動找尋空檔時，

你就必須要能看到球、籃框以及你的防守者，如果你無法看到來球，最終結果可能就是以失誤與錯失得分的機會來收場。因此在場上要保持移動，不能一直站在同一個點，持續的變換你的速度與方向，在防守球員中跑出空檔是非常關鍵的技巧（一項常被疏忽的技巧），嘗試在12至15呎（3.7到4.6公尺）的範圍中持續的移動，讓你的防守者無法同時防守兩位進攻者，並嘗試移動到空檔的位置，或在你與傳球者之間創造出一個可以傳球的角度與路線。當你的防守球員在外圍擋住你的傳球路線，過度防守你與傳球者之間的傳球路線，你就應該要*開後門切入*（backdoor cut）到籃框；如果在開後門切入後還是沒有接到傳球，改變切入方向再退回到外圍去，這個動作就叫做*V形切入*（V-cut），想辦法在你的射程內創造出空檔。邀請一個觀察者（可以是教練、老師或有技巧的球員）來檢視你創造空檔的能力、三重威脅的站姿及一對一的進攻動作，也請你的教練來評估你解讀防守後做出反應動作的決策能力。

空檔接球與受到貼身防守接球有不同的接球方法，單元五裡有敘述空檔接球的方法，而在得分區域內的貼身防守接球則是不同的技巧。當你被貼身防守時，傳球者要將球傳到接球者的外側手（遠離防守者的那隻手），而接球者則要移動過去來迎向球（圖6.1），藉著迎向球，你可以比防守者早點碰到球。而接球時，你要用不同手部的位置的來接不同類型的傳球，針對直球要把手放在腰部上方、高調球要把手放在頭上、地板傳球要把手放在膝蓋與腰之間的位置；接球時雙手要放輕鬆，接球時的姿勢很像是要把球給人的姿勢。落地時用一二兩步急停，用內側腳（靠進籃框的那隻腳）先落地建立軸心腳，若你的防守者過度防守該傳球，你就可以運用另一隻腳來做反轉好讓身體可以在接球後保護球；之後再用前轉把身體轉向中間面向籃框，看著籃框的位置可以讓你掌握更多全場的狀況，來看你的防守者站在怎樣的位置來防守你。記得接到球後要能造成投球、切入或傳球的三重威脅，而在三種選項之中應以投籃為優先。

圖6.1　當在得分區域被貼身防守的接球

舉起雙手

1. 眼睛看球
2. 兩腳與肩同寬並用平衡站姿
3. 膝蓋微彎
4. 背挺直
5. 雙手舉高，大概隔一顆籃球的距離，並讓手指放鬆

迎向球

1. 移動迎向球
2. 用雙手接球
3. 讓手指放鬆
4. 接球時很像要把球給人的姿勢
5. 運用一二兩步急停，內側腳（軸心腳）先著地

跟隨動作

1. 運用內側腳為軸心腳，使用正轉旋轉向中
2. 目視籃框
3. 讓自己在投籃、傳球或切入變成三重威脅
4. 先讓自己在投籃方面變成防守威脅
5. 兩腳與肩同寬
6. 膝蓋微彎
7. 背挺直

 常見的錯誤

當接球時漏接球。

改善方式

保持雙手舉高，持續看著球進入手中，手掌放鬆，接球的手勢好像要把球給出去的手勢。

造成三重威脅

　　當你接到球時，你應該面向籃框以及你的防守者，準備好投籃的姿勢來製造投籃、傳球及切入的三重威脅（圖6.2，頁124），此時眼睛要看著籃框以及你的防守者。藉由看到籃框，你也可以看到更多球場上的狀況，例如：隊友是否在得分區域有空檔；還可以解讀防守者的位置，例如：是否貼身防守來守

你的投籃、是否往後退一步來守你的傳球與切入。持球時手要舉高到投籃的位置，你必須要先成為投籃的威脅，之後再考慮傳球與切入的可能性。如果沒有投籃的可能性，先做一個有侵略性的*刺探步*（jab step），刺探步應該要又短又快，且是用非軸心腳往防守者的方向直直往前踩；此時重心還是在軸心腳，膝蓋彎曲且上半身挺直。刺探步通常用在假裝切入時使用，這可以迫使你的防守者用退後步來防守。

圖6.2　造成三重威脅

投籃、傳球或切入的三種威脅
1. 看著籃框及防守球員
2. 先造成投籃的威脅性
3. 頭在腰的上方
4. 背要挺直
5. 膝蓋微彎
6. 雙腳與肩同寬
7. 重心在軸心腳
8. 用非軸心腳來做刺探步

常見的錯誤
持球放低造成無法快速投籃。

改善方式
將球舉高，先造成投籃威脅。

解讀外圍的防守，意味著你要判斷防守者對你刺探步的回應，然後以正確的進攻動作來回應。而從你的三重威脅站姿開始，你可以使用以下其中一種的一球運球動作：刺探步跳投、刺探步直線切入、刺探步換手切入或刺探步後撤步跳投，而運球方式的選擇則依防守者回應刺探步位置的不同而做調整。

當你的防守者手放下，你應該要將你刺探步的腳拉回，然後做出跳投的動作；當你的防守者舉起手來防守你的投籃，你應該要朝他舉手的方向切入。防

守者的弱點就在於他的領導腳邊（在前面的腳），在一般的防守站姿中，防守者舉起手的那邊會跟領導腳同邊，所以說切入時不用看他的腳，只要看他哪一手舉起來。領導腳邊的切入對於防守者是比較難防守的，因為他需要用後腳為軸心來拉回一步長的後撤步；而後腳邊的切入對於防守者是較輕鬆防守的，因為他只要做一步短的退後步。當你的防守者手是在你刺探步的方向舉起，你就應該要使用直線切入；當你的防守者手是在你刺探步的另一方向舉起，就可以使用換手切入。

　　為了能造成三重威脅，刺探步的執行以及解讀防守者的反應與手的位置是非常重要的，千萬不要著急，身體、心理與情緒都必須要先保持安穩，只有靠保持冷靜以及解讀防守者的動作才能確保你一對一進攻的成功。

運一球的動作來創造投籃機會

　　一個好的射手也許可以在空檔的時候接球與投籃，但當被貼身防守時，這個球員可能就無法從運球中創造出空檔來投籃。從射手變成得分者的關鍵在於培養從運球中製造空檔並將球投進的能力，尤其在進攻時間或比賽時間快結束時，這項能力更加重要。

刺探步跳投

　　若防守者手放下，你應該要快速的將你的刺探腳收回，就平衡投籃姿勢來進行跳投（圖6.3）。

圖6.3　刺探步跳投

解讀防守者
1. 做三重威脅的站姿
2. 目視籃框及防守者
3. 做一個短的刺探步
4. 解讀防守者，發現防守者的手在下面

跳投
1. 刺探步那隻腳收回
2. 用跳投投出球

跟隨動作
1. 落地時保持平衡
2. 在球碰到籃框前要做投籃跟隨動作
3. 準備好要搶籃板球或是回防

常見的錯誤

未觀察防守者姿勢前，就先匆忙的做動作。

改善方式

接球後先解讀防守者的位置，然後再採取動作。

籃球

邁向卓越

刺探步直線切入

　　從三重威脅的站姿開始，踩出一個侵略性的刺探步（圖6.4），停止並解讀防守者手的位置。如果防守者高舉的手與你刺探步是*同一邊*，你應該要再用刺探步往前踏出更大一步來越過你防守者的領導腳，用外圍的手（離防守者較遠的那一隻手）來運一長球，然後用軸心腳往後推，運球越過防守者的身體，並讓眼睛持續注視在籃框，用內側手與身體來保護球；然後在靠近籃框時，用投籃手在球的上面以及平衡手在球的下面的手勢在籃投邊的膝蓋前收球，同時要用你的頭與肩膀來保護球，將球移動到離防守者遠一點的地方，並做出上籃的動作。

圖6.4　　刺探步直線切入

觀察防守者

1. 做三重威脅的站姿
2. 目視籃框及防守者
3. 做一個短的刺探步
4. 觀察防守者，發現防守者在刺探步邊的手舉高

直線切入

1. 用非軸心腳往前邁一步越過防守者的領導腳
2. 身體重心放在軸心腳，運球前先用該腳往後推蹬
3. 用外側手運球
4. 用內側手保護球
5. 當外側手是右手，準備用右手來上籃

膝蓋前收球
1. 在投籃邊的膝蓋收球
2. 投籃手在球的上面；非投籃手在球的下面

上籃
1. 保護球
2. 把球移離防守者
3. 預計對方可能犯規
4. 上籃

常見的錯誤

在球開始離手運球前，就先移動或抬起軸心腳，造成走步犯規。

改善方式

在切入開始的時候讓身體重心維持在軸心腳，這樣可以避免你在運球前移動或抬起軸心腳。

刺探步換手切入

換手切入與直線切入的動作是很相似的，且最後都是以上籃收尾。如果防守者高舉手的位置是*遠離*刺探步的那邊，你應該在運球前先將球在胸前交叉換手（圖6.5），再用刺探步的那一隻腳踏出一個交叉步來越過你防守者的領導腳。

圖6.5　刺探步換手切入

觀察防守者

1. 做三重威脅的站姿
2. 目視籃框及防守者
3. 做一個短的刺探步
4. 觀察防守者，發現防守者在遠離刺探步邊的手舉高

換手切入

1. 用非軸心腳做交叉步越過防守者的領導腳
2. 用外側手來運球越過防守者的身體
3. 用軸心腳往後推蹬
4. 用內側手與身體來保護球
5. 切入到籃框
6. 當外側手是左手時，準備用左手上籃

膝蓋旁收球

1. 在投籃邊的膝蓋收球
2. 投籃手在球的上面；非投籃手在球的下面

上籃

1. 保護球
2. 把球移離防守者
3. 預計對方可能犯規
4. 上籃

單元六　運球創造投籃機會

運球幅度太大，讓防守者有足夠的時間與空間來抄截。

當創造與防守者之間的距離後，直接向前運球，用頭與肩膀保護球，並讓球遠離防守球員。

刺探步後撤步跳投

如果防守者使用退後步，你應該要用刺探步的那一隻腳來踩出一個快速的後撤步，好拉開與防守者的距離（圖6.6），用慣用手將球往後運，再跳到球的後面，在投籃邊膝蓋前收球，投籃手在球上面，然後再做一個跳投。過程中，在膝蓋位置收球時要保持平衡，並在投籃時誇張你的投籃跟隨動作（使用肩膀、頭及投籃手指向籃框），這個動作將可以避免投籃時往後傾倒。

圖6.6　刺探步後撤步跳投

觀察防守者
1. 做三重威脅的站姿
2. 目視籃框及防守者
3. 做一個短的刺探步
4. 發現防守者在刺探步前進的方向往後退

退一步運球
1. 用刺探步的腳往後退一步
2. 用慣用手將球往後運
3. 利用軸心腳的推蹬
4. 用非慣用手保護球

c

膝蓋旁收球

1. 在投籃邊的膝蓋收球
2. 投籃手在球的上面；非投籃手在球的下面

d

跳投

1. 用跳投投出球
2. 誇張投籃的跟隨動作
3. 落地時保持平衡
4. 到球碰到籃框前要做投籃跟隨動作

常見的錯誤

當你跳到球的後面時，頭與肩膀向後傾，造成投籃時太短。

改善方式

當你跳到球的後面時，讓頭與肩膀保持向前。

運球創造投籃機會訓練　從肘區的拋球來做一球運球動作

　　這個練習你要在刺探步後做四個一對一的動作：刺探步跳投、刺探步直線切入、刺探步換手切入、刺探步後撤步跳投，每個動作在兩側的肘區都要做。將球拋高好讓球在肘區彈高傳給自己，如果可以也可使用反彈網，接球時使用一二兩步急停，內側腳（靠近籃框的腳）會先著地變成軸心腳，再做一個正轉來面向籃框，變成三重威脅的站姿之後再做一個刺探步。

刺探步跳投：在做一個刺探步後，想像你的防守者的手未舉高，將刺探步的腳拉回變成平衡的投籃站姿，然後再做一個跳投。

刺探步直線切入：在做一個刺探步後，想像你的防守者的內側手（靠近中間的手）舉高，做一個侵略性的投籃假動作，用刺探步的腳往前直直的越過想像中的防守者，維持身體重心在軸心腳，用遠離防守者的那隻手運一長球來越過

想像中的防守者，要確認運球球離手前軸心腳不能先離地，過人時讓眼睛注視著籃框，用內側手與身體來保護球。用投籃手在球上面以及平衡手在球下面的手勢在投籃邊的膝蓋位置收球，過程中用頭與肩膀來保護球，將球移至離想像中防守者較遠的地方來上籃，落地時要保持平衡。

刺探步換手切入：在做一個刺探步後，想像你的防守者的外側手（遠離中間的手）舉高，做一個侵略性的投籃假動作，然後再用刺探步的那一隻腳做一個交叉步越過想像中的防守者。在做交叉步的同時，侵略性的將球從身體前交叉通過，用離防守者較遠的那隻手來運球越過想像中的防守者，之後就跟直線切入的動作是一樣的了。

刺探步後撤步跳投：在做一個刺探步後，想像你的防守者做一個退後步，用做刺探步的那一隻腳做一個快速的後撤步來拉開與想像中防守者的距離，用慣用手運球向後，跳到球的後面，用投籃手在球上面在膝蓋前收球，做一個跳投。在膝蓋前收球時要保持平衡，並用肩膀、頭及投籃手來做出誇張的投籃跟隨動作，這個動作將可以避免投籃時的往後傾倒。

成功動作的檢查

- 變成傳球、投籃及切入的三重威脅。
- 解讀防守者的位置與姿勢，以及用最適當的動作來回應。
- 使用正確的投籃技術。

為你的成功打分數

在兩側肘區練習每個動作投籃各5次，記錄進球數量，每投進一次獲得1分。

左側肘區刺探步跳投投進球數____；得____分（最高5分）

右側肘區刺探步跳投投進球數____；得____分（最高5分）

左側肘區刺探步直線切入投進球數____；得____分（最高5分）

右側肘區刺探步直線切入投進球數____；得____分（最高5分）

左側肘區刺探步換手切入投進球數____；得____分（最高5分）

右側肘區刺探步換手切入投進球數____；得____分（最高5分）

左側肘區刺探步後撤步跳投投進球數____；得____分（最高5分）

右側肘區刺探步後撤步跳投投進球數____；得____分（最高5分）

你的分數：____（最高40分）

運球動作創造投籃機會

三分球的加入改變了籃球的世界，許多球員也為此改善了他們的三分線投籃能力以及切入籃框的能力，但還是只有少數的球員可以靠著優異的運球

能力來創造投籃的機會。成為得分者與空檔投籃的射手是有所不同的，得分者需要有用運球來創造遠離防守者的能力，以及連結運球最後的得分手段。靠自己創造出來的機會來得分是非常重要的，尤其是在進攻時間快結束或比賽時間逼近尾聲時。

慣用手邊切入跳投

對於多數球員來講，運球切入慣用手邊來創造投籃的機會是較簡單的。動作開始前可以先做一個侵略性的投籃假動作，讓你的防守者姿勢變高，假動作必須要逼真，跟真的投籃的差別只在於投球假動作未讓球離手。就三重威脅站姿後，做一個侵略性的刺探步（圖6.7），但身體重心還在軸心腳，用外側手（遠離防守者的那隻手）朝慣用手邊運球來創造空間遠離防守者，過程中用內側手與身體保護球，運球時眼睛要一直注視著投籃目標，看的位置就在籃框的前緣。跳到球的後面時，球要與投籃邊的膝蓋呈一直線，用投籃手在球的上面手勢在投籃邊的膝蓋位置收球，這樣的話當把球往上抬高要投籃時，投籃手就會面向籃框；而藉由在投籃邊的膝蓋位置收球，還可以把側移的動量轉為向上的動量，這樣跳投時就可以直直向上，而不是向側邊漂移。而跳投落地的點要跟起跳點是相同的，在球碰到籃框前也要誇張你的投籃跟隨動作。

 常見的錯誤
由於往側邊漂移造成投籃不進。

改善方式
在投籃邊的膝蓋收球，這樣側移的動量才會變成向上。

圖6.7　慣用手邊切入跳投

創造空間
1. 就三重威脅的站姿
2. 大跨步越過防守者的領導腳
3. 用外側手來運球
4. 用軸心腳來推蹬
5. 用內側手來保護球

跳到籃球的後面
1. 控制第二下運球
2. 跳到球的後面，讓球與投籃邊的膝蓋呈一直線
3. 在投籃邊的膝蓋收球
4. 投籃手在球的上面；非投籃手在球的下面

跳投
1. 將球舉高來投籃，投籃手要面向投籃目標
2. 投出跳投
3. 在原處落地
4. 球碰到籃框前，要做投籃跟隨動作

非慣用手邊切入跳投

　　運球切入非慣用手邊來創造投籃的機會是比較難的，因為將球移動到投籃邊前的膝蓋的距離比較遠。動作開始前可以先做一個侵略性的投籃假動作，讓你的防守者姿勢變高，同樣地，假動作也必須要逼真。就三重威脅站姿後，做一個侵略性的刺探步（圖6.8），但身體重心還在軸心腳，用外側手（遠離防守者的那隻手）朝慣用手的另一邊運球來創造空間遠離防守者，過程中用內側手與身體保護球，運球時眼睛要一直注視著投籃目標，看的位置就在籃框的前緣。跳到球的後面時，球要與投籃邊的膝蓋呈一直線，因為運球到你投籃邊膝蓋的距離較遠，所以你可以在面前做一個換手運球，但最後運球的位置是在投籃邊膝蓋前。用投籃手在球上面以及非投籃手在球下面的動作收球，如此當你抬起球要投籃時，你投籃的手就會面向籃框；而藉由在投籃邊的膝蓋位置收球，還可以把側移的動量轉為向上的動量，這樣跳投時就可以直直向上，而不是向側邊漂移。而跳投落地的點要跟起跳點是相同的，在球碰到籃框前也要誇張你的投籃跟隨動作。

圖6.8　非慣用手邊切入跳投

創造空間

1. 做三重威脅的站姿
2. 大跨步越過防守者的領導腳
3. 用外側手來運球
4. 用軸心腳來推蹬
5. 用內側手來保護球

跳到籃球的後面

1. 第二下運球使用換手運球，將球運到投籃邊的膝蓋
2. 跳到球的後面，讓球與投籃邊的膝蓋呈一直線
3. 在投籃邊的膝蓋收球
4. 投籃手在球的上面；非投籃手在球的下面

跳投

1. 將球舉高來投籃，投籃手要面向投籃目標
2. 投出跳投
3. 在原處落地
4. 球碰到籃框前，要做投籃跟隨動作

常見的錯誤

因為收球時雙手在球的兩側，投球時造成側旋，球打到籃框後轉出來。

單元六　運球創造投籃機會

改善方式

將投籃手放在球的上面接球，這樣當你抬高球要投籃時，你的投籃手才會面向籃框，投球時才會產生後旋。

從頂端位置運球來創造投籃機會

從三分線頂端運球來創造投籃的機會有兩種基本的動作：(1)運球到腰位做跳投；(2)轉身運球到腰位做跳投。

運球到腰位跳投

當用慣用手（外側手）朝慣用手邊的三分線頂端運球到腰位（pinch post），過程中要用變速運球（圖6.9），藉由使用一至兩球的運球來甩開你的防守者往朝籃框45度角的位置前進，但這個位置要在你的射程中。再來藉由跳到球的後面或用內側腳（靠近籃框的腳）旋轉來準備投籃的姿勢，並在投籃邊的膝蓋收球，用投籃手在球的

上面以及非投籃手在球的下面手勢來收球，這樣當你抬高球要投籃時，投籃手就會面向投籃目標；而藉由在投籃邊的膝蓋位置收球，還可以把側移的動量轉為向上的動量，這樣跳投時就可以直直向上，而不是向側邊漂移。投籃時使用擦板球，瞄準籃板方形框上方的位置，跳投落地的點要跟起跳點是相同的，在球碰到籃框前也要誇張你的投籃跟隨動作。

當用非慣用手（外側手）朝非慣用手邊的三分線頂端運球到腰位，難度就比較高了，因為球到投籃邊膝蓋的距離更遠了。為了幫助你在朝非慣用手邊切入時的收球，你的最後一球運球應該要使用換手運球將球帶到投籃邊膝蓋前。

圖6.9　運球到腰位跳投

a

創造空間
1. 就三重威脅的站姿
2. 大跨步越過防守者的領導腳
3. 用外側手來運球
4. 用軸心腳來推蹬
5. 用內側手來保護球

跳到籃球的後面

1. 當朝非慣用手邊切入時，第二下運球用換手運球到投籃邊膝蓋位置
2. 跳到球的後面，讓球與投籃邊的膝蓋呈一直線
3. 在投籃邊的膝蓋收球
4. 投籃手在球的上面；非投籃手在球的下面

跳投

1. 將球抬高來投籃，投籃手要面向投籃目標
2. 投出跳投
3. 在原處落地
4. 球碰到籃框前，要做投籃跟隨動作

常見的錯誤

由於往側邊漂移造成投籃不進。

改善方式

在投籃邊的膝蓋收球，這樣側移的動量才會變成向上。

轉身運球到腰位跳投

　　當用變速運球從三分線頂端運球到腰位時（圖6.10，頁138），如果你的防守者位置站太過於腰位外側，你應該要使用轉身運球回到中間，轉身時可用內側腳（靠進籃框那一隻腳）當軸心腳，然後轉身完後再面對籃框就準備投籃姿勢，且轉身時要將球維持在同一隻手，並把球拉得離身體近一點，用投籃手在球的上面以及非投籃手在球的下面的手勢在兩膝之間收球。如果在轉身運球時失去平衡，做一個頭與肩膀的投籃假動作來重新調整投籃前的平衡。投籃時要用跳投，跳投落地的點要跟起跳點

單元六　運球創造投籃機會

是相同的，在球碰到籃框前也要誇張你　　的投籃跟隨動作。

圖6.10　轉身運球到腰位跳投

朝腰位運球

1. 就三重威脅的站姿
2. 用外側手來運球
3. 用內側手來保護球

觀察防守球員

1. 觀察防守者，發現防守者的位置站太過於腰位外側
2. 使用轉身運球轉到中間
3. 但持續站在罰球線外

收球

1. 在兩膝之間收球
2. 投籃手在球的上面；非投籃手在球的下面

跳投

1. 將球舉高來投籃，投籃手要面向投籃目標
2. 投出跳投
3. 在原處落地
4. 球碰到籃框前，要做投籃跟隨動作

籃球

邁向卓越

常見的錯誤

轉身運球幅度太大，造成可能會被抄截。

改善方式

轉身運球時，將球維持在同一隻手，把球拉得離身體近一點。

運球創造投籃機會訓練　從三分線頂端切入到腰位的動作

這個練習會使用到兩個從三分線頂端運球到腰位的動作：(1)運球到腰位跳投；(2)轉身運球到腰位跳投，這些練習會運到右邊腰位及左邊腰位。拋高球到罰球線圈頂端的位置來傳球給自己，如果可以也可使用反彈網來傳球給自己。

運球到腰位跳投：練習運球到腰位時，一開始接球要先背對籃框，用內側腳（靠近籃框的腳）先著地來做一二兩步急停，接著再用內側腳為軸心腳做一個正轉來面向中間目視籃框。然後就三重威脅站姿，做一個侵略性的投球假動作，之後接做一個交叉步邁向外圍，接著一個變速運球往腰位位置走，藉由使用一至兩球的運球來甩開你的防守者往朝籃框45度角的位置前進。如果是往慣用手邊切入時，藉由跳到球的後面或用內側腳（靠近籃框的腳）旋轉來準備投籃的姿勢，當你跳到球後面時，球要對準投籃邊膝蓋；但如果是往非慣用手邊切入時，最後一個運球要做換手運球將球帶到投籃膝蓋的位置，用投籃手在球的上面以及非投籃手在球的下面的手勢在投籃邊膝蓋前收球。而如果你是慣用手左手的人並且站在右邊（或慣用手

右手的人並且站在左邊），在膝蓋前收球的距離就會遠一點，此時最後一個運球一定要用換手運球將球帶到投籃邊的膝蓋前，如此當你的抬高球要投籃時，投籃手就會面向投籃目標；而藉由在投籃邊的膝蓋位置收球，還可以把側移的動量轉為向上的動量，這樣跳投時就可以直直向上，而不是向側邊漂移。投籃時要使用擦板球，瞄準籃板方形框上方的位置，跳投落地的點要跟起跳點是相同的，在球碰到籃框前也要誇張你的投籃跟隨動作，左右兩次切入各做五次。

轉身運球到腰位跳投：當從三分線頂端切入到腰位時，要使用變速運球往腰間位置走，想像你的防守者位置站太過於腰位外側，使用轉身運球回到中間，轉身時可用內側腳（靠進籃框那一隻腳）當軸心腳，然後轉身完後再面對籃框就準備投籃姿勢，且轉身時要將球維持在同一隻手，並把球拉得離身體近一點，轉身完的位置會在罰球線外，用投球手在球上面以及非投球手在球下面在兩膝之間收球。如果在轉身運球時失去平衡，做一個頭與肩膀的投籃假動作來重新調整投籃前的平衡。投籃時要用跳投，跳投落地的點要跟起跳點是相同

單元六　運球創造投籃機會

139

的，在球碰到籃框前也要誇張你的投籃跟隨動作，左右兩次切入各做五次。

- 在往腰位的方向走時加快速度。
- 運往腰位時要創造空檔。
- 在轉身運球時，球要在兩膝之間。
- 使用正確的投籃技巧。

　　每一邊每一個動作都要做五次，記錄每一邊每一個動作進球的球數，每投進一球獲得1分。

右切到腰位跳投進球數＿＿＿；得＿＿＿分（最高5分）

左切到腰位跳投進球數＿＿＿；得＿＿＿分（最高5分）

右切使用轉身運球到腰位跳投進球數＿＿＿；得＿＿＿分（最高5分）

左切使用轉身運球到腰位跳投進球數＿＿＿；得＿＿＿分（最高5分）

你的分數：＿＿＿（最多20分）

從翼側運球來創造投籃機會

　　為了要創造從翼側運球的投籃機會，你可以使用以下幾個基本動作：往中間運球來做跳投、往底線運球來做跳投、往中間運球來做後撤步跳投、往底線運球來做後撤步跳投、退後運球之後的往中間切入、退後運球之後的往底線切入、往中間切入來做騎馬射箭投籃、往底線切入來做騎馬射箭投籃、往中間運球然後轉身運球到罰球線圈邊線做勾射、往底線運球然後轉身運球到中間做擦板跳投。

往中間運球來做跳投

　　對於多數球員來講，從慣用手邊自翼側到中間的運球切入來創造投籃的機會是較簡單的。就三重威脅站姿後，做一個侵略性的刺探步（圖6.11），但身體重心還在軸心腳，用外側手（遠離防守者的那隻手）將球往外推來創造空間遠離防守者，過程中用內側手與身體保護球，運球時眼睛要一直注視著投籃目標，看的位置就在籃框的前緣。跳到球的後面時，球要對準投籃邊膝蓋，用投籃手在球上面以及非投籃手在球下面的手勢在投籃邊的膝蓋前收球，這樣的話當把球往上抬要投籃時，投籃手就會面向籃框；而藉由在投籃邊的膝蓋位置收球，還可以把側移的動量轉為向上的動量，這樣跳投時就可以直直向上，而不是向側邊漂移。而跳投落地的點要跟起跳點是相同的，在球碰到籃框前也要誇張你的投籃跟隨動作。

　　從非慣用手邊自翼側到中間的運球切入來做跳投就比較難了，因為要在投籃邊膝蓋接球的距離就比較遠。為了幫助你以正確的手勢來接球，以及接球時將球對準投籃邊的膝蓋，你的最後一次運球應該要使用換手運球將球帶到投籃邊的膝蓋。

圖6.11　往中間運球來做跳投

創造空間
1. 就三重威脅的站姿
2. 大跨步越過防守者的領導腳
3. 用外側手來運球
4. 用軸心腳來推蹬
5. 用內側手來保護球
6. 至少運兩下球
7. 如果是用非慣用手切入，最後一個運球要用換手運球將球帶到投籃邊的膝蓋

跳到籃球的後面
1. 最後一個運球，跳到球的後面，讓球對準投籃邊的膝蓋
2. 在投籃邊的膝蓋收球
3. 投籃手在球的上面；非投籃手在球的下面

跳投
1. 將球舉高來投籃，投籃手要面向投籃目標
2. 投出跳投
3. 在原處落地
4. 球碰到籃框前，要做投籃跟隨動作

單元六　運球創造投籃機會

由於往側邊漂移造成投籃不進。

在投籃邊的膝蓋收球，這樣側移的動量才會變成向上。

往底線運球來做跳投

從翼側切往底線跟翼側切往中間來創造投籃機會的動作是相同的，唯一不一樣的地方就是切入的方向是往底線。記得如果這個動作是往非慣用手邊切入，這樣會變得比較難，因為要把球運到投籃邊的膝蓋需要繞更遠的距離。為了能更輕易的讓球對準投籃邊膝蓋，在最後一次運球時，可以使用換手運球將球帶到膝蓋邊。

往中間運球來做後撤步跳投

後撤步跳投是在當你切入時被貼身防守時所使用的，一開始就三重威脅站姿，做一個侵略性的刺探步，此時你的身體重心還在軸心腳，用外側手（離防守者較遠的那一隻手）往中間的方向運球來拉開與防守者的距離。當無法甩開防守者時，持續的控制好球，用你內側的肩膀傾靠在防守者，並做一個頭與肩膀的假動作來吸引對手腿伸直（圖6.12），再利用退後運球來拉開與防守者的距離。

跳到球的後面，一邊將球對準投籃邊的膝蓋，一邊下蹲膝蓋（改變退後的動能到向上）來保持身體平衡，讓頭與肩膀朝前，好抵消往後傾倒的力量。接球時要用投籃手在球的上面以及非投籃手在球的下面的手勢，接球的位置在投籃邊膝蓋前，這樣在抬高球投籃時，投籃手才會面向籃框。跳投時要垂直往上跳，並讓你的頭、肩膀、投籃手及手指都指向籃框，這樣可以抵消投籃時頭與肩膀往後倒的力量。投完籃後要持續做投籃的跟隨動作，直到球穿過籃網。

圖6.12 　往中間運球來做後撤步跳投

解讀防守者

1. 防守者跟著你的切入到中間
2. 稍微傾靠防守者
3. 做頭與肩膀的假動作

退後運球

1. 藉退後運球拉開與防守者的距離
2. 跳到球的後面

收球

1. 讓球對準投籃邊膝蓋
2. 維持頭與肩膀朝前
3. 在投籃邊膝蓋前收球
4. 投籃手在球的上面；非投籃手在球的下面

跳投

1. 把球抬高來投球，投籃手要面向籃框
2. 頭、肩膀、手臂及手要朝向籃框
3. 跳投
4. 落地時保持平衡
5. 到球碰到籃框前要做投籃跟隨動作

單元六　運球創造投籃機會

常見的錯誤

因為你往後飄移了，所以投球太短。

改善方式

在後退運球時，跳到球的後面，藉由蹲低膝蓋來保持平衡，並讓頭與肩膀朝前來抵消往後退的力量。

往底線運球來做後撤步跳投

從翼側切入底線來做後撤步跳投與從翼側切入到中間來做後撤步跳投的動作是一樣的，不一樣的地方只有切入的方向是不同的，從翼側切入底線來製造後撤步跳投的切入方向是往底線。

退後運球之後的往中間切入

當你往後踏一步準備來跳投時，你的防守者也向前跟隨逼近，這時就可以往防守者身邊切入（圖6.13）。當你的防守者也能在你使用退後運球時跟上你，使用頭與肩膀的假動作來讓防守者的腳伸直，然後就可以往防守者身邊切入；切入時要看是否有協防來阻攻，運球時儘量靠近籃框，設法讓阻攻者的手被籃網纏住（我們稱為「關進監獄」），投出勾射時要高於阻攻者手可以碰到的高度，落地時與起跳時在同一點。投球出去後，隨時準備好搶失投的籃板球，搶到後就可以做籃下強攻投籃。當然切入籃下投籃時不只可以用勾射，依不同情形也可使用反手上籃、騎馬射箭投籃，或傳球給有空檔的隊友。

<hr>

圖6.13　退後運球之後的往中間切入

a

解讀防守者
1. 當退後運球時，防守者向前逼近防守
2. 做頭與肩膀的假動作

防守者身邊切入
1. 防守者身邊切入到籃框
2. 看周遭有無阻攻者

勾射
1. 試著讓阻攻者的手纏進籃網內
2. 勾射越過阻攻者
3. 起跳與落地在同一點
4. 準備好搶籃板球

 常見的錯誤

當切入進攻時，你的投籃被蓋火鍋。

改善方式

切入時儘量靠近籃框，好讓阻攻者的手纏進籃網內，然後投出勾射高於阻攻者手可以碰到的高度。

退後運球之後的往底線切入

這個動作與退後運球之後的往中間切入的動作是一樣的，只是切入的方向換成往底線；除此之外，在投勾射來越過阻攻手的防守前，你的切入會通過籃框，設法讓阻攻者的手纏在籃網，當然投籃的方式也可改為反手上籃。

往中間切入來做騎馬射箭投籃

騎馬射箭投籃（或稱長距離上

單元六　運球創造投籃機會

籃）的使用時機為當空切或運球上籃在遠離籃框的位置需要快速出手時，尤其是當你切入到罰球線圈邊線且遇到比你高的防守者時特別常用。騎馬射箭投籃比跳投的速度還來得快，所以被蓋火鍋的機會就小一點。

就三重威脅的站姿，做一個侵略性的刺探步（圖6.14），此時身體重心還是放在軸心腳，再運用外側手（離防守者較遠的那一隻手）運球來拉開與防守者的距離，運球時要用內側手與身體來保護球，並讓眼睛目視著投籃目標（籃框前緣）。至少做兩次運球，控制前進的速度，並在最後一次運球前，用內側腳踏出一小步，下蹲你的內側（起跳）膝蓋，這可以幫助你將向前的動量轉為向上。用投籃手在球上面以及非投籃手

在球下面的手勢在投籃邊膝蓋前收球，順勢抬起投籃邊的膝蓋與球，過程中要避免將球放在身體側邊，這樣會造成球被抄截或投籃出去造成側旋。輕輕的將球投出越過阻攻者的防守，在球出手之前，非投籃手都要放在球上面來保護球，投完球後要做投籃跟隨的動作（手臂伸直與完整的延伸手肘、食指指向籃框前緣）。起跳與落地要在同一點，這可以避免你撞到協防者或漂移到防守者可觸及的位置。另外，在不同位置投籃時，就有不同的下一步動作，當在罰球線圈邊線外投籃時，隨時準備好回防；當在罰球線圈邊線內投籃時，準備好搶籃板球；當用右手往中間切入時，用右手投出騎馬射箭投籃；當用左手往中間切入時，用左手投出騎馬射箭投籃。

圖6.14　往中間切入來做騎馬射箭投籃

創造空間
1. 做三重威脅的站姿
2. 大跨步越過防守者的領導腳
3. 用外側手來運球
4. 用軸心腳來推蹬
5. 用內側手來保護球

運球收球
1. 當外側手是右手時，準備用右手投出騎馬射箭投籃
2. 最後一次運球之前，用內側腳踏出一小步
3. 下蹲起跳腳膝蓋
4. 在投籃邊的膝蓋收球
5. 投籃手在球的上面；非投籃手在球的下面
6. 目視投籃目標

投出騎馬射箭投籃
1. 將球抬高來投籃，投籃手要面向投籃目標
2. 起跳腳往下推蹬直直往上跳起
3. 用非投球手保護球，直到球離手為止
4. 投球的高度要高於阻攻者手可以碰到的高度
5. 落地時要保持平衡，且落地與起跳是同一點
6. 如果是在罰球線圈邊線內投籃，準備好搶籃板球

常見的錯誤
因為收球時雙手在球的兩側，投球時造成側旋，球打到籃框後轉出來。

改善方式
將投籃手放在球的上面接球，這樣當你抬高球要投籃時，你的投籃手才會面向籃框，投球時才會產生後旋。

往底線切入來做騎馬射箭投籃

　　動作跟往中間切入來投騎馬射箭投籃的動作一樣，不同的地方在於切入的方向為往底線。當是用右手切入時，就用右手做騎馬射箭投籃，反之就用左手做投籃。

往中間運球然後轉身運球到罰球線圈邊線做勾射

　　當你往中間切入，但你的防守者跳到肘區擋住你的切入，你就可以使用轉身運球到罰球線圈邊線做勾射的投籃動作。如果你是用右手運球往中間切入，你就要轉身運球到罰球線圈邊線，然後

再用左手投出勾射投籃；但如果你是用左手運球到中間，你就要轉身運球到罰球線圈邊線，然後再用右手投出勾射投籃。

　　就三重威脅站姿，做一個侵略性的刺探步，往中間運球（圖6.15，頁148），此時身體重心還在軸心腳，用外側手（離防守者較遠的手）運球嘗試拉開與防守者的距離，然後持續往肘區的方向運第二顆球。當發現你的防守者已經跳到肘區擋住你的切入，此時就可以使用轉身運球。轉身運球時要用內側腳當軸心腳，用同一隻運球手將球拉到

後面，且離身體越近越好。轉身運球後，換手運球到外側手，用外側手控制運球往下方罰球線圈邊線走，當你運到罰球線圈格子上方，立刻投出勾射投籃。

當開始投勾射時，下蹲你的起跳膝蓋來幫助你向前的動量轉為向上，並用投籃手在球的上面以及非投籃手在球後面偏上方的手勢在投籃邊膝蓋接球；接著再抬起投籃邊膝蓋，用軸心腳轉向籃框，朝耳朵對耳朵連線的方向動作來抬起球投籃，投籃瞄準的位置為籃板方形框上方，讓非投籃手一直在球上，直到球出手為止。起跳與落地的點要相同，並隨時要準備好搶籃板球，如果失投，兩手舉高來搶籃板球，搶到後做一個投籃假動作，然後強攻籃下投籃。不要怕勾射不會進，腦海裡要深植一個觀點「勾射就是傳球給自己」。

圖6.15　往中間運球然後轉身運球到罰球線圈邊線做勾射

往中間切入
1. 用外側手運球
2. 用內側手保護球
3. 持續運球到肘區位置

轉身運球
1. 看見防守者跳到肘區擋住切入的路線
2. 用轉身運球到罰球線圈邊線
3. 用內側腳當軸心腳旋轉
4. 用同一隻手把球拉到後面
5. 轉身運球後，換手運球用外側手運球

運球後收球

1. 控制運球往罰球線圈邊線走
2. 持續運到罰球線圈格子上方
3. 下蹲起跳腳的膝蓋
4. 用投籃手在球下面以及非投籃手在後面靠上方的位置收球

勾射投籃

1. 抬起投籃邊的膝蓋
2. 用軸心腳轉向籃框
3. 瞄準籃板上方形框線上方
4. 將球抬起至籃框方向
5. 用耳朵至耳朵連線的手臂動作
6. 非投籃手要一直在球上，直到球離手為止
7. 落地與起跳是同一個位置

 常見的錯誤

因為身體往側邊漂移，所以投球沒進。

改善方式

在投籃側的膝蓋收球，這樣就可以把側移的動量轉向上。

往底線運球然後轉身運球到中間做擦板跳投

當你往底線的方向切入，發現防守者在中途擋住你的去路，轉身運球回到中間來做擦板跳投是滿適合的。動作開始用外側手（遠離防守者的那一隻手）往底線的方向運球（圖6.16，頁150），發現防守者擋住你的去路，用內側腳為軸心腳，做轉身運球到中間來創造與防守者的空間，轉身運球會帶你到45度角罰球線圈格子上方，記得要用同一隻運球的手將球拉到後面，且離身體越近越好。用投籃手在球上面以及非投籃手在球下面的手勢在雙膝之間收球，收球後瞄準籃板方形框上方，投一個擦板跳投，起跳與落地點要在相同位置，隨時準備好搶籃板球，用雙手舉高來接籃板球，接到球後做一個投球假動作，再用強攻籃下投籃來得分。

圖6.16　往底線運球然後轉身運球到中間做擦板跳投

往底線切入

1. 用外側手運球
2. 用內側手保護球
3. 持續運球到底線

轉身運球

1. 看見防守者擋住切入底線的路線
2. 用內側腳當軸心腳旋轉
3. 用轉身運球到中間
4. 用同一隻手把球拉到後面
5. 創造空間後，移動至可以投擦板球的角度

收球

1. 在雙膝之間收球
2. 投籃手放在球的上面；非投籃手放
   在球的下面

擦板球跳投

1. 將球舉起，投籃手面向投籃目標
2. 瞄準籃板方形框上方
3. 投出擦板球跳投
4. 落地與起跳是同一個位置
5. 做投籃跟隨動作，直到球碰到籃框為止

籃球

邁向卓越

轉身運球時幅度太大，容易被協防的人抄截。

改善方式

在膝蓋間收球來保護球。

運球創造投籃機會訓練　從翼側運球到中間的動作

這個練習你會做到五個動作──往中間運球來做跳投、往中間運球來做後撤步跳投、退後運球之後的往中間切入、往中間切入來做騎馬射箭投籃、往中間運球然後轉身運球到罰球線圈邊線做勾射，且每個動作在兩邊翼側都會做到。一開始先把球拋高在翼側，自己傳球給自己（如果可以的話，也可用反彈網），接球時使用一二兩步急停，讓你的內側腳（靠近中間的腳）先著地來變成你的軸心腳，接到球後正轉來面向中間直視籃框，就三重威脅位置，然後做一個刺探步。

往中間運球來做跳投：在踏出刺探步後，想像防守者的內側手（靠近中間的那一隻手）舉起，做一個侵略性的投籃假動作，然後用外側手至少運兩下球一個直線切入到中間來拉開與防守者的距離。當往慣用手邊切入時，可以跳到球的後面，讓球對準投籃邊的膝蓋；但如果是往非慣用手邊切入時，因為球到投籃邊的膝蓋距離就較遠，所以要多做一個換手運球把球帶到投籃邊的膝蓋前。用投籃手在球上面以及非投籃手在球下面的手勢在投籃邊的膝蓋前收球，然後接著跳投。左右兩翼側各做五次。

往中間運球來做後撤步跳投：在踏出刺探步後，想像防守者的內側手（靠近中間的那一隻手）舉起，做一個侵略性的投籃假動作，然後用外側手至少運兩下球一個直線切入到中間來拉開與防守者的距離；想像與防守的距離沒有拉開，再用後撤步跳投來拉開與防守者的距離。投籃時要將頭、肩膀、投籃手及手指指向籃框，這有助於抵消投球時頭與肩膀往後倒的力量。著地時要跟起跳時同一點，左右兩翼側各做五次。

退後運球之後的往中間切入：在踏出刺探步後，想像防守者的內側手（靠近中間的那一隻手）舉起，做一個侵略性的投籃假動作，然後用外側手至少運兩下球一個直線切入到中間來拉開與防守者的距離；想像與防守的距離沒有拉開，運用退後運球來嘗試拉開距離來做跳投；想像防守者還是跟上來防守，再用頭與肩膀做假動作，來讓防守者的腿伸直重心抬高，接著就靠著防守者邊切入；想像有協防者要過來封阻球，儘量切入接近籃框，嘗試讓阻攻者的手纏在籃網，投出勾射高於封阻者手可以碰到的高度，著地時要跟起跳時同一點，最後用反手上籃或騎馬射箭投籃都可以。

左右兩翼側各做五次。

往中間切入來做騎馬射箭投籃：這個部分的練習，你會從兩邊翼側切入到中間來做騎馬射箭投籃，在左翼做完刺探步後，運第一個球來拉開防守距離，控制好第二顆運球，踩在左側罰球線圈邊線與左肘區的交叉點，用右手投出騎馬射箭投籃；如果是從進攻方右翼開始切入，踩在右側罰球線圈邊線與右肘區的交叉點，用左手投出騎馬射箭投籃。左右兩翼側各做五次。

往中間運球然後轉身運球到罰球線圈邊線做勾射：在踏出刺探步後，想像防守者的內側手（靠近中間的那一隻手）舉起，做一個侵略性的投籃假動作，然後用外側手至少運兩下球一個直線切入到中間來拉開與防守者的距離。在肘區想像防守者過度防守中間，所以就做一轉身運球，運球的手與拉球的手是同一隻手，轉身時儘量讓球靠近身體。當從進攻方左翼切入，然後轉身到左邊罰球線圈邊線，投一個左手的勾射；但如果是從進攻方右翼切入，轉身到右邊罰球線圈邊線，投一個右手的勾射。左右兩翼側各做五次。

成功動作的檢查

- 當往慣用手邊切入時，跳到球的後面。
- 當往非慣用手邊切入時，用換手運球將球帶到投籃邊的膝蓋。
- 在投籃邊的膝蓋收球。

- 當跳投或騎馬射箭投籃時，把投籃手放在球的上面。
- 當勾射投籃時，把投籃手放在球的下面。

為你的成功打分數

每一個動作在每一邊都要做五次，記錄兩側每一個動作投進球的數量，每進一球就獲得1分。

從左翼運到中間來做跳投的進球球數____（最多5顆）

從右翼運到中間來做跳投的進球球數____（最多5顆）

從左翼運到中間來做後撤步跳投的進球球數____（最多5顆）

從右翼運到中間來做後撤步跳投的進球球數____（最多5顆）

從左翼運到中間然後退後運球之後的切入投籃進球球數____（最多5顆）

從右翼運到中間然後退後運球之後的切入投籃進球球數____（最多5顆）

從左翼運到中間來做騎馬射箭投籃的進球球數____（最多5顆）

從右翼運到中間來做騎馬射箭投籃的進球球數____（最多5顆）

從右翼運到中間然後轉身運球到罰球圈邊線做勾射投籃的進球球數____（最多5顆）

從左翼運到中間然後轉身運球到罰球線圈邊線做勾射投籃的進球球數____（最多5顆）

你的分數：____（最多50分）

這個練習你會做到五個動作——往底線運球來做跳投、往底線運球來做後撤步跳投、退後運球之後的往底線切入、往底線切入來做騎馬射箭投籃、往底線運球然後轉身運球到中間做擦板跳投，且每個動作在兩邊翼側都會做到。一開始先把球拋高在翼側，自己傳球給自己（如果可以的話，也可用反彈網），接球使用一二兩步急停，讓你的內側腳（靠近中間的腳）先著地來變成你的軸心腳，接到球後正轉來面向中間直視籃框，就三重威脅位置，然後做一個刺探步。

往底線運球來做跳投：在踏出刺探步後，想像防守者的內側手（靠近中間的那一隻手）舉起，做一個侵略性的投籃假動作，然後做一個換手運球到底線，換手運球後至少再用外側手運兩下球來拉開與防守者的空間。當往慣用手邊切入時，可以跳到球的後面，讓球對準投籃邊的膝蓋；但如果是往非慣用手邊切入時，因為球到投籃邊的膝蓋距離就較遠，所以要多做一個換手運球把球帶到投籃邊的膝蓋前。用投籃手在球上面以及非投籃手在球下面的手勢在投籃邊的膝蓋前收球，然後接著跳投。左右兩翼側各做五次。

往底線運球來做後撤步跳投：這部分的練習在鍛鍊你從兩邊翼側切入到底線來做後撤步跳投的動作。在踏出刺探步後，從進攻方左翼切入到底線來做後撤步跳投，然後再練習從進攻方右翼切入到底線來做後撤步跳投，左右兩翼側各做五次。

退後運球之後的往底線切入：在踏出刺探步後，想像防守者的內側手（靠近中間的那一隻手）舉起，做一個侵略性的投籃假動作，然後做一個換手運球到底線，換手運球後至少再用外側手運兩下球來拉開與防守者的空間；想像與防守的距離沒有拉開，運用退後運球來嘗試拉開距離來做跳投；想像防守者還是跟上來防守，再用頭與肩膀做假動作，來讓防守者的腿伸直重心抬高，接著就靠著防守者邊切入；想像有協防者要過來封阻球，繼續運球通過籃下再投籃，來讓阻攻者的手纏在籃網，投出勾射高於封阻者手可以碰到的高度，著地時要跟起跳時同一點，最後用反手上籃或騎馬射箭投籃都可以。左右兩翼側各做五次。

往底線切入來做騎馬射箭投籃：這個部分的練習，你會從兩邊翼側切入到中間來做騎馬射箭投籃，在左翼做完刺探步後，運第一個球來拉開防守距離，控制好第二顆運球，踩出你的內側腳，然後用左手投出騎馬射箭。如果是從進攻方右翼開始切入，還是踩出你的內側腳，然後用右手投出騎馬射箭。左右兩翼側各做五次。

往底線運球然後轉身運球到中間做擦板跳投：在踏出刺探步後，想像防守者的

內側手（靠近中間的那一隻手）舉起，做一個侵略性的投籃假動作，接著做換手運球，然後用外側手往底線方向至少運兩下球來拉開與防守者的距離，但沒成功；想像防守者在你切入的路線擋住你，所以再使用轉身用球到中間，使用擦板跳投。左右兩翼側各做五次。

- 當往慣用手邊切入時，跳到球的後面。
- 當往非慣用手邊切入時，用換手運球將球帶到投籃邊的膝蓋。
- 在投籃邊的膝蓋收球。
- 當跳投或騎馬射箭投籃時，把投籃手放在球的上面。
- 當勾射投籃時，把投籃手放在球的下面。

每一個動作在每一邊都要做五次，記錄兩側每一個動作投進球的數量，每進一球就獲得1分。

從左翼運到底線來做跳投的進球球數＿＿＿（最多5顆）

從右翼運到底線來做跳投的進球球數＿＿＿（最多5顆）

從左翼運到底線來做後撤步跳投的進球球數＿＿＿（最多5顆）

從右翼運到底線來做後撤步跳投的進球球數＿＿＿（最多5顆）

從左翼運到底線然後退後運球之後的切入投籃進球球數＿＿＿（最多5顆）

從右翼運到底線然後退後運球之後的切入投籃進球球數＿＿＿（最多5顆）

從左翼運到底線來做騎馬射箭投籃的進球球數＿＿＿（最多5顆）

從右翼運到底線來做騎馬射箭投籃的進球球數＿＿＿（最多5顆）

從右翼運到底線然後轉身運球到中間做擦板跳投的進球球數＿＿＿（最多5顆）

從左翼運到底線然後轉身運球到中間做擦板跳投的進球球數＿＿＿（最多5顆）

你的分數：＿＿＿（最多50分）

運球創造投籃機會訓練　對抗防守者

這個練習需要有一位夥伴來協助，鍛鍊你在夥伴的防守之下，還要能藉由運球的動作來創造投籃的機會。

解讀防守：這部分能讓你練習如何解讀防守者的防守位置，以及做出正確的反應動作來回應該防守，找一位夥伴來當防守者，防守者要一直跟著你，直到你解讀防守者的位置並使用正確的回應動作才結束。一開始你先當進攻方，站在三分線外，防守方者則持球站在罰球線下面，防守者先把球丟給你，你接到球後，就三重威脅站姿，先把投籃當作第一選擇；防守者的部分，則在接到球後，可自由的變換防守位置，手可以舉高或放低，以提供進攻者來解讀防守以及使用正確的回應。進攻者要依防守者

不同的位置來調整不同的進攻動作，如果防守者的手是放下來的，進攻者就可以用跳投回應；如果防守者的手是舉起，用直線切入或換手切入來切入防守者手舉高的那邊；如果防守者在進攻者做完刺探步後退後，使用後撤步跳投來回應。練習10次後攻守交換，記錄你正確解讀防守的次數，以及之後投球進球的數量，正確解讀獲得1分，球進也得1分（最多20分）。

罰球線圈內的一對一攻防（一次運球）：這個富有競爭性的練習可以幫助你培養解讀防守者的防守能力，以及做假動作、軸心腳移動與一對一進攻動作（得分或買犯規）的能力；除此以外，也可培養防守及搶籃板球的能力。此練習的目的就是在一對一的進攻防守練習中得分，進攻者利用罰球線圈上半緣為界限，防守者則以防守站姿站在罰球線以下，把球交給在罰球線上方的你。進攻者最多只能運一球，最多可往罰球線圈外踏一步，每次得分進攻者就獲得2分，如果被犯規球進算，你可以罰一球；如果被犯規球沒進，你就可以罰兩球；如果投球沒進，你還可以去搶進攻籃板，且從搶到籃板球的地方再次進攻。總而言之，進攻者最多只能運一球，並可以持續的進攻直到得分、失誤或防守者靠抄截或搶籃板球得到球權為止，防守者獲得到球權後就攻守交換，先得到7分的人就獲勝，每次比賽獲勝就得5分。

貼近一對一攻防（三次運球）：這個練習也是競爭性的比賽，可以培養你解讀防守的能力，以及藉由運球來創造投籃機會的能力。進攻者一開始站在射程範圍內，防守者則持球站在籃下，球傳給進攻者後比賽開始，比賽開始後防守者從籃下跑到可以碰到你的距離，就防守站姿定位。進攻者最多可運三次球，每一次得分就獲得2分，如果被犯規球進算，你可以罰一球；如果被犯規球沒進，你就可以罰兩球；如果投球沒進，你還可以去搶進攻籃板，且從搶到籃板球的地方再次進攻。總而言之，進攻者最多只能運三球，並可以持續的進攻直到得分、失誤或防守者靠抄截或搶籃板球得到球權為止，防守者獲得到球權後就攻守交換。然而，為了增加此練習的多樣性，進攻球員可以站在不同的點來開始（例如三分線頂端、翼側、底線），只要是射程範圍內就可以，先得到7分的人就獲勝，每次比賽獲勝就得5分。

封阻投籃：這個練習需要一位進攻球員與一位防守球員，進攻球員先站在三分線或射程範圍內準備好接球與投球，防守者則先站在籃下以投籃手做胸前傳球給進攻者，傳完球後比賽開始，傳球後防守者就真的要衝向進攻者來封阻球；而進攻者在防守者跑過來時要做一個侵略性的投籃假動作，之後再接著運一球來拉開與防守者的距離，做一個跳投，每次球進就獲得1分。每次投籃後就攻守交換，每個球員進攻10次，嘗試比你的對手得更多分，獲勝者得5分。

一對一運球攻防：這個練習也需要兩位球員，一位進攻，另一位防守。進攻者先站在三分線外的3公尺處（射程之外），防守者則持球先站在籃下，剛開始防守者先用胸前傳球傳給進攻者，傳完之後快速的移動至三分線附近就防守位置；而進攻者等防守者到，就用小碎步運球（第56頁），小碎步運球通常會讓防守者愣住一下，而這些時間可以讓進攻者調整平衡並解讀防守者的位置，然後再做出適合的動作來從運球中獲得投籃的機會。每一次得分就獲得2分，如果被犯規球進算，你可以罰一球；如果被犯規球沒進，你就可以罰兩球；如果投球沒進，你還可以去搶進攻籃板，且從搶到籃板球的地方再次進攻。總而言之，進攻者可以持續的進攻直到得分、失誤或防守者靠抄截或搶籃板球得到球權為止，防守者獲得到球權後就攻守交換，先得到7分的人就獲勝，每次比賽獲勝就得5分。

成功動作的檢查

- 解讀防守者的動作，並做出正確的抉擇。
- 用正確的技巧做出每一個一對一的動作和投籃。
- 要具有侵略性。

為你的成功打分數

解讀防守者的動作，並做出正確抉擇，然後記錄你在每一次練習中獲得的分數。

解讀防守＿＿＿（最多20分）

罰球線圈內的一對一攻防（一次運球）＿＿＿（最多5分）

貼近一對一攻防（三次運球）＿＿＿（最多5分）

封阻投籃＿＿＿（最多5分）

一對一運球攻防＿＿＿（最多5分）

你的分數：＿＿＿（最多40分）

運球創造投籃機會訓練　征服專業球員

征服專業球員是一個投籃比賽，在練習中你要想像各種在場上會發生的狀況與壓力，使用你的想像力，選一個你喜歡的球員來跟你對抗，每投進一球獲得1分，每失投一球想像中的球員獲得2分，先獲得10分的人贏。因此，為了要贏得比賽，你的投籃命中率最少要有71%，你要在模擬的比賽狀況中使用各種個人的動作來投籃，可以是跳投或是勾射，但是就是不能上籃，也不能在同樣的地方連續投兩次球。每一個投籃之間你可以選擇休息時間的長短，但一旦開始練習，你就要全力以赴，在你的射程中投籃，要有信心的投籃，努力在投籃中控制任何會阻礙你專心的想法，學著不要擔心失投或投進，投籃時要選擇，選擇後就要盡你最大的能力來完成該動作。

成功動作的檢查	

- 模擬真實比賽中的投球。
- 每一次投籃要在不同的位置。
- 每一次的進攻動作及投籃都要使用正確的技巧。

- 保持自信。

為你的成功打分數	

這是一個競爭型的練習，比五場比賽，贏每一場比賽就獲得5分。

你的分數：＿＿＿（最多25分）

爲你的成功評價

讓自己在得分、傳球及切入都可以造成威脅，並學會在一對一的攻防中獲得勝利或替隊友創造進攻的空檔，這個單元我們介紹各式各樣從運球中創造投籃機會的動作。在下個單元中，我們將討論在禁區內得分的技巧，而進入到單元七之前，你應該回頭計算一下你在每次練習所得到的分數，請輸入每項得到的分數，再加總起來，看看一共得了多少分。

運球創造投籃機會訓練	
1. 從肘區的拋球來做一球運球動作	40分中得＿＿＿分
2. 從三分線頂端切入到腰位的動作	20分中得＿＿＿分
3. 從翼側運球到中間的動作	50分中得＿＿＿分
4. 從翼側運球到底線的動作	50分中得＿＿＿分
5. 對抗防守者	40分中得＿＿＿分
6. 征服專業球員	25分中得＿＿＿分
總分	225分中得＿＿＿分

如果你得到115分以上的分數，恭喜你！這代表你已精熟本單元所講的基本動作，並準備好往下一個單元「背框得分的技巧」出發。如果你的分數是低於115分，你可能要多花點時間再繼續練習單元六所敘述的內容，繼續努力來熟悉所有腳步動作。

單元七　背框得分的技巧

能背框得分的球員對於球隊是非常寶貴的，所以你要學習如何背框單打得分的動作，或藉由背框單打的動作來為隊友創造空檔的投籃。當你在背框有得分威脅時，隊友的防守者也許就要被迫離開防守外圍的進攻者來協防你，這時你就成功地替外圍的隊友創造出投籃的空檔，可以把球傳給他。這種把球傳到內線然後再把球傳回外線的策略稱為「*內外組合*」（inside-out），許多球隊認為這種內外組合的

進攻策略是最能創造投籃機會的方法，但如果一個球隊總是先看外圍是否有投籃的機會，這樣就比較難獲得較高的外圍投籃命中率，所以說把球傳給內線背框可以得分的球員，對於內線與外線都可以創造出投籃的機會。而背框的動作可分為三種：(1)在籃框附近的低位動作（low-post moves）；(2)在肘區位置的腰位動作（pinch-post moves）；(3)在底線中點位置的中點動作（midpoint moves）。

低位動作

基本的低位動作有往底線做後撤步來做強攻籃下投籃、往中間做後撤步來做勾射、往底線做正轉來做擦板跳投，以及往底線做正轉接交叉步到中間來做勾射。另一側低位動作則有往底線後轉來做強攻籃下投籃、運球到另一側來做勾射、往中間做後撤步來做一球運球勾射跳投、往中間做後撤步接一球運球來做投籃假動作後跨步穿越。

在低位找尋空檔來接球

當你在低位時，嘗試著用背、肩膀與上臂將防守者封在一邊，不要讓防守者的腳在你的腳的前方，而在不同的防守位置狀況就要有不同的應對策略來創造空檔，這就要看你是被防守者以二線阻絕位置或站前位置來防守。

如果你的防守者是待在二線阻絕位置（單邊的手腳待在你與球之間的傳球

路線上），你就該移動幾步來遠離傳球者（圖7.1），然後再切回你防守者的方向朝有球的方向移動，切入時要運用短且快的腳步來獲得空檔，獲得空檔後要用強硬又平衡的站姿來穩定接球的位置；所謂強硬又平衡的站姿就是兩腳與肩同寬、膝蓋彎曲、背挺直，且手應該要舉高，兩手距離大概與球同寬。

傳球來的時候，用雙手迎向球來接球，接球時使用墊步急停，落地在罰球線圈邊線外，大概罰球線方形框上方；接到球後，往底線的方向做一個正轉就可以做擦板跳投動作了，但要記住接球時要用墊步急停，這樣你就可以選擇任一腳來當作軸心腳了。而避免接球時會往前移，著地時身體重心要先在雙腳的腳後跟，落地後再把身體重心轉移到雙腳前腳掌，好在做下一個動作前先取得身體平衡。接球後兩腳距離要寬且彎曲膝蓋，將球擺置在額頭的前方並雙肘外開來保護球，身心都保持堅強，我們常說「當你拿到球時，力量就在你身上」，且確保在做下一個動作前，先解讀防守者的防守位置。

圖7.1 當被二線阻絕時，在低位找尋空檔來接球

a
防守者二線阻絕位置
1. 防守者二線阻絕你的傳球
2. 眼睛同時看到球與防守者
3. 強硬且保持平衡的進攻站姿
4. 雙手高舉

b
用開後門切入來甩開防守者
1. 把防守者甩開
2. 開後門切入來接球
3. 雙手舉高，與球同寬

c
接球
1. 用雙手接球
2. 把球放到額頭前來保護球
3. 雙肘向外
4. 墊步急停，以及在罰球線圈邊線方形框上方落地保持平衡

如果你的防守者完全面向你站前位置防守，就用短且快的腳步把防守者帶到高位（罰球線圈邊線上方）（圖7.2），且把你的前臂放在防守者的背部好把防守者封在一邊，再用靠近籃框的那隻手來示意隊友高吊球傳球，瞬間切回籃框來接高吊球，高吊球傳球的位置大約在籃板角落的地方，接球時要使用墊步接球，落地時要保持平衡並隨時準備好要得分。

圖7.2　**當被站前防守時在低位找尋空檔來接球**

防守者站前防守位置

1. 防守者面向你站前防守
2. 眼睛同時看到球與防守者
3. 強硬且保持平衡的進攻站姿
4. 雙手高舉

把防守者帶到高位

1. 把防守者帶到高位（罰球線圈邊線上方）
2. 手舉高示意隊友高吊傳球
3. 切回籃下來迎向傳球

接住高吊傳球

1. 用雙手接住球
2. 球擺置額頭前來保護球
3. 墊步接球後落地要保持平衡並準備好要得分

解讀防守就是要瞭解防守者的防守位置以及用正確的動作來回應，你可以用眼睛看或靠在防守者的身上來感覺。而在低位時，你可以藉由眼睛或身體來感覺防守者是否在*頂邊*（靠近罰球線）或*底邊*（靠近底線），在這兩種狀況之下，你都可以使用不是靠在防守者的那一隻腳來做後撤步。但如果你不能找到防守者或不確定防守者的位置，先往底線的方向做正轉來面對籃框與找尋防守者的位置。

另外在接到球之前，你也可以藉由球的來向（底線、翼側或高位位置）來預測防守者的位置，防守者通常站在避

免你接到球的位置。

往底線做後撤步來做強攻籃下投籃

在低位接到球後，又看見防守者站在頂邊，用把球移到肩膀上方的動作來做要往中間移動的假動作（圖7.3），假動作後，把球移到額頭前方且雙肘外張來保護球，接著用內側腳（靠近籃板的那隻腳）往底線的方向做後撤步。當做後撤步時，要把身體重心放在軸心腳上，這樣可以避免拖動軸心腳造成走步。然後試著讓肩膀平行籃板，且把防守者擠到你的背後，用背挺直以及球放在額頭前的強硬平衡站姿把防守者固定在後面，做一個投籃假動作，然後接著強攻籃下投籃。強攻籃下時記得要用雙腳起跳、肩膀平行籃框，以及投球完手不要打開，瞄準籃板上方形框上角投。落地時維持平衡，並準備好用雙手來搶籃板球，如果球沒進，就一直用強攻籃下投籃直到得分為止。

圖7.3　往底線做後撤步來做強攻籃下投籃

防守者位於頂邊
1. 使用墊步急停來接球，落地時採平衡站姿
2. 將球擺在額頭前面來保護球
3. 讓雙肘向外
4. 觀察到防守者在頂邊
5. 做球要往中間移動的假動作

往底線做後撤步
1. 往底線做後撤步，並保持平衡站姿
2. 將球擺在額頭前面來保護球
3. 讓雙肘向外
4. 做投籃假動作

強攻籃下動作
1. 做強攻籃下的動作
2. 用雙腳起跳
3. 用雙手投球
4. 落地後保持平衡，雙手高舉與球同寬準備來搶籃板球

用一二兩步急停來接球,所以只能用先著地的那一隻腳當軸心腳。

用墊步急停來接球,如此兩腳都可以當作軸心腳。

往中間做後撤步來做勾射

在低位接到球後,又看見防守者站在底邊,用把球移到肩膀上方的動作來做要往底線移動的假動作(圖7.4,頁164),投籃假動作後,接著用外側腳(遠離籃板的腳)往中間的方向做後撤步。在做後撤步同時,要用投籃手在球的下面以及平衡手在球的後面稍微偏上方的手勢來移動球至勾射投籃準備位置,過程中把球拉回來,好讓頭與肩膀來保護球,而不是把球舉出去。後撤步完之後就緊接著轉向籃框做一個勾射投籃,非投籃手要一直在球上來保護球直到球離手為止。落地時要維持平衡,並準備好用雙手來搶籃板球,如果搶到失投的籃板球,就用強攻籃下來投籃。

在還沒解讀對方防守位置之前就先做動作。

在低位接到球之後,至少先停住一秒來看清楚防守者的位置,之後再做動作。

圖7.4　往中間做後撤步來做勾射

防守者位於底邊

1. 使用墊步急停來接球，落地時採平衡站姿
2. 將球擺在額頭前面來保護球
3. 讓雙肘向外
4. 觀察到防守者在底邊
5. 做球要往底線移動的假動作

往中間做後撤步

1. 往中間做後撤步，並保持平衡站姿
2. 做出勾射投球的準備姿勢
3. 把球拉回來，用頭與肩膀來保護球

勾射投籃

1. 做勾射投籃
2. 非慣用手要在球上來保護球直到球離手為止
3. 落地後保持平衡，雙手高舉與球同寬準備來搶籃板球

往底線做正轉來做擦板跳投

　　如果在低位接到球後還不能看到或感覺到防守者，你的防守者應該在你的背後（圖7.5），此時你就可以往底線做一個正轉讓你可以看到你的防守者；正轉的同時也可以加一個刺探步，刺探步要直直朝向籃框且短的（8至10吋，20到25公分），這個刺探步應該可以讓你的防守者做退後步往後，別忘了過程中眼睛要能同時看到防守者與籃框。

接著就三重威脅位置，雙手把球舉高就投籃位置，記得要維持平衡且別著急，依照防守者不同的回應，你可以使用擦板跳投或做出交叉步到中間來做勾射。如果你的防守者手放下或跟著刺探步後退，就投擦板跳投，投擦板球時要瞄準籃板上方形框上角位置，落地時要保持平衡，並隨時準備用雙手搶失投的籃板球，當搶到球後，再用強攻籃下來得分。

常見的錯誤

在不清楚防守者位置的情況下，就先往中間方向做正轉，這限制你接下來的動作只能做跳投或是換手運球到底線位置做勾射，且在這種情況下，兩者都不容易成功。

改善方式

在不清楚防守者位置的情況下，總是先往底線做正轉，如此你才可以使用擦板跳投或用交叉步到中間來做勾射投籃。

圖7.5 往底線做正轉來做擦板跳投

防守者在身後
1. 使用墊步急停來接球，落地時採平衡站姿
2. 將球擺在額頭前面來保護球
3. 讓雙肘向外
4. 觀察到到防守者在身後

往底線做正轉
1. 往底線做正轉
2. 用雙手把球舉高就投籃位置
3. 做一個刺探步
4. 眼睛要能看到籃框與防守者
5. 觀察到防守者的手是放下的或是跟著刺探步往後做退後步

擦板跳投
1. 投出擦板跳投
2. 瞄準籃板上方形框上角
3. 落地後保持平衡，雙手高舉與球同寬準備來搶籃板球

單元七　背框得分的技巧

往底線做正轉接交叉步到中間來做勾射

如果在低位接到球後還不能看到或感覺到防守者，你的防守者應該在你的背後（圖7.6），此時你就可以往底線做一個正轉讓你可以看到籃框與你的防守者，正轉的時候同時也可以加一個刺探步並舉高球。接著就三重威脅位置後，用雙手把球舉高就投籃位置，記得維持平衡且別著急，如果防守者在你做投籃假動作時將手延伸舉高，那你就在做下一個動作前先數一秒，再往中間踏出交叉步，踏出的腳是之前使用刺探步的那隻腳。當你做交叉步到中間時，用投籃手在球下面的手勢將球侵略性的從身體前方交叉過去到勾射投籃準備位置，過程中把球拉回來，用頭與肩膀來保護球，緊接著再轉向籃框做勾射投籃。落地時保持平衡，隨時準備用雙手搶失投的籃板球，當搶到球後，再用強攻籃下來得分。

圖7.6 往底線做正轉接交叉步到中間來做勾射

防守者在身後
1. 使用墊步急停來接球，落地時採平衡站姿
2. 將球擺在額頭前面來保護球
3. 讓雙肘向外
4. 觀察到防守者在身後

往底線做正轉以及做投籃假動作
1. 往底線做正轉
2. 做一個刺探步
3. 眼睛要能看到籃框與防守者
4. 做投籃假動作

交叉步到中間

1. 做交叉步到中間
2. 把手擺置勾射投籃位置
3. 把球拉回來,用頭與肩膀來保護球

勾射投籃

1, 轉向籃框
2. 投出勾射投籃
3. 兩隻手放在球上直到球出手為止
4. 準備好搶籃板球

常見的錯誤

在做動作之前先運球了。

改善方式

先做不運球的動作,直到做交叉步之後才運球,這樣讓你有機會可以做勾射假動作,然後再接續轉身運球來做強攻籃下投籃,或者是再接一球運球到另一側罰球線圈邊線來做小勾射。

往底線後轉來做強攻籃下投籃

在你做完正轉及交叉步,你的防守者可能預測你的下一個動作是勾射,所以跳到你前進的路線來阻擋你,如果這真的發生了,你就可以做一個勾射假動作,再往反方向做一個後轉來接強攻籃下投籃(圖7.7,頁168)。移動時用做交叉步的那一隻腳當軸心腳來做膝蓋之間的運球後轉,運球於膝蓋之間可以避免協防者的抄截;收球時要用雙手,身體重心要放在軸心腳避免拖動軸心腳造

成走步。嘗試讓你的肩膀平行於籃板，然後把你的防守者擠到背後，用背挺直的強硬平衡站姿卡好位置，且將球擺到額頭前方來遠離防守者，往籃下做一個強攻籃下的投籃動作，起跳時要用雙腳起跳，瞄準籃框上方形框上角，用兩手投籃，投籃時讓你的肩膀平行籃板且注意不要讓兩手打開。落地時保持平衡，隨時準備用雙手搶失投的籃板球，當搶到球後，再用強攻籃下來得分。

常見的錯誤
轉身運球幅度太大，讓協防者把球拍走。

改善方式
在膝蓋之間運球來避免協防者的抄截。

圖7.7　往底線後轉來做強攻籃下投籃

防守者預測勾射投籃
1. 防守者預測你會做勾射投籃，擋住你前進的路線
2. 做勾射假動作

後轉
1. 用軸心腳做出後轉
2. 在膝蓋之間運球
3. 用雙手收球
4. 避免球被協防者抄截

強攻籃下投籃
1. 背部與籃板平行
2. 球在額頭前方以及雙肘向外來保護球
3. 往籃下做強攻籃下投籃，用雙腳起跳
4. 瞄準籃框上方形框上角
5. 用雙手投球
6. 準備搶籃板球

運球到另一側來做勾射

　　當你的防守者預期你會做勾射，然後就跳到你前進的途徑來擋住你，這時你就可以做這個動作；在這個狀況中，你先做一個勾射假動作，然後用一球運球穿過罰球線圈邊線到另一側做勾射投籃（圖7.8）。動作開始前先看籃框另一側是否有空檔，且還要警覺是否有協防者。如果你發現有空檔，先做一個勾射假動作，然後用一球運球來越過你的防守者到籃框另一側來創造空檔；切記

要讓身體重心在軸心腳，這樣可以避免拖動軸心腳造成走步，且要確認是否已經透過運球過了防守者，如果可以，用籃框來保護投籃避免被封蓋（這個動作稱做「把防守者關進監牢」）。接著用投籃手在球的下面以及非投籃手在球的後面稍微偏上面的手勢來收球保護球，瞄準籃框上方形框上角，然後投一個小勾射。落地時保持平衡，隨時準備用雙手搶失投的籃板球，當搶到球後，再用強攻籃下來得分。

圖7.8　運球到另一側來做勾射

防守者預測勾射投籃
1. 防守者預測你會做勾射投籃，擋住你前進的路線
2. 看籃框另一側是否有空檔

運球到另一側
1. 注意身旁有無協防者
2. 做勾射假動作
3. 用一球運球把球往外推來遠離防守者製造空檔
4. 用籃框來保護投籃避免被封蓋

勾射投籃
1. 一球運球後收球
2. 用投籃手在球下面以及非投籃手在球後面稍微偏上面的手勢來保護球
3. 瞄準籃框上方形框上角
4. 做勾射投籃
5. 兩手都要在球上直到球離手為止

單元七　背框得分的技巧

往中間做後撤步來做一球運球勾射跳投

當你被身體強壯且想要把你撞到失去平衡的防守者防守時，一步運球勾射跳投比原地一步勾射來得有效率。在低位接到球後，解讀在底邊的防守者位置，做一個球要往底線移動的假動作，把球放在肩膀以上（圖7.9）；假動作後，用外側腳往中間做後撤步，利用一

球運球來創造空檔，停球時要用墊步急停，運球時球要放在兩膝之間，這樣可避免協防者的抄截；且用投籃手者球下面以及非投籃手在球後面稍微偏上面的手勢來收球就勾射投籃位置，用頭與肩膀來保護球，用雙腳起跳投出勾射，投球時要強硬，預計會被犯規，嘗試做一個罰球進算三分打。落地時保持平衡，隨時準備用雙手搶失投的籃板球，當搶到球後，再用強攻籃下來得分。

圖7.9 往中間做後撤步來做一球運球勾射跳投

防守者位於底邊
1. 使用墊步急停來接球，落地時採平衡站姿
2. 將球擺在額頭前面來保護球
3. 讓雙肘向外
4. 觀察到防守者在底邊
5. 做球要往底線移動的假動作

往中間做後撤步
1. 往中間做後撤步
2. 運一球，球在兩膝之間
3. 做墊步急停

籃球

邁向卓越

收球在勾射預備動作
1. 收球在勾射預備動作
2. 用頭與肩膀來保護球

勾射投籃
1. 用雙腳起跳
2. 做勾射跳投
3. 兩手都要放在球上，直到球投出
4. 要強硬，預期對方可能會犯規
5. 落地雙手高舉並保持平衡來準備好搶籃板球

 常見的錯誤

當你運球時，球被協防者拍走。

改善方式

運球時球要靠近自己的身體。

往中間做後撤步接一球運球來做投籃假動作後跨步穿越

　　這個動作是另一個低位動作的選擇，先往中間的方向做後撤步，運一球來做墊步急停（圖7.10，頁172）。當你的防守者雙手舉高過度侵略性防守你的勾射跳投，你應該要先做一個投籃假動作，然後用外側腳跨步穿越防守者的腳，讓頭與肩膀從防守者的手臂下方穿過。過程中用頭與肩膀來保護球，把球移到防守者碰不到的地方，然後用強攻籃下投籃得分。投籃時要強硬，預期對方可能會犯規，嘗試做一個罰球進算三分打。這個動作又叫做「往前穿越」（up-and-under）的動作。落地時保持平衡，隨時準備用雙手搶失投的籃板球，當搶到球後，再用強攻籃下來得分。

圖7.10　往中間做後撤步接一球運球來做投籃假動作後跨步穿越

解讀防守者

1. 防守者手雙手舉起
2. 觀察到防守者過度侵略性防守勾射跳投
3. 做一個投籃假動作

跨步穿越

1. 跨步穿越防守者的領導腳
2. 頭與肩膀從防守者的手臂下方穿過
3. 把球移到防守者碰不到的地方

強攻籃下動作

1. 身體往籃框前傾
2. 用雙腳起跳
3. 用強攻籃下投籃得分
4. 要強硬，預期對方可能會犯規
5. 落地保持平衡，並準備搶籃板球

常見的錯誤

投籃被封蓋了。

改善方式

當做跨步穿越時，將頭與肩膀從防守者的手臂下方穿過，把球帶離防守者可以碰到的地方，且跳投時身體往籃框前傾。

低位訓練　低位動作

在這項練習中，你要練習八個低位動作——往底線做後撤步來做強攻籃下投籃、往中間做後撤步來做勾射、往底線做正轉來做擦板跳投、往底線做正轉接交叉步到中間來做勾射、往底線後轉來做強攻籃下投籃、運球到另一側來做勾射、往中間做後撤步來做一球運球勾射跳投、往中間做後撤步接一球運球來做投籃假動作後跨步穿越，每個動作在左右側低位都要練習。動作開始前先站

籃球

邁向卓越

172

在籃下，將球拋到進攻方左側，讓球彈到罰球線圈邊線外方塊框上方的位置，用墊步急停來用雙手接球，落地時位置要在罰球線圈邊線外並且背對籃框。

往底線做後撤步來做強攻籃下投籃：在低位接到球後，想像你感覺或看到你的防守者在中間方向，往中間做一個投籃假動作，然後把球移到額頭前方來保護球；接著用內側腳（靠近籃板的那隻腳）往底線的方向做後撤步，緊接著再做一個投籃假動作。接著再做強攻籃下投籃，記得在做強攻籃下投籃時要用雙腳起跳、肩膀平行籃板，以及用雙手投籃，投籃時要瞄準籃板上方形框上角，落地時要保持平衡。每一邊各做五次。

往中間做後撤步來做勾射：在低位接到球後，想像你感覺或看到你的防守者在底邊方向，往底線做一個投籃假動作，接著用外側腳（遠離底線的腳）往中間的方向做後撤步。當做後撤步時，要用投籃手在球的下面以及平衡手在球的後面稍微偏上方的手勢來移動球至勾射投籃準備位置，過程中把球拉回來，用頭與肩膀來保護球，而不是把球舉出去。緊接著再轉向籃框做一個勾射投籃，落地時要保持平衡。每一邊各做五次。

往底線做正轉來做擦板跳投：在低位接到球後，想像你無法看到或感覺到防守者，此時你就可以往底線做一個正轉讓你可以看到籃框與想像中的防守者，正轉的同時也可以加一個刺探步與投籃假動作，用雙手把球舉高就投籃位置，記得保持平衡且別著急。想像你的防守者手是放下來，所以就用擦板跳投，投籃瞄準籃板上方形框上角位置，落地時保持平衡。每一邊各做五次。

往底線做正轉接交叉步到中間來做勾射：在低位接到球後，想像你無法看到或感覺到防守者，此時你就可以往底線做一個正轉讓你可以看到籃框與想像中的防守者，正轉的同時也可以加一個刺探步與投籃假動作，用雙手把球舉高就投籃位置，記得保持平衡且別著急，且在下一個動作前數一秒。想像防守者對你的投籃假動作有所回應，防守者把刺探步那邊的手舉起，此時你就可以用做刺探步的那隻腳往中間的方向踏出交叉步。當你用交叉步穿越到中間時，用投籃手在球下面的手勢將球侵略性的從身體前方交叉過去到勾射投籃準備位置，過程中把球拉回來，用頭與肩膀來保護球，接著轉向籃框做勾射投籃，切記要把非投籃手放在球上直到球離手為止，落地時保持平衡。每一邊各做五次，左邊低位用右手勾射，右邊低位則用左手勾射。

往底線後轉來做強攻籃下投籃：在你往底線做正轉接著做一個交叉步到中間後，想像你想像中的防守者預測你的下一個動作是勾射，所以跳到你前進的路線來阻擋你，此時你就可以做一個勾射假動作，再往反方向做一個後轉來接強攻籃下投籃。移動時用做交叉步的那一隻腳當軸心腳來做膝蓋之間的運球後轉，運球於膝蓋之間可以避免想像中的協防者的抄截，讓身體重心放在軸心

腳避免拖動軸心腳造成走步。嘗試讓你的肩膀平行於籃板，然後把想像中的防守者擠到背後，用背挺直的強硬平衡站姿卡好位置，且將球擺到額頭前方來遠離防守者，往籃下做一個強攻籃下的投籃動作，起跳時要用雙腳起跳，瞄準籃框上方形框上角，用兩手投籃，投籃時讓你的肩膀平行籃板且注意不要讓兩手打開，落地時保持平衡。每一邊各做五次。

運球到另一側來做勾射：在你往底線做正轉接著做一個交叉步到中間後，想像你的防守者預測你的下一個動作是勾射，所以跳到你前進的路線來阻擋你。此時想像你在籃框的另一側看到了空檔，所以先做一個勾射假動作，然後用一球運球穿過罰球線圈邊線到另一側做勾射投籃，切記把非投籃手放在球上直到球離手為止，落地時保持平衡。每一邊各做五次，左邊低位用右手勾射，右邊低位則用左手勾射。

往中間做後撤步來做一球運球勾射跳投：在往中間的方向做後撤步後，想像你被身體強壯且想要把你撞到失去平衡的防守者防守，做一球運球接墊步急停，運球時球要放在兩膝之間，這樣可避免想像中的協防者抄截；且用投籃手者球下面以及非投籃手在球後面稍微偏上面的手勢來收球就勾射投籃位置，用頭與肩膀來保護球，用雙腳起跳投出勾射，投球時要強硬，落地時保持平衡。每一邊各做五次，左邊低位用右手勾射，右邊低位則用左手勾射。

往中間做後撤步接一球運球來做投籃假動作後跨步穿越：在往中間的方向做後撤步後，想像你的防守者雙手舉起過度侵略性防守你的勾射跳投，你應該要先做一個投籃假動作，然後用外側腳跨步穿越想像中防守者的腳，讓頭與肩膀從防守者的手臂下方穿過。用頭與肩膀來保護球，把球移到防守者碰不到的地方，然後用強攻籃下投籃得分，投籃時要強硬，落地時保持平衡。每一邊各做五次。

成功動作的檢查

- 對防守者造成傳球、投籃及切入的三重威脅。
- 使用正確的投籃技巧。

為你的成功打分數

　　每個低位動作都要在左右邊各做五次，記錄每邊每個動作進球的數量，進一球就獲得1分。

往底線做後撤步來做強攻籃下投籃，左邊低位進球數量＿＿＿（最多5分）

往底線做後撤步來做強攻籃下投籃，右邊低位進球數量＿＿＿（最多5分）

往中間做後撤步來做勾射，左邊低位進球數量＿＿＿（最多5分）

往中間做後撤步來做勾射，右邊低位進球數量＿＿＿（最多5分）

往底線做正轉來做擦板跳投，左邊低位進球數量＿＿＿（最多5分）

往底線做正轉來做擦板跳投，右邊低位進球數量＿＿＿（最多5分）

往底線做正轉接交叉步到中間來做勾射，左邊低位進球數量＿＿＿（最多5

分）

往底線做正轉接交叉步到中間來做勾射，右邊低位進球數量＿＿＿（最多5分）

往底線後轉來做強攻籃下投籃，左邊低位進球數量＿＿＿（最多5分）

往底線後轉來做強攻籃下投籃，右邊低位進球數量＿＿＿（最多5分）

運球到另一側來做勾射，左邊低位進球數量＿＿＿（最多5分）

運球到另一側來做勾射，右邊低位進球數量＿＿＿（最多5分）

往中間做後撤步來做一球運球勾射跳投，左邊低位進球數量＿＿＿（最多5分）

往中間做後撤步來做一球運球勾射跳投，右邊低位進球數量＿＿＿（最多5分）

往中間做後撤步接一球運球來做投籃假動作後跨步穿越，左邊低位進球數量＿＿＿（最多5分）

往中間做後撤步接一球運球來做投籃假動作後跨步穿越，右邊低位進球數量＿＿＿（最多5分）

你的分數：＿＿＿（最多80分）

低位訓練　解讀防守

這項練習讓你訓練在低位解讀防守者位置，以及做出正確回應動作的機會，找一位夥伴來當你的防守者，防守者要一直防守你，直到你做完解讀防守並回應正確動作為止。你在低位接到球後，防守者可改變各種的防守位置（頂端、底端或遠離），讓你可以練習在各種不同情境下做出正確的決定。

當你看到或感覺到你的防守者在頂端（靠近罰球線）或底端，用非靠近防守者那側的腳來做後撤步，然後再接著適當的接續動作；但如果你無法找到防守者或還在猶豫，先往底線方向做一正轉來看見籃框及防守者的位置。正轉之後，防守者的手可能舉高或放下，如果手是放下的，做一個擦板跳投；如果手是舉高的話，做一個加叉步到中間，做一個勾射投籃。持續這樣的練習，左右兩邊低位各做五次。

成功動作的檢查

- 解讀防守者的位置，做出正確的回應動作。
- 正確的使用所有低位動作。

為你的成功打分數

從左右兩側各做五次解讀防守，以及五次進攻的回應動作，每次正確的解讀防守者的位置獲得1分，每次投進一球也獲得1分。

在進攻方左邊低位正確解讀的次數＿＿＿；投進的球數＿＿＿；得＿＿＿分

在進攻方右邊低位正確解讀的次數＿＿＿；投進的球數＿＿＿；得＿＿＿分

你的分數：＿＿＿（最多20分）

低位訓練　罰球線下半圓一對一攻防

　　這項具有競爭性的比賽練習不只可以培養解讀對方防守位置的能力，還可以增進一些回應對方防守動作的技巧，例如：做假動作、軸心腳轉身、各種低位得分或要犯規動作的能力、防守的技巧、搶籃板球。而這項練習你需要找一位隊友跟你做一對一攻防，以前場罰球線圈下半圓為移動範圍，你的目標就是使用低位動作來得分，你不能運球，但在投球之前你可以移動至罰球圈下半圓外一步內。

　　防守者剛開始就防守站姿，傳球給進攻者後練習就開始，每次投籃進球就獲得2分，如果你在投籃時被犯規且球進，你就可以罰一球；如果投籃時被犯規且球沒進，你就可以罰兩球；如果你最後一球罰球沒進但你搶到籃板球，你就可以在搶到籃板球的地方繼續進攻。再一次提醒，運球是不允許的，進攻者

可以持續進攻直到得分、失誤或球權交換（防守者搶到籃板球或抄到球）為止，以上狀況發生後球權交換，但原本的防守球員要先把球運到罰球線後才開始擔任進攻者的角色，比賽打7分。新的進攻者可以選擇任一邊低位位置來開始進行進攻，但要在低位位置（罰球線圈邊線中間）背框，一旦防守者碰到進攻者，比賽就繼續開始。

成功動作的檢查

- 解讀防守者的位置，使用最佳的回應動作。
- 不要運球。
- 要有侵略性。

為你的成功打分數

　　這是一個競賽型的練習，先得到7分的球員獲勝，總共打三場比賽，贏一場就獲得5分。

你的分數：＿＿＿（最高15分）

腰位動作

　　腰位的位置就在肘區上面的位置，基本的腰位動作有跳投假動作、後撤步跳投、跨步穿越斜身傾前投籃、運球穿越罰球線圈邊線來做勾射、交叉步切入來做上籃、交叉步切入來做擦板跳投、交叉步切入來做後撤步跳投，以及交叉步切入來做跨步穿越斜身傾前投籃。

在腰位找尋空檔以及接球

如果你的防守者是待在二線阻絕位置（單邊的手腳待在你與球之間的傳球路線上），你應該要用你的外側手（遠離防守者的手）來當作傳球的目標（圖7.11）。動作一開始先離開你的防守者來切入至肘區，用外側手示意傳球者來當作傳球目標。接球時迎向球，使用一二兩步急停，用雙手接球，落地時先用內側腳先著地（靠近中間的腳）。然後再正轉至中間來看籃框與你的防守者，接著做一個有侵略性的刺探步，把球舉高，讓你自己在投球、傳球及切入都能造成威脅，但以投球為優先，切記要先解讀防守者位置之後再做動作。

圖7.11 當被二線阻絕時，在腰位找尋空檔來接球

a

防守者二線阻絕位置
1. 防守者二線阻絕你的傳球
2. 眼睛同時看到球與防守者
3. 強力且保持平衡的進攻站姿

b

切入肘區
1. 離開防守者
2. 切入肘區
3. 用外側手來示意當傳球目標

接球
1. 用雙手接球
2. 落地時用一二兩步急停,先用內側腳落地

正轉至中間然後解讀防守者
1. 做一個正轉至中間來看見籃框及防守者
2. 做一個刺探步
3. 讓自己在投球、傳球及切入造成三重威脅,先以投球為優先
4. 移動之前先解讀防守者的位置

跳投假動作

在腰位接到球後,你應該要在投籃、傳球及切入造成三重威脅,尤其應以投籃為優先。面向籃框及防守者,如果被貼身的防守且防守者的手是高舉的,你應該讓身體重心在軸心腳來做一個刺探步(圖7.12)。接著做一個有侵略性的投籃假動作讓你的防守者腿伸直,這個動作可以幫助你比防守者早跳,讓你的防守者比較不容易封阻到你的投球。投籃假動作後,接著用投籃手在球後面以及面向籃框的手勢來移動球到投籃位置,順著做一個跳投,並做投籃跟隨動作直到球碰到籃網為止,落地時要保持平衡,隨時準備搶失投的籃板球。

圖7.12　跳投假動作

防守者手舉高

1. 就三重威脅位置，以投籃為優先
2. 做一個刺探步
3. 身體重心放在軸心腳
4. 先解讀防守者的位置後再動作

投籃假動作

1. 做一個有侵略性的投籃假動作，只差在球沒有真的投出去而已
2. 觀察到防守者的腿伸直了

跳投

1. 做一個跳投
2. 做投籃跟隨動作直到球碰到籃網為止
3. 落地時要保持平衡，準備去搶籃板球

 常見的錯誤

防守者對你的假動作沒有反應。

改善方式

做一個有侵略性的投籃假動作，讓投球假動作看起來像是真的，只差在球沒有真的投出去而已。

單元七　背框得分的技巧

後撤步跳投

在做完刺探步後，你的防守者可能以退後步來回應，如果真的發生，同一時間做一個後退運球，以及用做刺探步的那隻腳來做一個快速的後撤步來遠離防守者（圖7.13，頁180）。跳到球的後面時，要同時下蹲膝蓋（可改變向後的動量至向上）以及將球對準投籃邊膝蓋，並將頭與肩膀向前來抵消向後退的力量。用投籃手在球的上面以及非投籃手在球的下面的手勢在投籃邊的膝蓋前收球，這樣的話，當你把球抬高要投籃時投籃手就會面向籃框；此外，將頭、肩膀、投籃手與手指指往籃框也可幫助抵消投籃時頭與肩膀往後傾的力量。切記在球穿過籃框之前，都要做投籃跟隨動作，落地時要保持平衡，且落地位置跟起跳點相同，然後準備好搶失投的籃板球。

圖7.13 後撤步跳投

a

防守者手舉高
1. 就三重威脅位置，以投籃為優先
2. 做一個刺探步
3. 身體重心放在軸心腳
4. 先解讀防守者的位置後再動作

b

退後運球
1. 觀察到防守者的退後步
2. 用慣用手做退後運球

接起運球

1. 跳到球的後面
2. 將球對準投籃邊的膝蓋
3. 讓頭與肩膀面向前
4. 在投籃邊的膝蓋收球
5. 投籃手在球的上面；非投籃手在球的下面

跳投

1. 抬高球來投籃，投籃手要面向投籃目標
2. 做跳投
3. 用肩膀、頭、投籃手與手指來做投籃跟隨
   動作，直到球碰到籃網為止
4. 在起跳點落地時並維持平衡，準備好回防

 常見的錯誤

因為在退後運球時你的肩膀往後傾或你在投球時有做後撤步，所以投球太短。

改善方式

藉由在膝蓋前收球以及誇張投籃跟隨動作（將肩膀、頭與投籃手指向籃框）來維持平衡。

跨步穿越斜身傾前投籃

在腰位接到球後，利用內側軸心腳做一個正轉往中間來看見籃框及你的防守者，就三重威脅位置，以投籃為優先，讓身體重心在軸心腳做一個刺探步。當你的防守者過度侵略性的防守，解讀防守者手部的位置，如果防守者的手舉高（大部分與領導腳在同邊），用內側腳來跨步穿越防守者的領導腳（圖7.14，頁182），讓頭與肩膀從防

單元七　背框得分的技巧

守者的手臂下方穿過，把球移到防守者碰不到的地方，身體傾向前方，用雙腳起跳投籃，這個動作稱為「斜身傾前投籃」。投籃時要強硬，預期對方可能會犯規，嘗試做一個罰球進算三分打，落地時保持平衡，隨時準備用雙手搶失投的籃板球，當搶到球後，再用強攻籃下來得分。

圖7.14 跨步穿越斜身傾前投籃

解讀防守者
1. 就三重威脅位置，以投籃為優先
2. 做一個刺探步
3. 觀察到防守者過度侵略性的防守你的跳投
4. 觀察到防守者的手舉高

跨步穿越
1. 用內側腳來跨步穿越防守者的領導腳
2. 頭與肩膀從防守者的手臂下方穿過
3. 把球移到防守者碰不到的地方

斜身傾前投籃
1. 身體傾向籃框
2. 用雙腳起跳
3. 斜身傾前投籃
4. 要強硬，預期對方可能會犯規
5. 落地保持平衡，並準備搶籃板球

常見的錯誤
投籃被封蓋了。

改善方式
當做跨步穿越時，將頭與肩膀從防守者的手臂下方穿過，把球帶離防守者可以碰到的地方，當跳投時身體往籃框前傾。

運球穿越罰球線圈邊線來做勾射

在腰位接到球後，利用內側軸心腳做一個正轉往中間來看見籃框及你的防守者，就三重威脅位置，以投籃為優先，讓身體重心在軸心腳做一個刺探步。做完刺探步後，你可能觀察到防守者的領導腳在前且手舉高的方向與你刺探步的方向是同邊的（圖7.15，頁184）。如果這真的發生，同一時間身體重心放在軸心腳，以及運用你做刺探步的那隻腳跨一大步來越過防守者的領導腳，接著用外側手（離防守者較遠的

那隻手）運球往外推來創造空間遠離防守者，過程中眼睛要看籃框並注意是否有協防者過來幫忙，用內側手及身體來保護球，且運球穿越罰球線圈邊線來越過防守者的退後步。用投籃手在球下面以及非投籃手在球上面稍微偏向後方的手勢在投籃邊的膝蓋收球，下蹲膝蓋用力往上跳將球抬高，要避免將球移到防守球員那一側，投出勾射要高於防守者手可以碰到的位置，投球時要強硬，且到球出手之前都要用非投籃手來保護球。落地時保持平衡，隨時準備搶失投的籃板球，搶到球後一直用強攻籃下投籃直到得分為止。

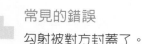

常見的錯誤
勾射被對方封蓋了。

改善方式
球舉高至防守者碰不到的位置。

圖7.15 運球穿越罰球線圈邊線來做勾射

防守者手高舉且前腳與進攻者的刺探步在同邊

1. 就三重威脅位置，以投籃為優先
2. 做一個刺探步
3. 身體重心在軸心腳
4. 觀察到防守者手高舉且前腳與進攻者的刺探步在同邊

運球穿越罰球線圈邊線到籃框

1. 跨一大步來越過防守者的領導腳
2. 創造出空間
3. 用內側手保護球
4. 運球穿越罰球線圈邊線到籃框

收球

1. 下蹲起跳膝蓋
2. 在投籃邊膝蓋收球
3. 投籃手在球的上面；非投籃手在球的下面

勾射

1. 將球直接往上升起，避免將球移到側邊
2. 用非投籃手來保護球
3. 勾射投出的球要高於防守者手可以碰到的地方
4. 準備好搶籃板球

交叉步切入來做上籃

在腰位接到球後，利用內側軸心腳做一個正轉往中間來看見籃框及你的防守者，就三重威脅位置，以投籃為優先，讓身體重心在軸心腳做一個刺探步。做完刺探步後，你可能觀察到防守者的領導腳向前且高舉手的方向與進攻者刺探步的方向是不同邊（圖7.16，頁186）。如果這真的發生了，讓身體重心在軸心腳來做一個交叉步越過防守者的領導腳，用外側手（離防守者較遠的那隻手）運球往外推來創造空間遠離

防守者，過程中頭要抬起讓眼睛看見籃框，用內側手及身體來保護球，且用直線切入來讓身體貼近防守者的退後步。要注意可能會有防守你隊友的防守者過來協防，如果真的發生，傳球給那個有空檔的隊友；但如果沒有，往籃下切入，用投籃手在球上面以及非投籃手在球下面的手勢在投籃邊的膝蓋前收球，用力往上跳來提升上籃的高度，切記球要垂直往上抬，避免將球移到防守者那側，且上籃時要強硬，球出手之前都要用雙手來保護球，落地的位置與起跳點一樣，並隨時準備搶失投的籃板球。

常見的錯誤

因為當你上籃時球放在側邊，所以球被抄截了。

改善方式

當上籃時，球要直直往上抬起，並用雙手保護球。

單元七　背框得分的技巧

圖7.16 交叉步切入來做上籃

防守者高舉手的位置與進攻者刺探步的方向
是不同邊

1. 就三重威脅位置，以投籃為優先
2. 用身體重心在軸心腳做一個刺探步
3. 觀察到防守者高舉手的方向與進攻者刺探
   步的方向是不同邊

交叉步切入

1. 做一個交叉步來越過防守者的領導腳
2. 製造空間
3. 用內側手保護球
4. 直線運球到籃框

貼近對手

1. 將身體貼近防守者的退後步
2. 在投籃邊的膝蓋收球
3. 投籃手在球的上面；非投籃手在球的下面

上籃

1. 強力切入籃框上籃
2. 將球直直往上抬起，避免將球移到側邊
3. 用雙手保護球
4. 準備搶籃板球

交叉步切入來做擦板跳投

在腰位接到球後，利用內側軸心腳做一個正轉往中間來看見籃框及你的防守者，就三重威脅位置，以投籃為優先，讓身體重心在軸心腳做一個刺探步。做完刺探步後，你可能觀察到防守者的領導腳向前且高舉手的方向與進攻者刺探步的方向是不同邊（圖7.17，頁188）。如果這真的發生了，做一個交叉步，接著用軸心腳推蹬，同一時間接著用外側手（離防守者較遠的那隻手）運一長球到與籃板呈45度角的位置，過程中眼睛要看投籃目標，用內側手與

身體來保護球。如果是切往慣用手邊時，做一個墊步急停到球的後面，將球對準投籃邊膝蓋；但如果是切往非慣用手邊時，球要移動至投籃邊膝蓋的距離就較遠，所以之後要再運第二下球（換手運球）將球帶到投籃邊膝蓋，且用投籃手在球上面以及非投籃手在球下面的手勢在投籃邊膝蓋前收球，並避免把手伸直來接球或者在身體側邊接球，這樣可能最後會導致造成球的側旋。投籃時瞄準籃板上方形框上角，做一個跳投，落地時要保持平衡，落地的位置與起跳點一樣，隨時準備搶失投的籃板球。

常見的錯誤

因為你漂移到側邊所以失投。

改善方式

在投籃邊的膝蓋收球，這樣可以把往側邊的動量轉成向上。

常見的錯誤

因為你接球時雙手在球的側邊，所以造成球側旋，球碰到籃框時轉出來。

改善方式

用投籃手在球上面的手勢來收球，這樣投籃手才會面向籃框，投出去的球才會後旋。

圖7.17　交叉步切入來做擦板跳投

防守者高舉手的位置與進攻者刺探步的方向是不同邊

1. 就三重威脅位置，以投籃為優先
2. 用身體重心在軸心腳做一個刺探步
3. 觀察到防守者高舉手的方向與進攻者刺探步的方向是不同邊

交叉步切入

1. 做一個交叉步來越過防守者的領導腳
2. 製造空間
3. 用內側手保護球
4. 運球到與籃板呈45度角的位置

接起運球

1. 跳到球的後面
2. 運球到非慣用手邊，再用一個換手運球把球帶到投球手邊的膝蓋
3. 在投球手邊的膝蓋收球
4. 投籃手在球的上面；非投籃手在球的下面

擦板跳投

1. 垂直把球拉起，避免將球放在側邊
2. 瞄準籃板上方形框上角
3. 做擦板跳投

交叉步切入來做後撤步跳投

在腰位接到球後，利用內側軸心腳做一個正轉往中間來看見籃框及你的防守者，就三重威脅位置，以投籃為優先，讓身體重心在軸心腳做一個刺探步。做完刺探步後，你可能觀察到防守者的領導腳向前且高舉手的方向與進攻者刺探步的方向是不同邊，所以就用交叉步來越過防守者的領導腳，接著讓重心放在軸心腳，用外側手（遠離防守者的手）推球向外來創造空間遠離防守者。

後撤步跳投使用的時機為當你切入時發現你被貼身的防守，如果你的防守者可以跟住你的切入，就使用原地運球（圖7.18，頁190），用你內側的肩膀傾向防守者，然後做一個有侵略性的頭與肩膀的假動作來讓防守者的腿伸直；接著就踩一個快速的後撤步來拉開與防守者的距離，同一時間也用外側手把球運往後。

跳到球的後面來將球對準投籃邊的膝蓋時，要下蹲膝蓋（可以將向後的動量轉為向上）以保持平衡，並讓頭與肩膀往前來抵消向後傾倒的力量，且用投籃手在球上面與非投籃手在球下面的手勢在投籃邊的膝蓋收球，這樣當你手抬高投球時，投籃手才會面向籃框；另外也要將頭、肩膀、投籃手及手指指向籃框，這樣也可幫助抵消頭與肩膀的往後傾倒的力量。切記在球穿越籃框之前都要做投籃跟隨的動作，落地時要保持平衡，落地的位置與起跳點一樣，並隨時準備搶失投的籃板球。

常見的錯誤

因為你往後漂移所以失投。

改善方式

當做退後運球時，跳到球後面時要下蹲膝蓋以保持身體平衡，另外也要讓你的頭與肩膀朝前來抵消往後傾倒的力量。

圖7.18　交叉步切入來做後撤步跳投

解讀防守者
1. 就三重威脅位置，以投籃為優先
2. 當你切入籃框時防守者緊跟
3. 內側肩膀傾向防守者
4. 用頭與肩膀的假動作讓防守者的腿伸直

退後運球
1. 用後撤步與退後運球來創造空間
2. 跳到球的後面，讓球對準投籃邊膝蓋
3. 讓頭與肩膀面向前
4. 在投籃邊膝蓋前收球
5. 投籃手在球的上面；非投籃手在球的下面

跳投
1. 將球抬高，投籃手面向投籃目標
2. 將頭、肩膀與手指向籃框
3. 到球碰到籃框以前要做投籃跟隨動作
4. 落地位置與起跳點相同

交叉步切入來做跨步穿越斜身傾前投籃

在腰位接到球後，利用內側軸心腳做一個正轉往中間來看見籃框及你的防守者，就三重威脅位置，以投籃為優先，讓身體重心在軸心腳做一個刺探步。做完刺探步後，你可能觀察到防守者的領導腳向前且高舉手的方向與進攻者刺探步的方向是不同邊，所以就用交叉步來越過防守者的領導腳，接著讓重心放在軸心腳，用外側手（遠離防守者的手）推球向外來創造空間遠離防守者。傾前投籃的時機為防守者在你運球切入時過度侵略性的貼近防守你，這時就使用原地運球（圖7.19，頁192）。當你的防守者過度侵略性防守時，解讀防守者手的位置，如果防守者的手是舉高的，用內側腳來跨步穿越防守者的領導腳，讓頭與肩膀穿過防守者的手臂下，將球移離到防守者碰不到的地方，身體傾向籃框，用雙腳起跳來投籃，這個動作就稱為斜身傾前投籃。投籃時要強硬，預期對方可能會犯規，嘗試做一個罰球進算三分打，落地時保持平衡，隨時準備用雙手搶失投的籃板球，當搶到球後，再用強攻籃下來得分。

常見的錯誤
你的投籃被封蓋了。

改善方式
當在跨步穿越時，讓頭與肩膀穿過防守者的手下，接著投籃時要傾向籃框。

圖7.19　交叉步切入來做跨步穿越斜身傾前投籃

解讀防守者
1. 就三重威脅位置，以投籃為優先
2. 朝籃框運球切入
3. 觀察到防守者過度侵略性的將手舉高

跨步穿越
1. 利用內側腳跨步穿越防守者的領導腳
2. 讓頭與肩膀穿過防守者的手臂下
3. 移動球遠離防守者

斜身傾前投籃
1. 傾向籃框方向
2. 用雙腳起跳
3. 斜身傾前投籃
4. 要強硬，預期對方可能會犯規
5. 準備搶籃板球

腰位訓練　腰位動作

　　在這個練習，你要練習八個腰位動作──跳投假動作、後撤步跳投、跨步穿越斜身傾前投籃、運球穿越罰球線圈邊線來做勾射、交叉步切入來做上籃、交叉步切入來做擦板跳投、交叉步切入來做後撤步跳投，以及交叉步切入來做跨步穿越斜身傾前投籃，每個動作在左右側腰位都要練習。拋高球讓球彈在肘區來傳球給自己（如果可以，也可使用反彈網），用一二兩步急停來接球，讓內側腳（靠近籃框的腳）先著地變成軸心腳，著地後用一個正轉到中間，眼睛看籃框，就三重威脅位置，再接一個刺探步。

跳投假動作：在做完刺探步及投籃假動作後，想像你的防守者的手是放下的，所以就將做刺探步的那隻腳拉回就平衡投球站姿做一個跳投，每一邊各做五次。

後撤步跳投：在做完刺探步後，想像防

守者做退後步，所以你就同一時間做後撤步與後退運球接著跳投。切記在膝蓋前接球以及誇張肩膀、頭與投籃手的投籃跟隨動作，都有助於身體的平衡以及抵消任何往後傾倒的力量。每一邊各做五次。

跨步穿越斜身傾前投籃：在做完刺探步後，想像防守者過度侵略性的用單手或雙手來防守你的跳投，所以就用做刺探步的那隻腳來跨步穿越防守者的領導腳，讓你的頭與肩膀越過防守者手臂下，過程中用頭與肩膀來保護球，要將球移離防守者可觸及的地方，身體傾向籃框，用雙腳起跳來做斜身傾前投籃，投籃要強硬，落地要保持平衡，每一邊各做五次。

運球穿越罰球線圈邊線來做勾射：在做完刺探步後，想像防守者的內側手（靠近中間的手）是舉高的，所以你就做一個有侵略性的投籃假動作，然後就用外側手做一球運球穿越罰球線圈邊線往籃框來做勾射，投出的勾射球要高於封阻者手可以觸及的地方，落地時要保持平衡。每一邊各做五次，左邊腰位出發就用右手勾射，右邊腰位出發則用左手勾射。

交叉步切入來做上籃：在做完刺探步後，想像防守者的領導腳與高舉的手的方向跟你做刺探步的腳是不同邊，所以你就用交叉步來穿越防守者的領導腳，用一球運球到籃框來做上籃，上籃時要強硬，到球離手之前都要用雙手來保護球，落地位置與起跳點相同。每一邊各

做五次，左邊腰位出發用左手上籃，右邊腰位出發則用右手上籃。

交叉步切入來做擦板跳投：在做完刺探步後，想像防守者的領導腳與高舉的手的方向跟你做刺探步的腳是不同邊，所以你就用交叉步來穿越防守者的領導腳，然後用外側手運球到與籃板呈45度角位置，如果是切往慣用手邊時，做一個墊步急停到球的後面，將球對準投籃邊膝蓋；但如果是切往非慣用手邊時，球要移動至投籃邊膝蓋的距離就較遠，所以之後要再運第二下球（換手運球）把球帶到投籃邊膝蓋，接續著用投籃手在球上面以及非投籃手在球下面的手勢在投籃邊膝蓋前收球，投籃時瞄準籃板上方形框上角，做一個擦板跳投，落地時要保持平衡，落地的位置與起跳點一樣。每一邊各做五次。

交叉步切入來做後撤步跳投：在做完刺探步後，想像防守者的領導腳與高舉的手的方向跟你做刺探步的腳是不同邊，所以你就用交叉步來穿越防守者的領導腳，用外側手在罰球線圈邊線外做原地運球，肩膀傾向防守者，做一個有侵略性的頭與肩膀的假動作來創造空間遠離防守者，接著做後撤步跳投，投籃時將頭、肩膀、投籃手與手指指向籃框來抵消頭與肩膀往後傾倒的力量，落地時要保持平衡，落地的位置與起跳點一樣，每一邊各做五次。

交叉步切入來做跨步穿越斜身傾前投籃：在做完刺探步後，想像防守者的領導腳與高舉的手的方向跟你做刺探步的

單元七　背框得分的技巧

腳是不同邊，所以你就用交叉步來穿越防守者的領導腳，用外側手在罰球線圈邊線外做原地運球。想像你的防守者過度侵略性的舉高一隻或兩隻手，用你的內側腳跨步穿越想像中防守者的領導腳，過程中讓你的頭與肩膀越過防守者手臂下，移動球到防守者觸及不到的位置，身體傾向籃框，用雙腳起跳投出斜身傾前投籃，投球時要強硬，落地要保持平衡。每一邊各做五次。

成功動作的檢查

- 在傳球、投籃及切入都能造成威脅。
- 每一個腰位動作都使用正確的技巧。
- 使用正確的投籃技巧。

為你的成功打分數

　　每個腰位動作都要在左右邊各做五次，記錄每邊每個動作進球的數量，進一球就獲得1分。

在左邊腰位做跳投假動作的進球數量____（最多5分）

在右邊腰位做跳投假動作的進球數量____（最多5分）

在左邊腰位做後撤步跳投的進球數量____（最多5分）

在右邊腰位做後撤步跳投的進球數量____（最多5分）

在左邊腰位做跨步穿越斜身傾前投籃的進球數量____（最多5分）

在右邊腰位做跨步穿越斜身傾前投籃的進球數量____（最多5分）

在左邊腰位做運球穿越罰球線圈邊線來做勾射的進球數量____（最多5分）

在右邊腰位做運球穿越罰球線圈邊線來做勾射的進球數量____（最多5分）

在左邊腰位做交叉步切入來做上籃的進球數量____（最多5分）

在右邊腰位做交叉步切入來做上籃的進球數量____（最多5分）

在左邊腰位做交叉步切入來做擦板跳投的進球數量____（最多5分）

在右邊腰位做交叉步切入來做擦板跳投的進球數量____（最多5分）

在左邊腰位做交叉步切入來做後撤步跳投的進球數量____（最多5分）

在右邊腰位做交叉步切入來做後撤步跳投的進球數量____（最多5分）

在左邊腰位做交叉步切入來做跨步穿越斜身傾前投籃的進球數量____（最多5分）

在右邊腰位做交叉步切入來做跨步穿越斜身傾前投籃的進球數量____（最多5分）

你的分數：____（最多80分）

腰位訓練　腰位一對一攻防

　　這項具有競爭性的比賽練習不只可以培養解讀對方防守位置的能力，還可以增進一些回應對方防守動作的技巧，例如：做假動作、軸心腳轉身、各種腰

位得分或要犯規動作的能力、防守的技巧、搶籃板球。練習開始前先站在兩邊腰位其中一邊，找一位隊友跟你做一對一攻防，你的目標就是使用腰位動作來得分。防守者剛開始就防守站姿，傳球給進攻者後練習就開始，每次投籃進球就獲得2分，如果你在投籃時被犯規且進球，你就可以罰一球；如果投籃時被犯規但球沒進，你就可以罰兩球；如果你最後一球罰球沒進但你搶到籃板球，你就可以在搶到籃板球的地方繼續進攻。進攻者最多只能運兩球，進攻者可以持續的進攻直到得分、失誤或防守者靠抄截或搶籃板球得到球權為止，防守者獲得到球權後就攻守交換，但要把球先運到罰球線後才又繼續開始，先得到7分的人就獲勝，每次比賽獲勝就得5分。

中點位置動作

　　中點位置（midpoint）就是離底線5呎（1.5公尺）並在籃框與邊線中間位置的區域，中點位置又稱為短底線（short corner）。基本的中點位置動作有跳投假動作、一球直線運球到中點位置來做勾射，以及交叉步一球運球來做反手上籃。

在中點位置找尋空檔來接球

　　在中點位置製造空檔的最好方法就是在罰球線圈邊線方形框上方幫隊友做掩護（圖7.20，頁196）。掩護時你的隊友會繞過你的身體往肘區的方向走，這時你的防守者通常會過去做防守幫忙，這使你有機會快速的往外跳來製造中點位置的空檔，切記當你往外跳時，使用短且快速的步伐，並使用外側手來當作傳球的目標。面向籃框後，讓球迎向你，而不是伸手去接球，接球時要跳到球的後面，用投球位置的姿勢去接球，跳去接球時可用墊步急停來接球，這樣你就有兩隻腳可以來選擇當為軸心腳，切記接球後在做動作之前要先解讀對方的防守位置。

圖7.20　掩護動作後，在中點找尋空檔來接球

做掩護

1. 在罰球線圈邊線方形框上方做掩護
2. 隊友繞過掩護到肘區

防守者做防守的幫忙

1. 隊友的防守者在掩護時被你的身體擋下來
2. 你的防守者在掩護時去幫忙防守你的隊友

跳到中點位置

1. 往外跳到中點位置
2. 使用短且快的步伐來獲得空檔
3. 使用外側手來當作傳球的目標

在中點位置接到球

1. 面對籃框
2. 讓球迎向你，避免伸手去接球
3. 跳到球的後面
4. 用準備投籃的位置來接球
5. 在做動作之前先解讀防守者的防守位置

跳投假動作

這項動作所運用的技巧跟腰位跳投假動作一樣（圖7.12，頁179），只是動作是在中點位置完成。在中點位置接到球後，就三重威脅位置，尤其應以投籃為優先。面向籃框及防守者，如果被貼身的防守且防守者的手是高舉的，你應該讓身體重心在軸心腳來做一個刺探步。接著做一個有侵略性的投籃假動作讓你的防守者腿伸直，這個動作可以幫助你比防守者早跳，讓你的防守者比較不容易封阻到你的投球。投籃假動作後，用投籃手在球後面以及面向籃框的手勢來移動球到投籃位置，做一個跳投，並做投籃跟隨動作直到球碰到籃網為止，落地時要保持平衡，隨時準備搶失投的籃板球。

常見的錯誤

防守者對你的假動作沒有反應。

改善方式

做一個有侵略性的投籃假動作，讓投球假動作看起來像是真的。

一球直線運球到中點位置來做勾射

用墊步急停在中點位置接球，用內側腳（靠近底線的那隻腳）當作軸心腳旋轉來面向籃框，這樣就可以看見籃框及防守者，之後就三重威脅位置，尤其應以投籃為優先。讓身體重心在軸心腳來做一個刺探步，做完刺探步後，你可能會觀察到防守者的前腳向前且手舉高的方向與你的刺探步在同邊（圖7.21，頁198）。如果這真的發生，讓身體重心在軸心腳，用做刺探步的那腳直線跨出來越過防守者的領導腳，用外側手（離防守者較遠的手）向外運一球來製造空間越過防守者，過程中要眼看籃框並注意是否有協防者過來幫忙，用內側手與身體來保護球。下蹲起跳腳的膝蓋，用投籃手在球下面以及非投籃手在球上面稍微偏向後面的手勢在投籃邊膝蓋收球，用起跳腳用力跳來讓球垂直向上升，要避免將球放在側邊，勾射投籃時要強硬，且到球出手之前都要用非投籃手來保護球。落地時保持平衡，隨時準備搶失投的籃板球，搶到球後一直用強攻籃下投籃直到得分為止。

圖7.21　一球直線運球到中點位置來做勾射

a

防守者手高舉的位置與進攻者刺探步是同邊
1. 就三重威脅位置，以投籃為優先
2. 讓身體重心在軸心腳來做一個刺探步
3. 防守者手高舉的方向與進攻者刺探步是同邊

b

往中間一球運球到籃框
1. 直線跨步越過防守者的前腳
2. 製造空間
3. 用內側手來保護球
4. 往中間運球到籃框

c

收球
1. 下蹲起跳腳膝蓋
2. 在投籃邊膝蓋收球
3. 投籃手在球下面；非投籃手在球上面稍微偏後面

d

勾射
1. 將球直接往上升起，避免將球移到側邊
2. 用非投籃手來保護球
3. 勾射投出的球要高於防守者手可以碰到的地方
4. 準備好搶籃板球

籃球

邁向卓越

你的勾射投籃被封蓋了。

改善方式

勾射投出的球要高於封蓋者手部可以碰到的地方。

交叉步一球運球來做反手上籃

用墊步急停在中點位置接球，用內側腳（靠近底線的那隻腳）來當作軸心腳旋轉來面向籃框，這樣就可以看見籃框及防守者，之後就三重威脅位置，尤其應以投籃為優先。讓身體重心在軸心腳來做一個刺探步，做完刺探步後，你可能會觀察到防守者的前腳向前且手舉高的方向與你的刺探步在同不邊（圖7.22，頁200）。如果這真的發生，讓身體重心在軸心腳來做一個交叉步越過防守者的領導腳，用外側手（離防守者較遠的手）向外運一球來製造空間越過防守者，過程中頭要抬起來看籃框，用內側手與身體來保護球，用直線運球來貼近防守者的退後步。

要注意隊友的防守者可能會過來幫忙防守你的反手上籃，如果真的發生，你就可以把球傳給有空檔的隊友；如果沒有發生，就用投籃手在球的下面以及非投籃手在球的後面稍微偏上面的手勢在投籃邊膝蓋前收球，然後用你的起跳腳用力跳來垂直向上抬起球，注意要避免將球移到防守者那邊，且反手上籃時要強硬，到球出手之前都要用雙手來保護球，落地時保持平衡，落地的位置跟起跳點一樣，並隨時準備搶失投的籃板球。

單元七　背框得分的技巧

圖7.22　交叉步一球運球來做反手上籃

防守者高舉手的方向與進攻者刺探步的方向
是不同邊
1. 就三重威脅位置，以投籃為優先
2. 用身體重心在軸心腳做一個刺探步
3. 觀察到防守者高舉手的方向與進攻者刺探
　　步的方向是不同邊

交叉步切入
1. 做一個交叉步來越過防守者的領導腳
2. 製造空間
3. 用內側手保護球
4. 直線運球到籃框

貼近對手
1. 將身體貼近防守者的退後步
2. 在投籃邊的膝蓋收球
3. 投籃手在球的下面；非投籃手在球的後面
　　稍微偏向上面

反身上籃
1. 將球直直往上抬起，避免將球移到側邊
2. 用雙手保護球
3. 準備搶籃板球

籃球

邁向卓越

因為當你做反手上籃時將球移到側邊，所以防守者將球抄截。

改善方式

反手上籃時，要用雙手保護球，並將球垂直向上拉起。

中點位置訓練　中點位置動作

在這個練習，你要練習三個中點位置動作——跳投假動作、一球直線運球到中點位置來做勾射、交叉步一球運球來做反手上籃，每個動作在左右側中點位置都要練習。拋高球讓球彈在中點位置來傳球給自己（如果可以，也可使用反彈網），用墊步急停來接球，接完球後眼睛看籃框，讓內側腳（靠近籃框的腳）變成你的軸心腳，就三重威脅位置，再接一個刺探步。

跳投假動作：在做完刺探步及投籃假動作後，想像你的防守者的手是放下的，所以就將做刺探步的那隻腳拉回就平衡投球站姿做一個跳投，每一邊各做五次。

一球直線運球到中點位置來做勾射：在做完刺探步後，想像你的防守者內側手（靠近中間的手）是舉高的，所以就做一個投籃假動作，接著用外側手做一個直線運球穿越罰球線圈邊線來做勾射投籃，投勾射投籃時球要比防守者的手還要高，落地時要保持平衡。每一邊各做五次，左邊中點位置出發就用右手勾射，右邊中點位置出發則用左手勾射。

交叉步一球運球來做反手上籃：在做完刺探步後，想像防守者的領導腳與高舉的手的方向跟你做刺探步的腳是不同邊，所以你就用交叉步來穿越防守者的領導腳，用一球運球到籃框來做反手上籃，反身上籃時要強硬，到球離手之前都要用雙手來保護球，落地位置與起跳點相同。每一邊各做五次，左邊中點位置出發用左手上籃，右邊中點位置出發則用右手上籃。

成功動作的檢查

- 在傳球、投籃及切入都能造成威脅。
- 每一個中點位置動作都使用正確的技巧。
- 使用正確的投籃技巧。

為你的成功打分數

每個中點位置動作都要在左右邊各做五次，記錄每邊每個動作進球的數量，進一球就獲得1分。

在左邊中點位置做跳投假動作的進球數量＿＿＿（最多5分）

在右邊中點位置做跳投假動作的進球數量＿＿＿（最多5分）

在左邊中點位置做一球直線運球到中點位置來做勾射的進球數量＿＿＿（最多5分）

在右邊中點位置做一球直線運球到中點

位置來做勾射的進球數量＿＿＿（最多5分）

在左邊中點位置做交叉步一球運球來做反手上籃的進球數量＿＿＿（最多5分）

在右邊中點位置做交叉步一球運球來做反手上籃的進球數量＿＿＿（最多5分）

你的分數：＿＿＿（最多30分）

中點位置訓練　中點位置一對一攻防

這項具有競爭性的比賽練習不只可以培養解讀對方防守位置的能力，還可以增進一些回應對方防守動作的技巧，例如：做假動作、軸心腳轉身、各種中點位置得分或要犯規動作的能力、防守的技巧、搶籃板球。練習開始前先站在兩邊中點位置其中一邊，找一位隊友跟你做一對一攻防，你的目標就是使用中點位置動作來得分。防守者剛開始就防守站姿，傳球給進攻者後練習就開始，每次投籃進球就獲得2分，如果你在投籃時被犯規且進球，你就可以罰一球；如果投籃時被犯規但球沒進，你就可以罰兩球；如果你最後一球罰球沒進但你搶到籃板球，你就可以在搶到籃板球的地方繼續進攻。進攻者最多只能運一球，進攻者可以持續的進攻直到得分、失誤或防守者靠抄截或搶籃板球得到球權為止，防守者獲得到球權後就攻守交換，但要把球先運到罰球線後才又繼續開始，先得到7分的人就獲勝，每次比賽獲勝就得5分。

成功動作的檢查

- 解讀防守者的位置，使用最佳中點位置動作來回應。
- 只能運一球。
- 要有侵略性。

為你的成功打分數

這是一個競賽型的練習，先得到7分的球員獲勝，總共打四場比賽，左右兩邊中點位置各打兩場，贏一場就獲得5分。

你的分數：＿＿＿（最高20分）

爲你的成功評價

如果你能在背框的狀況之下得分，這樣就可以強迫隊友的防守者離開其外圍的進攻者來協防你，這意味著外圍的隊友就有空檔了，這個單元我們介紹各式各樣背框的動作，讓你在背框的時候變成有威脅。在下個單元中，我們將討論籃板球，而進入到單元八之前，你應該回頭計算一下你在每次練習所得到的分數，請輸入每項得到的分數，再加總起來，看看一共得了多少分。

低位訓練
    1. 低位動作   80分中得____分
    2. 解讀防守   20分中得____分
    3. 罰球線下半圓一對一攻防   15分中得____分

腰位訓練
    1. 腰位動作   80分中得____分
    2. 腰位一對一攻防   20分中得____分

中點位置訓練
    1. 中點位置動作   30分中得____分
    2. 中點位置一對一攻防   20分中得____分

總分   265分中得____分

如果你得到135分以上的分數，恭喜你！這代表你已精熟本單元所講的基本動作，並準備好往下一個單元「籃板球」出發。如果你的分數是低於135分，你可能要多花點時間再繼續練習單元七所敘述的內容，繼續努力來熟悉所有腳步動作。

單元八　籃板球

在籃球比賽中，掌握籃板球的球隊多能掌握大局，大部分的球權轉換都是經由搶籃板球而取得的，而進攻籃板可增添球隊得分的機會，防守籃板則可限制對手得分的機會。搶得進攻籃板球需要球員有對得分的渴望、努力及預測能力。進攻籃板球可以幫助球隊創造第二次的得分機會，而這類型的籃板球通常也會附加帶來高命中率的內線得分，許多三分打的機會都是這樣來的。除此以外，進攻籃板球能讓進攻球隊有「多一次」的球權，所以可以鼓舞進攻方的士氣；而相反地，防守方積極認真的防守來避免對方得分還是失去了球權，這樣可能就會降低防守方的士氣。這就是為什麼許多教練與球員都篤信防守籃板對於成功是如此的重要，只要掌控了防守籃板，你的對手就喪失了二次進攻的機會，這代表簡單投籃與進算加罰的機會就減少了；而防守籃板不但可以限制對手二次進攻的機會，通常也為球隊創造出快攻的機會。

搶籃板球的要素

籃板球不像大部分的籃球技巧可直接替籃球比賽帶來成功，且有效率的籃板球需要堅韌跟需要技術一樣多，所以要成為一位好的搶籃板球員，不但需要堅韌的情感因素與心理因素，還要有好的技巧與身體條件。

情感因素

渴望：心中渴望搶到籃板球是搶籃板球最重要的因素，心中假設每次投籃都會不進，且要有去搶每一顆籃板球的心態，因為許多的籃板球不是被第一個碰到球的球員獲得，所以二次爭搶是真的有必要的，好的籃板球員與偉大的籃板球員的差距就是偉大的籃板球員會去爭搶更多的二次籃板。

勇氣：搶籃板球時的身體碰觸是需要勇氣的，偉大的籃板球員的身體碰撞次數

Wes Unseld平均一場比賽18.2顆籃板球，讓他在菜鳥球季時就獲得NBA最有價值球員。

對於隊友及對手的投籃方式的敏感度，讓Kevin Love變成頂尖的籃板球員。

是非常多的，所以為了要當一名偉大的籃板球員，你必須要勇於進入籃板球的爭搶，搶籃板球沒有什麼榮耀的負擔，心中只要有勝利。Wes Unseld是一位對手很少想要挑戰的球員，原因不只是他擁有像樹一般巨大的身體，還有他的爭搶籃板的決心，同時Wes Unseld也被認為是一位最好的快攻傳球者之一。

心理因素

預測能力：認識一下籃框、籃板及籃架支撐物對於判斷球彈回的輕重程度有所幫助；另外，瞭解隊友的投籃技巧及對手的投籃方式也都有助於來預測球彈出的位置。你必須觀察每次投籃的角度及距離，多數的投籃會彈向反方向，而三分球反彈的距離通常會彈得比較遠一點。Kevin Love在預測球彈出的方向以及到達籃板球彈出位置的技巧方面表現得非常好，在2010年12月20日《運動畫刊》（*Sport Illustrated*） Lee Jenkins寫的文章中，Love說：「當球在空中時，腦袋就有不同的想法衝擊我，我就是知道球會碰到哪以及球會在哪裡落地，我是在機率之間做賭注，而不是靠猜的，最終的結果多半我是對的。」（p. 63）

知識：藉由跟隊友的練習或比賽，以及靠對手的偵查報告來瞭解他們的身高、力量、彈跳能力、速度、侵略性、阻擋技術及二次衝搶籃板的習慣，或者研究其他偉大的籃板球球員，你將會驚訝自己學到如此多的東西。

籃球

邁向卓越

身體條件

速度：進攻時要動起來，快速的在對手之間移動並且努力的去爭取球權；防守時也要動起來，快速的卡位並且努力的奪回球權。你可以看自己打球的影片，找出自己比賽中多餘的動作，並透過各種練習來讓自己更有效率的爭奪到球權。

跳躍能力：持續的努力來改善自己跳躍的高度、速度及爆發力，快速的二次彈跳對於搶籃板球是項利器，非賽季的增強式訓練是個非常好的增進有力與反覆跳躍能力的方式。

力量：一個周詳的調整式計畫將能改善你整體身體的力量，讓你可以承受在籃底下激烈的身體碰撞，雙腳與臀部必須作為一個穩固的基底，手腕及雙手則應該要像老虎鉗一般緊緊抓穩球。

肌耐力：改善雙腳的肌耐力是非常重要的，你要增進的不只是跳躍的高度，還有跳躍的頻率。Dennis Rodman在籃球生涯中有一項歷史紀錄，他的籃板球率高達23.4%，也就是說在場上他可以從每四顆失投球中搶到一顆球甚至更多，Rodman就像是彈簧一般，他總是不疲倦的連續跳躍直到奪回球權為止。

身高：你無法改變你的身高及手臂的長度，但你可以掌握其餘能夠讓你成為一位成功籃板球員的因素。

儘管在場內外特立獨行的表現，Dennis Rodman是一個非常兇狠的籃板球員。

技巧

視野：透過餘光來看到全場的狀況，其中包含球與你的對手。當你是防守方時，投籃完後，你應該要看著你的對手、卡位，然後衝搶籃板球；但當你是進攻方時，投籃完後，你應該要判斷對手如何卡位，再來使用正確的方法來繞過卡位，最後再去衝搶籃板球。Paul Silas是史上最好的籃板球員之一，在克瑞頓大學三年的球員生涯中*平均*一場比賽可拿下21.6顆籃板球，他在爭搶籃

Paul Silas精通各式各樣爭搶籃板球的基本技巧，上圖他站在恰當的位置，卡住他之前波士頓塞爾提克隊友的位置來爭搶籃板球。

板球方面可以說是兼具了藝術家及技術人員的特質，儘管Silas只有6呎7吋且彈跳能力不出色，但他爭搶籃板球的技巧以及對於角色的貢獻讓他16年的NBA生涯中每三分鐘至少就能拿到一個籃板球。

位置：你必須要預期對手的動作，並且努力的爭搶內側的位置。

平衡：維持平衡的站姿來抵抗任何肢體上的接觸（例如碰撞、推擠），讓身體的重心在前腳掌、雙腳與肩同寬、膝蓋彎曲、背挺直、雙手舉高超過肩膀；另外，在獲得籃板球後，落地時要用平衡站姿。如果是進攻方時，就準備好用強攻籃下投籃或傳球給隊友；但如果是防守方時，就準備好利用軸心腳轉身來做對外傳球以啟動快攻。

雙手舉高：將雙手舉高到額頭上方且雙手距離與球同寬，當搶到籃板球時，用雙手接球，將球移離對手放置在額頭上面，可較侵略性的保護球。

時機：最好的接球時機為在跳躍到最高點時接到球。

跳躍頻率：在籃板球的爭搶當中，跳躍的高度不是重點，跳躍的頻率才是贏得籃板球爭奪的因素。

籃板球訓練　直線籃板球

在籃框側邊並距離籃板8呎（2.4公尺）的位置以平衡站姿就定位，用雙手胸前傳球瞄準籃板上方位置，球彈回時要用雙手接球並平衡落地，把球放在額頭上方並用雙肘外張的方式保護球，切記不要將球放下來，連續做10次。

成功動作的檢查
- 用雙手接籃板球。
- 搶籃板球時要保護球。
- 落地要保持平衡。

為你的成功打分數
8至10次成功的籃板 = 5分

6至7次成功的籃板 = 3分　　　　　3次以下成功的籃板 = 0分

4至5次成功的籃板 = 1分　　　　　你的分數：＿＿＿

籃板球訓練　斜角籃板球

一腳在罰球線圈邊線外方形框上方以平衡站姿就定位，用雙手胸前傳球瞄準另一側籃板角落上方位置，傳球出去要讓球彈到另一側罰球線圈邊線外方形框上方，用雙手接籃板球，落地要保持平衡，並至少讓一腳落在罰球線圈邊線外方形框上方，接下來也是傳到另一側，持續做30秒。

- 搶籃板球時要保護球。
- 落地要保持平衡。

為你的成功打分數

30秒以內10次以上成功的籃板 = 5分

30秒以內8至9次成功的籃板 = 3分

30秒以內6至7次成功的籃板 = 1分

30秒以內5次以下成功的籃板 = 0分

你的分數：＿＿＿

成功動作的檢查

- 用雙手接籃板球。

防守籃板

搶到防守籃板球的關鍵在於先卡到內側的位置然後再衝搶籃板，當你是防守方時，你通常站在內側的位置，內側的位置就在你的對手與籃框之間，這會讓你在爭搶籃板球時占有利的位置。

教練們對於搶奪防守籃板球有兩套策略，最普遍使用的策略為*卡位*（block out，又稱box out），卡位就是藉由將自己的背靠在防守者的胸口來阻擋住防守者取得球的路線，然後再去衝搶籃板。另外一個策略稱為*踏進取球路線再去衝搶*（check-and-go），為John Wooden（加州大學洛杉磯分校的籃球教練，已經獲得10次NCAA總冠軍）所推崇，這個策略就是踏進防守者取得球的路線，然後再去衝搶籃板。當你的速度與跳躍能力遠優於你的對手時很適合這個策略，但對一般人而言，還是比較推薦卡位搶籃板球。

一般在卡位時，球員使用兩種方法來卡位——正轉與反轉，但如果要搶到籃板球，選擇哪一種方法來卡位比較不重要，重要的是要先將自己的背靠在防守者的胸口來阻擋住防守者取得球的路線，然後再去衝搶籃板。

正轉（圖8.1，頁210）最適合用來卡住投球者的位置。手舉高就防守站姿，一旦球投出去了，用後腳當作軸心

腳來做正轉，侵略性的往投籃者的方向前進來卡位。記得兩腳要張開來獲得平衡，且要將你的背靠在防守者的胸口，雙手再舉高，身心都要堅毅不搖來抵抗對手要繞過你卡位的力量。然後再跑向球，用雙手接球，落地時要保持平衡，並將球放在額頭前方來保護球。

　　反轉（圖8.2）則適合用在當你防守沒有球的球員時。當你在防守無球的球員時，用防守站姿來讓你看到球與你的對手，當要防守靠近有球邊的球員時（稱強邊），就要站在二線阻絕位置（單手舉高，單腳站在傳球的路線）；

但是當要防守無球那邊的球員時（稱無球邊或弱邊），則要踩取距離數步遠的防守站姿，這樣就可以讓你看到球與你要防守的球員。而當你在防守無球球員時，在球投出去之後，你要先觀察對手切入的方向，然後再做反轉，利用靠近對手要切入邊的腳當作軸心腳來反轉，卡位之後再來衝搶籃板。

　　記得要有衝搶每顆球的心態，且總是用雙手接球，如果狀況是不能用雙手接球，要用單手讓球保持活球的狀態，直到你或你的隊友搶到球為止。

圖8.1　正轉

正轉
1. 採取防守姿勢並將一手舉高擋在對手傳球路線上
2. 利用後腳當作軸心腳做正轉
3. 侵略性地向對手的方向踏進

卡位
1. 雙腳距離張開
2. 背靠對手胸口
3. 雙手舉高
4. 身心都要堅毅不搖
5. 抵抗對手要繞過你卡位的力量

衝搶籃板球
1. 跑向球並用雙手接球
2. 將球置於額頭前方來保護球
3. 平穩地落地

常見的錯誤

當你專注看球時,你的對手從旁邊切過。

改善方式

先找到你的對手,再取得內側位置,接著卡位或踏進防守者取球的路線,然後再去衝搶籃板球。

圖8.2 反轉

反轉

1. 採取防守姿勢並將一手舉高擋在對手傳球路線上
2. 利用靠近對手要切入邊的腳當作軸心腳來反轉
3. 將另一腳拉回

卡位

1. 雙手舉高
2. 雙腳距離張開
3. 背靠對手胸口

衝搶籃板球

1. 跑向球並用雙手接球
2. 將球置於額頭前方來保護球
3. 平穩地落地

常見的錯誤

當你的對手做假動作時,你失去平衡。

改善方式

雙腳距離要張開,並利用前腳掌來移動。

防守籃板球訓練　卡住投籃者的位置

　　這個訓練需要兩位球員,開始時你擔任防守方而隊友則擔任投籃者,投籃者持球先站在罰球線外,你則採取防守站姿面向投籃者,讓投籃者投球,球投出去後再用正轉來卡住投籃者的位置,如果失投就去搶籃板,同樣地投籃者也要去搶進攻籃板。如果進攻者搶到籃板球,他可以從搶到球的地點再次投籃,

持續進行直到你搶到籃板球為止。一旦你搶到籃板球，休息10秒，進攻方繼續站在罰球線外進攻，總共進行五次，五次之後攻守交換。

成功動作的檢查

- 防守時，用良好的技巧來卡住投籃者的位置。
- 進攻時，使用良好的進攻籃板技巧

來繞過防守者的卡位。

為你的成功打分數

記錄你搶得防守籃板的次數，如果5球就得5分，如果3至4球就得1分，如果少於3球就得0分；在進攻籃板方面，如果你搶得2球以上就得5分。

防守籃板獲得的分數：＿＿＿＿

進攻籃板獲得的分數：＿＿＿＿

防守籃板球訓練　卡住無球的球員

這個訓練需要三位球員，一位防守球員、一位進攻球員、一位投籃者。假設你先當防守球員，你將會跟無球的進攻球員衝搶籃板球，第三位球員的工作只有投籃。投籃者的位置在籃框的一側，且至少要離籃框15呎（4.6公尺），投籃者要故意失投。你的位置則在籃框的另一側，用防守站姿來看到球與你要防守的無球球員。球投出去後，先觀察你的對手切入的方向，然後再做反轉，將離對手要切入邊較遠的那隻腳拉回，卡位之後再來衝搶籃板。進攻球員也要去搶進攻籃板，如果成功搶到籃板，進攻球員可以從搶到球的地方繼續投籃，持續進行直到你搶到籃板為止。一旦你搶到籃板球，休息10秒，10秒

之後將球交還給投籃者，練習就這樣重複的進行，總共進行五次。五次之後，防守者變成無球的進攻者，無球的進攻者變成投籃者，投籃者則變成防守者。

成功動作的檢查

- 防守時，看著你防守的球員與球。
- 使用良好的技巧來卡住進攻球員的位置。

為你的成功打分數

記錄你搶得防守籃板的次數，如果5球就得5分，如果3至4球就得1分，如果少於3球就得0分；在進攻籃板方面，如果你搶得2球以上就得5分。

防守籃板獲得的分數：＿＿＿＿

進攻籃板獲得的分數：＿＿＿＿

進攻籃板球

搶到進攻籃板球的關鍵因素在於移動，你必須要培養去追逐與爭搶每顆籃板球的心態與意志力，並用快且有侵略性的移動來繞開防守者（通常在你與籃

框之間），之後再跳起來用雙手搶籃板球。如果狀況是無法用雙手來接球，用一隻手嘗試來將球點進籃框或是嘗試讓球保持活球的狀態直到你或你的隊友搶到球為止。切記為了避免被卡住位置，要持續的保持移動。如果被卡住位置，要盡最大能力來繞過卡位，別忘了就連最偉大的籃板球員也是會被卡住位置，但是他們總是持續的保持移動來繞過他們的對手。被卡住位置不是錯，但持續的被卡住位置就是不對了。

這邊提供四種方法來繞過卡位，包括直線切入、假動作後切入、轉身，以及後撤步。

直線切入

當你的對手使用正轉來卡位，你就可以使用直線切入（圖8.3）。在卡位還沒穩定之前，快速的直線切入，讓雙手舉高並雙手距離與球同寬，跑向球的方向，用雙手來接球，落地時保持平衡，把球放在額頭前方來保護球。

圖8.3　直線切入

雙手舉高
1. 看著球與你的對手
2. 進攻站姿
3. 雙手舉高

直線切入
1. 對手使用正轉
2. 靠著對手直線切入
3. 雙手舉高，兩手距離與球同寬
4. 衝搶籃板

籃板球
1. 利用雙手接球
2. 在額頭前方來保護球
3. 平穩地落地

常見的錯誤

你無法緊緊接住籃板球。

改善方式

利用雙手接球。

假動作後切入

當你的對手利用反轉來卡住你的位置，你就可以使用假動作後切入（圖8.4）。先往對手反轉腳步的方向做假動作，接著往另一側切入，讓雙手舉高並雙手距離與球同寬，跑向球的方向，用雙手來接球，落地時保持平衡，把球放在額頭前方來保護球。

圖8.4　假動作後切入

假動作
1. 雙手舉高並採進攻站姿
2. 對手使用反轉
3. 往對手反轉腳步的方向做假動作

往另一側切入
1. 往另一側切入
2. 雙手舉高，兩手距離與球同寬
3. 衝搶籃板

籃板球
1. 利用雙手接球
2. 在額頭前方來保護球
3. 平穩地落地

常見的錯誤

你的對手使用反轉成功地把你卡在後面。

改善方式

往對手反轉腳步的方向做假動作，接著往另一側切入。

轉身

　　當你的對手卡住位置且固定住你的身體或手臂，就使用轉身（圖8.5）。將你的前臂靠在對手的背，把你的領導腳當作軸心腳來做反轉，反轉完後，用你的手臂勾住對手的手臂上方來當作槓桿的支撐點，然後切入，讓雙手舉高並雙手距離與球同寬，跑向球的方向，用雙手來接球，落地時保持平衡，把球放在額頭前方來保護球。

圖8.5　轉身

前臂放在對手後背
1. 進攻站姿並把雙手舉高
2. 對手固定住你的身體或手臂
3. 前臂放在對手後背

轉身
1. 以前腳為軸心腳做反轉
2. 用手臂勾住對手手臂上方
3. 衝搶籃板

籃板球
1. 利用雙手接球
2. 在額頭前方來保護球
3. 平穩地落地

　常見的錯誤

你固定住你的對手，但是你的對手將手臂勾住你的手臂上方當作槓桿的支撐點。

改善方式

保持雙手舉高。

後撤步

　　當你的對手用身體往後傾靠著你來卡位，就可以使用後撤步（圖8.6）。其實，只要簡單的往後退一步，你的對手就會失去平衡往後跌倒，這時你就可以切入，讓雙手舉高並雙手距離與球同寬，跑向球的方向，用雙手來接球，落地時保持平衡，把球放在額頭前方來保護球。

圖8.6　後撤步

對手向後靠著你
1. 看著球與你的對手
2. 採取進攻站姿
3. 雙手舉高
4. 對手用身體向後靠著你

後撤步
1. 後撤步
2. 對手向後摔倒
3. 衝搶籃板

籃板球
1. 利用雙手接球
2. 在額頭前方來保護球
3. 平穩地落地

常見的錯誤

搶到籃板球後，球卻被對手奪去。

改善方式

將球遠離你的對手，放在額頭上方來保護，記得雙手肘要往外張。

進攻籃板球訓練　一對二的進攻籃板球與得分

開始時以平衡站姿站在籃板一側，離籃框8呎（2.4公尺），要有兩個球員站在你身體的兩側，用雙手胸前傳球瞄準籃板上方，用雙手來接籃板球，落地時要保持平衡，注意落地之後與其將球移動到額頭下方並讓雙手肘外張，還不如用強硬的雙手強攻籃下投籃得分。另一位球員則要輕碰你的手臂來給你輕微的阻力，在你搶到籃板球接著要嘗試得分時，嘗試要將球拍掉。請連續做10次。

成功動作的檢查

- 專注於搶到籃板並進球。
- 用雙手來接籃板球。

為你的成功打分數

6至10顆成功的籃板球 ＝ 5分

4至5顆成功的籃板球 ＝ 3分

2至3顆成功的籃板球 ＝ 1分

0至1顆成功的籃板球 ＝ 0分

你的分數：＿＿＿

進攻籃板球訓練　點球

以平衡站姿站在籃板一側與前面，只能用一隻手將球投高輕碰籃板上方，之後再開始點球，要注意點球的時機，最好可以在跳躍的最高點時用單手來點球。先用慣用手連續五次的點球，最後再點進籃框，接著之後再用非慣用手做一輪。

然而，為了讓訓練更多樣化以及提高難度，也可嘗試換手點球。動作開始也是同樣地以平衡站姿站在籃板一側與前面，然後用你的非慣用手來將球投高輕碰籃板上方，讓球可以彈到另一側的籃板；接著快速的移動到籃框的另一側，跳起來用慣用手將球再點回另一側；之後再快速的回到原點，跳起來用非慣用手再將球點回去。連續做三次的換手點球，最後一球要點進籃框。

成功動作的檢查

- 慣用手與非慣用手都要練習。
- 在你跳到最高點時來點球。

為你的成功打分數

在這個點球的訓練中，每一隻手要做五組（每一組要連續點5球後最後再得分），每次連續點5顆球後最後還進球就獲得1分。

你的分數：＿＿＿

在這個換手點球的訓練中，嘗試做5組（一組要連續點3球後最後再得分），每次連續點3顆球後最後還進球就獲得1分。

你的分數：＿＿＿

這個訓練需要三位球員，一開始先將球放在罰球線圈或是中圈，就搶籃板的站姿面向球站在圓圈外，進攻球員則以平衡站姿站在你的後面，第三位球員則負責發號命令。當喊「開始」時，進攻球員要使用各種搶進攻籃板的技巧繞過卡位的你來碰到球，而你則要卡住進攻球員，避免他在3秒內碰到球。3秒後發號命令者就喊「停」，之後就休息10秒，10秒後繼續再進行一輪，全部做五輪。五輪完之後位置做交換，防守者變成進攻者，進攻者變成發號命令者，發號命令者變成防守者。

為了增加訓練的多樣化，也可以加入正轉來卡位。開始時防守者以防守站姿面向進攻者（投球者），當喊「開始」時，防守者用正轉來卡住進攻者的位置，進攻者則要用搶進攻籃板的策略繞過卡位的你來碰到球，嘗試要卡住進攻球員3秒。3秒後發號命令者就喊「停」，之後就休息10秒，10秒後繼續再進行一輪，全部做五輪。五輪完之後位置做交換，防守者變成進攻者，進攻者變成發號命令者，發號命令者變成防守者。

成功動作的檢查

- 當防守時，用良好的技巧來卡位。
- 當進攻時，用良好的策略來繞過卡位。
- 要衝搶籃板球。

為你的成功打分數

擔任防守方時，記錄你成功卡住進攻球員的次數，如果在五次內至少成功卡住三次得5分；擔任進攻方時，記錄你成功繞過防守者卡位的次數，如果在五次內至少繞過三次得5分。

擔任防守方獲得的分數＿＿＿

擔任進攻方獲得的分數＿＿＿

為你的成功評價

再怎樣厲害的射手也有不進球的時候，好的搶籃板技巧對於球權的維持（進攻籃板）或球權的取得（防守籃板）是非常重要的。在下個單元中，我們將討論快攻，而進入到單元九之前，你應該回頭計算一下你在每次練習所得到的分數，請輸入每項得到的分數，再加總起來，看看一共得了多少分。

籃板球訓練	
1. 直線籃板球	5分中得＿＿＿分
2. 斜角籃板球	5分中得＿＿＿分
防守籃板球訓練	
1. 卡住投籃者的位置	10分中得＿＿＿分
2. 卡住無球的球員	10分中得＿＿＿分
進攻籃板球訓練	
1. 一對二的進攻籃板球與得分	5分中得＿＿＿分
2. 點球	10分中得＿＿＿分
進攻與防守籃板球訓練	
1. 圓圈中搶籃板球	10分中得＿＿＿分
總分	55分中得＿＿＿分

如果你得到40分以上的分數，恭喜你！這代表你已精熟本單元所講的基本動作，並準備好往下一個單元「快攻」出發。如果你的分數是低於40分，你可能要多花點時間繼續練習本單元所敘述的基本動作。

單元九　快攻

快攻深受球員與球迷的喜愛，快攻的目標就是快速將球推進到前場來進行高命中率的投籃，這些投籃通常在多打少或防守方還未布置好防守位置時執行，快攻可帶來幾點策略上的優勢。快攻創造了簡單的得分機會，一支專打半場五對五進攻的球隊很難擊敗一支一直靠快攻得分的球隊。而快攻最主要的優點就是創造人數上優勢的得分機會，二對一或三對二是最常看到的快攻人數優勢情形，通常這些狀況最終都以最簡易的上籃得分來收場；而四對三的情況通常可帶來內線背框投籃的機會，五對四則需經由導球從強邊轉至弱邊來創造空檔的投籃機會。

快攻的第二個優點就是在對手準備好防守或搶籃板球之前就進行進攻，快攻是一個很適合用來攻破區域防守的打法，因為快攻讓對手來不及站好防守位置；而跟專打半場的球隊比較，打快攻的球隊在攻破緊迫盯人方面更有效率，專打快攻的球隊通常在對方布置好緊迫盯人前就已經將球快速傳至場內，且快攻的球隊通常在移動中傳球來尋球得分的機會，這對於執行緊迫盯人的球隊比較有防守的壓力；另外，快攻也可創造出防守錯位。

另一個快攻的優點就是可以激勵防守與搶籃板的士氣，好的防守與籃板對於快攻是非常重要的，快攻的球隊讓防守方在搶進攻籃板時不敢出動太多人，因為怕沒人可以回防快攻，所以一支專打快攻的球隊通常有很多身體條件好的球員。

除此之外，快攻也需要基本功、團隊合作及明智的判斷力，建議請一個訓練有數的觀察者來協助評估你在不同快攻情況下做出的技巧與選擇，這些觀察者可以是教練、老師或是技巧良好的球員。

三線快攻

最常見的快攻攻擊為穩定的三線快攻，在穩定的快攻中，基礎動作的執行和正確的判斷能力比速度還來得重要。穩定的快攻可分三個階段——啓動快攻、跑位、用正確的選擇來完成快攻得分。

要啓動快攻首先你要先獲得球權，這也是為什麼防守及籃板是如此的重要，侵略性的防守（失投後衝搶籃板球、封蓋投籃、抄截、阻斷傳球、造成對手的違例）可幫助獲得球權；除此之外，在對手場內或罰球得分後，快速的將球傳進場內也可以提供快攻的機會。

接著在獲得球權後，喊一個關鍵字

「球！」要立刻往前場看是否有無人防守的隊友來做快攻上籃的機會，如果沒有無人防守快攻的機會，快速的將球外傳給控球後衛（最好的控球者或進攻發動者），如圖9.1，搶到籃板的人(5)將球外傳給控球後衛(1)，球員(2)與(3)往前衝刺填補外圍跑動路線，球越快外傳出去，傳球越有可能成功。但如果在搶到籃板後內線太擁擠或你被包夾，就用一或二次的強力運球往中間走，然後再看是否可以把球外傳給控球後衛；如果控球後衛沒有空檔，再傳球給在弱側邊的隊友。

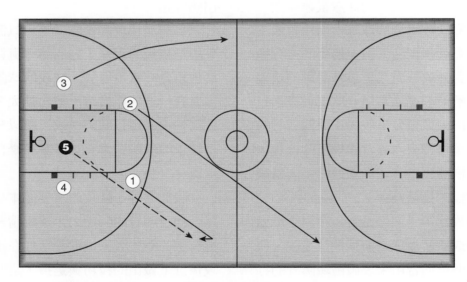

圖9.1　快攻：搶到籃板球的人將球外傳給控球後衛。

常見的錯誤

當控球後衛接到外傳的傳球後，還沒看前場就先運球。

改善方式

用一二兩步急停來接球，接著用軸心腳旋轉至中間來看見對面的籃框，然後用傳球或運球快速的將前推往前場。

控球後衛是三線快攻中線控球的人，接到內線外傳球的位置差不多在罰球線圈上半部靠搶到籃板的那邊，當隊友搶到籃板球時，喊一個關鍵字「外傳！」如果防守者以二線阻絕位置防守，控球後衛可以嘗試往籃框的方向做一個開後門切入，如圖9.2所示，在被二線阻絕位置防守的狀況之下，控球後衛(1)做一個開後門切入。但如果搶到籃板的人在擁擠的區域或被包夾，搶到籃板的人(5)就要往中間做強力運球，然後外傳球給球員(1)或球員(3)；此時

如果控球後衛的傳球路線被阻絕了，隊友（特別是在弱邊翼側的隊友）就應該要快速的往球的方向跑回去接應，這個球員在接到球後，再將球傳給開後門切入或往球方向切入的控球後衛。但是如果搶到籃板的人遇到麻煩無法將球外傳出去，控球後衛就應該要往回跑來接短傳或傳遞的球；此時控球後衛應該要主動要球且迎向球，用一二兩步急停來接球，接到球後用軸心腳轉向中間來找到籃框，再用傳球或運球將球快速的推向前場。

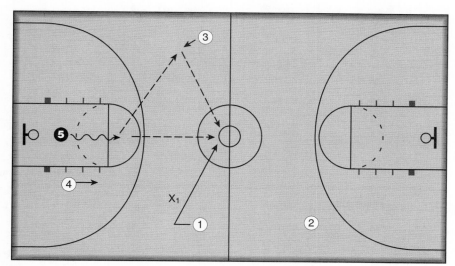

圖9.2 快攻：當傳球路線被阻絕時，控球後衛開後門切入。

常見的錯誤

控球後衛被阻絕接外傳球。

當你被阻絕接外傳球時，往籃框方向開後門切入，喊一個關鍵字來告示隊友開後門切入，例如：喊「眼球！」如果搶籃板者遇到困難，就喊「球！」來要球，跑回球的方向來接短傳或傳遞的球

接到外傳球後，立刻看前場是否有無人防守快攻上籃得分的空檔或二對一的得分機會，如果你是控球後衛且沒有快速傳球至前場的機會，將球推往中線，喊「中線」來告知隊友你的動作；但如果你不是控球後衛且沒有快速傳球至前場的機會，將球傳給在中線的控球後衛。

要執行穩定的三線快攻（圖9.3），需要想像球場被虛擬的三條線區分開，在快攻時，控球後衛(1)在中線運球，喊出「*中線*」來告知隊友，得分後衛(2)則要在翼側填滿其中一條外側的跑動路線，小前鋒(3)也是在翼側填滿另一條外側的跑動路線。

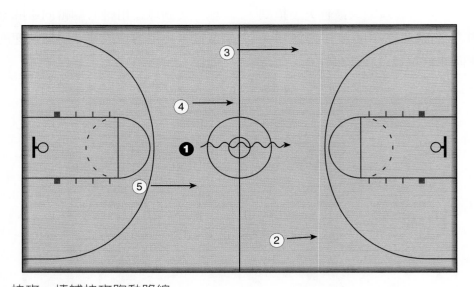

圖9.3 快攻：填補快攻跑動路線。

常見的錯誤

非運球能力最好的球員在中線運球，導致失誤或失去得分的機會。

改善方式

控球後衛應該主動要球，如果需要，從隊友手中拿回球也是可以的。

籃球

邁向卓越

當兩位球員發現自己在同一條線時，第二個到那條線的球員必須切到另一條線。所有的球員們必須主動喊出他們的位置，在右線的球員喊「右邊」，在左線的球員則喊「左邊」，翼側兩條線距離必須要寬，差不多距離邊線5呎（1.5公尺），且要跑到球的前面；其

他球員（通常為大前鋒(4)與中鋒(5)）則為拖車，第一個拖車（通常為最好的背框進攻球員）會在中線球員的左側後方幾步遠的位置喊「左拖車」，第二個拖車（通常有優秀的傳球能力且外圍投籃能力也強的大個子球員）則跟在最後方，可充當最後一道防守的保險。

三線快攻訓練　平行線傳球

這個訓練需要三位球員，三位球員平均散開站在底線，中線的球員來啟動球，訓練開始中線球員把球拋高擊中籃板高處，然後一邊用雙手來接籃板球一邊喊「球」；在接籃板時，右翼的球員則跑到罰球線延長端外接外傳球的位置喊「外傳」；接籃板球的球員聽到之後立刻用雙手的過頭傳球外傳給在罰球線延伸端右翼的球員，接著在中線衝刺再喊「中線」來回接右翼球員的胸前傳球；此時左翼的球員衝刺到前場喊「左邊」，中線的球員聽到之後立刻用胸前傳球傳給左翼的球員。持續的在平行線中傳球、衝刺並喊出跑動的路線，直到跑到對面罰球線的延長端時，兩翼側的球員就要用45度角切入到籃框。而中線球員在罰球線上方得分位置接到球時，就要用彈地傳球傳給其中一位翼側

球員來做擦板跳投的投籃，該位翼側球員要在距離籃框15至18呎（4.6到5.5公尺）做擦板跳投，另一位翼側球員則要跟進準備搶籃板以及用強攻籃下投籃得分。得分後，中線球員移到右邊，右邊球員移到左邊，左邊球員則移到中間，每個球員應該都要在兩側完成三次的擦板跳投（每位球員總共要投6球）。

成功動作的檢查

- 喊出口號來跟隊友溝通跑動的路線。
- 保持跑動路線的間距。
- 做正確的傳球。

為你的成功打分數

每邊擦板跳投進球就獲得1分，最多6分，獲得5至6分就代表優秀。

你的分數：＿＿＿

這個訓練也需要三位球員，一開始的站位位置與平行線傳球是一樣的。在用雙手過頭傳球外傳給右側的球員之後，搶籃板的球員衝刺到接球者的方向填補右線喊「右邊」，同時在左線的球員則往中線方向切入喊「中線」，原本右邊的球員則用胸前傳球傳給現在在中線的球員，然後繞過在中線球員的後方跑向左邊填補左線。持續這樣的傳球以及繞過接球者的後方，交叉的填補與喊出跑動的路線，直到到達對面罰球線延長端時，45度角切向籃框。而中線球員在罰球線上方得分位置接到球時，就要用彈地傳球傳給其中一位翼側球員來做擦板跳投的投籃，該位翼側球員要在距離籃框15至18呎（4.6到5.5公尺）做

擦板跳投，另一位翼側球員則要跟進準備搶籃板以及用強攻籃下投籃得分。得分後，中線球員要移到右邊，右邊球員移到左邊，左邊球員則移到中間，每個球員應該都要在兩側完成三次的擦板跳投（每位球員總共要投6球）。

成功動作的檢查

- 喊出口號來跟隊友溝通跑動的路線。
- 保持跑動路線的間距。
- 做正確的傳球。

為你的成功打分數

每邊擦板跳投進球就獲得1分，最多6分，獲得5至6分就代表優秀。

你的分數：＿＿＿

二對一快攻

二對一的快攻是一個快速將球推往前場的進攻方式，且最終應以上籃收場，如果執行得適當的話，二對一的快攻會是一個良好的團隊籃球示範，也是一個非常精彩值得一看的好球。當你獲得球權時，你應該要立刻看前場來解讀進攻的局勢，接著再回應看看是否有二對一快攻得分的機會。當你或隊友判斷出有二對一的快攻機會時，你應該要立即喊出「二對一」來告訴隊友，以快速的來回傳球將球推往前場。

切記要保持傳球路線的寬度約12呎

（3.7公尺）或約罰球線寬度，傳球路線太寬會造成長傳球，長傳球容易被抄截或減低快攻的速度；傳球路線太短則會讓防守者一個人可輕易的防守兩個人。

當你持球到達罰球線圈上方得分的區域時，你應該要決定傳球或自己運球切入，好的決定來自於好的防守解讀。當你的防守者擋住你的切入路線時，傳球給切入籃下有空檔的隊友（圖9.4），如果是傳球給較矮的球員，用內側手做快速的彈地傳球；如果是傳球給較高或彈跳能力較好的球員，用雙手

的高拋傳球。相對於胸前傳球，彈地傳　　球與高拋傳球都比較不容易被抄截。

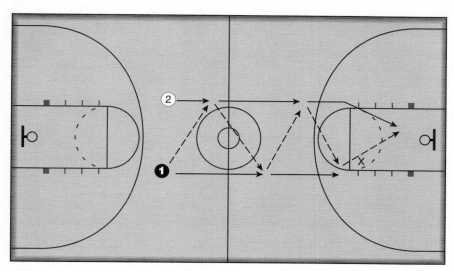

圖9.4　二對一的快攻：球員(1)看到防守者擋在切入的路線，將球傳給切入的球員。

 常見的錯誤

在得分區域時，你切入過了罰球線後才傳球，這造成內線的擁擠，讓一個防守者可同時防守兩位球員，容易被抄截或造成進攻犯規。

改善方式

只有在防守者讓開切往籃下的路線時才運球越過罰球線來得分。

當防守者不在切入的路線時，你應該要切往籃下（圖9.5，頁228）。通常防守者會在罰球線前一步來阻擋球；對於阻擋球員的傳球，封蓋者則會嘗試在投籃者頭的後方來封蓋球；較矮的球員則會嘗試製造進攻犯規或抄截球。所以當你切入籃下時，你應該要回應防守，用強硬的雙手上籃來得分，另一個隊友則要準備來搶失投球籃板，並以強攻籃下的投籃來得分。

切記只有在防守者讓開切往籃下的路線時才會運球越過罰球線來得分，運球越過罰球線後再傳球會造成內線擁擠，造成一位防守者可同時守兩位進攻球員，這樣可能會導致球被抄截或進攻犯規。

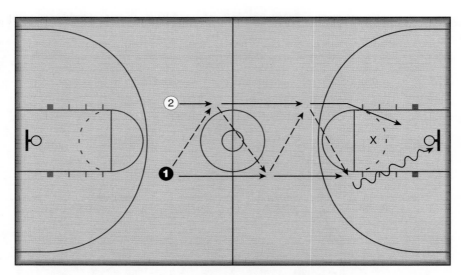

圖9.5　二對一的快攻：球員(1)看到防守者讓開切入的路線，直接切入到籃下。

 常見的錯誤

當你到達得分區域時（約在罰球線圈上方），錯誤的解讀對方的防守，沒有判斷好應該要傳球或切入。

改善方式

當你到達得分區域時，解讀防守，如果防守者擋住切入的路線時，傳球給空切的隊友；如果防守者讓開切入的路線時，直接切往籃框。

二對一快攻訓練　二對一

這項訓練需要三位球員，兩位擔任進攻球員，一位擔任防守球員。兩位進攻球員一開始先站在罰球線圈邊線方形框外面，防守球員則持球站在罰球線下方。防守球員一旦將球傳給其中一位進攻球員後，就立刻衝刺回去對面的罰球線位置，此時兩位進攻球員接到球後要喊「二對一！」雙方距離維持12呎（3.7公尺）約罰球線寬度的距離來做快速的來回傳球。當你到達罰球線圈上半圓時，解讀對方的防守來決定是否要

傳球或切入，如果防守者擋住你切入的路線，傳球給空切往籃框的隊友；如果是傳給較矮的隊友，用內側手做快速的彈地傳球；如果是傳給較高或彈跳能力較好的隊友，用雙手的高拋傳球。但如果防守者讓開切入的路線，你就應該要切入到籃下，用強硬的雙手上籃得分，只要其中一位進攻球員進球就得1分。但如果你是擔任防守球員的角色，要嘗試在罰球線前一步的高位位置攔住球，如果對方是傳球給空切者，要嘗試在投

籃者頭後方封蓋球、製造進攻犯規或抄截球，每次成功的防守住球就獲得1分，先獲得5分的人獲勝。

- 進攻方在前往前場時要保持良好的溝通。
- 防守方應該要嘗試在高位攔阻球。
- 進攻方應該要觀察防守者的動作來

決定要傳球還是切入。

任何一位進攻方的球員進球就得1分，防守方如果成功阻止進攻方得分就得1分，先得5分的隊伍就獲勝，當你的隊伍獲勝時就給自己5分。

你的分數：＿＿＿

三對二快攻

三對二快攻是相當經典的快攻模式，在三對二快攻時，控球後衛應該要控球，並在快攻隊伍進入得分區域時（三分線外一步距離）解讀防守的狀況，以正確的判斷來決定是否要切入籃框還是傳球給翼側。但切記只有在防守方讓出籃下切入路線時控球後衛才應該切入穿越罰球線來得分，不然大部分的處理還是停在罰球線外面比較好，切入會造成內線的擁擠或者造成進攻犯規。

兩位防守者的位置通常前後串聯站，上面的防守者會在罰球線稍微前面的位置與快攻持球者相遇，而兩翼的球員在碰到罰球線延長端時就以45度角直接切入籃框。而當控球後衛遭遇到上方防守球員防守時，控球後衛就應該要傳球給有空檔的翼側球員並往有球邊空切；相同地，該翼側球員應該要以準備投球的姿勢來接傳球並回應對方的防守，如果後面的防守者沒有出來，該翼側的球員就可以準備接球後做擦板跳投、短切入再做擦板跳投或切入上籃。

如圖9.6所示，兩翼球員(2)與(3)在碰到罰球線延長端時就以45度角直接切入籃框，控球後衛(1)以彈地傳球傳給有空檔的翼側球員(2)，然後緊接著往有球邊空切，球員(4)則拖車到弱邊肘區的位置定位，球員(5)則拖車在後當作防守的最後一道牆。

正常的防守調動為後面的防守球員喊「球」來協防接到傳接的翼側球

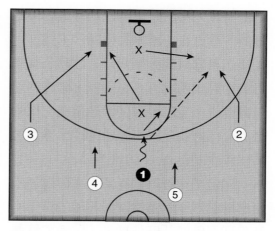

圖9.6 三對二快攻。

員，同時上方的防守球員就喊「協防」來退到後面來協防切入或在投籃時來卡位。當這種狀況發生時，翼側的球員就應該要回傳球給控球後衛，控球後衛就可以選擇投球或傳球給弱邊的翼側來做跳投，切記進攻方爭取的不只是空檔的投籃，還要爭取爭搶進攻籃板有利的位置。

常見的錯誤

兩翼的球員切入到底線角落，以至於要做較困難的底線跳投而不是擦板跳投。

改善方式

兩翼的球員應該以45度角切入籃框，這樣他們就可以準備接球後做擦板跳投、短切入再做擦板跳投或切入上籃。

三對二快攻訓練　三對二

這個訓練需要五位球員，三位進攻、兩位防守，兩位防守球員開始時先站在半場，然後衝回罰球線內得分區域位置以前後串聯站定位，三位進攻球員則平均分散站在底線。中間的進攻球員先拿球，把球拋高擊中籃板高處，然後一邊用雙手來接籃板球一邊喊「球」；在接籃板時，右翼的球員則跑到罰球線延長端外接外傳球的位置喊「外傳」；接籃板球的球員聽到之後立刻用雙手的過頭傳球外傳給在罰球線延伸端右翼的球員，接著在中線衝刺再喊「中線」來回接右翼球員的胸前傳球；此時左翼的球員衝刺到前場喊「左邊」，中線的球員聽到之後立刻用胸前傳球傳給左翼的球員。持續的在平行線中傳球、衝刺並喊出跑動的路線。

兩位防守球員則應該在得分區域前後串聯站好，上方的球員在防守持球的快攻球員時喊「守住球」，下方的球員則喊「我補洞」。當傳球到翼側時，下方的防守球員協防球，上方的球員則退下來防守籃框或卡住弱邊翼側球員的位置準備搶失投的籃板球。

兩邊翼側的球員在碰到罰球線延長端時就以45度角直接切入籃框，在中線的進攻球員用彈地傳球給其中一位翼側球員來做15至18呎（4.6至5.5公尺）的擦板跳投或切入上籃，另一位翼側球員則要跟進來搶失投球籃板並用強攻籃下投籃得分，中線的球員則待在後方，等待球的回傳（萬一翼側球員決定不投球）或維持投籃後的防守平衡。

進攻方每次投進球就得1分，防守方每次成功的防守就得1分，得分後進攻方換位置，中間的球員就換到右邊，右邊的球員移到左邊，左邊的球員則移到中間，換完位置後再攻回去，總共打5分。

- 進攻方在前往前場時要保持良好的溝通。
- 兩翼的球員在碰到罰球線延長端時就以45度角直接切入籃框。
- 進攻球員（特別是中線的球員）應該要解讀防守方的動作。

進攻方進球就得1分，防守方如果成功阻止三位進攻球員得分就得1分，先得5分的隊伍就獲勝，當你的隊伍獲勝時就給自己5分。

你的分數：____

三對二快攻訓練　連續的三對二以及二對一

這項訓練至少需要5個人，最多不能超過15個人。兩位防守球員一開始就以前後串聯位置站在罰球線內得分區域（如圖9.7），三位進攻球員則平均分散站在底線。中間的進攻球員先拿球，把球拋高擊中籃板高處，然後一邊用雙手來接籃板球一邊喊「球」；在接籃板時，右翼的球員則跑到罰球線延長端外外傳接球的位置喊「外傳」；接籃板球的球員聽到之後立刻用雙手的過頭傳球外傳給在罰球線延伸端右翼的球員。在搶完籃板與外傳球後，三位進攻球員移動至得分區域來對抗兩位防守的球員。

當三對二快攻時，進攻方得分就獲得1分，防守方透過抄截或搶得籃板球獲得球權也得1分，得分或球權交換後，原本兩位防守者轉為進攻者來對抗其中一名原本的進攻者，其他兩位原本的進攻者則留著當作下一波三對二快攻

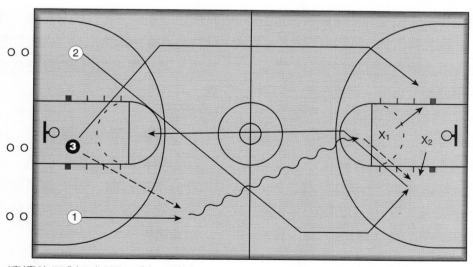

圖9.7　連續的三對二以及二對一訓練。

的防守方。在二對一快攻時，進攻方得分就獲得1分，防守方透過抄截或搶得籃板球獲得球權也得1分，結束之後兩位進攻者與一位防守者可以回頭打三對二快攻，或是用三位新的球員來進行三對二快攻。這個練習就這樣連續的三對二以及二對一，比賽採5分制。

- 進攻方在前往前場時要保持良好的溝通。
- 進攻球員應該要解讀防守者的動作以及做正確的決定。
- 所有球員應該要侵略性的衝搶籃板球。

每次進攻得分時，進攻團隊所有成員得1分；每次防守成功時，防守團隊所有成員得1分。先得到5分的球員贏得比賽，贏得比賽的人得5分，得分板上第二名的人得3分，得分板上第三名的人得1分。

你的分數：＿＿＿＿

三對二快攻訓練　三對二加上防守方的拖車

這個訓練至少需要9位球員，但不要超過15人，將人分成三組（或更多），每組三人。第一組球員先以進攻開始，三位球員先平均的散開在底線（圖9.8），中間的球員持球；第二組球員則在中場外面準備參與防守。第一組中間的球員把球拋高擊中籃板高處，然後用雙手接住籃板球；當籃板球接到時，第二組的兩位防守球員就跑去碰中圈，然後再衝刺到罰球線內得分位置以前後串聯位置就定位。而第一組三位進攻球員則移動到前場得分區域嘗試得分；當其中一名進攻球員越過中場，第二組最後的一位防守球員就跑去碰中圈，之後快速的衝回去當作防守拖車。在第一組得分（算1分）或因為抄截或籃板造成球權交換（算1分）時，第一組離開場內，變成在中場外面準備參與防守的下一組。

第二組球員（原本防守的小組）則在另一邊開始以三線快攻回攻回去；第三組兩位球員跑去碰中圈，然後快速跑回去防守；第三位球員則在其中一位進攻成員越過中場時跑去碰中圈，然後就快速的衝回去當作防守拖車。這個練習就是這樣持續的三對二加上防守方的拖車，第一個小組獲得7分的就贏得比賽。

增加難度

- 當進攻隊得分後，他們可以持續待在半場壓迫新的進攻小組，如果他們成功的抄截、阻礙傳球或造成對手失誤而獲得球權，他們就可以再繼續進攻一次。

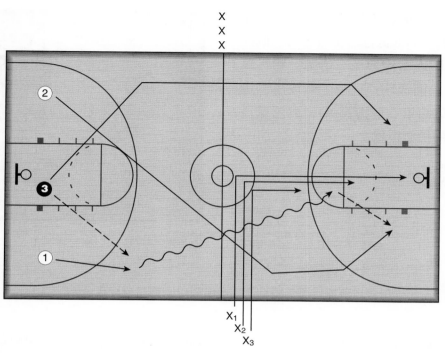

圖9.8　三對二加上防守方的拖車。

成功動作的檢查

- 與隊友有良好的溝通。
- 進攻時，解讀與回應防守者的動作。
- 防守時，要盡力的阻礙傳球與切入。

為你的成功打分數

　　每進一球得1分，這是一個競爭型的訓練，第一個得到7分的隊伍獲勝，如果你的隊伍獲勝就獲得5分。

你的分數：＿＿＿

四對三快攻

　　四對三快攻有搭配到第一個拖車，當防守方已經有三個球員回防，翼側的球員應該要運球到底角，想辦法將球傳給第一個切入到有球邊罰球線圈邊線方形框的拖車；該側翼球員要持續的運球讓球保持活球的狀態，直到將球傳給拖車或是將球回傳給中間的球員。然而第一個拖車其實是要先切往無球邊的軸區，再斜線切入到有球邊罰球線圈邊線方形框的位置來做背框要球，就定位後要把後方的球員封在後面尋求翼側球員的傳球，而翼側球員就用側邊彈地傳球把球從邊線方傳給該拖車球員。

　　如圖9.9（頁234）所示，控球後衛(1)彈地傳球給有空檔的翼側球員(2)，然後接著空切到有球邊的肘區；第一個

拖車(4)做一個斜線空切到有球邊罰球
線圈邊線方形框低位的位置，第二個拖
車(5)則跟進當作最後一道防守牆。翼
側球員(2)則運球到底角，然後用側邊
彈地傳球給第一個拖車(4)；翼側球員
(3)則準備搶籃板球。

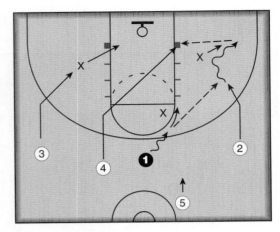

圖9.9　四對三快攻。

常見的錯誤
翼側球員停止運球且無法將球傳給拖車或是回傳給控球後衛。

改善方式
翼側球員應該要持續運球讓球保持活球狀態，直到球傳給拖車或是將球回傳給控
球後衛。

四對三快攻訓練　四對三加上防守方的拖車

　　這個訓練需要12到16人，一組4個
人，約三到四組。第一組先進攻（圖
9.10），第二組防守，這項練習跟三對
二加上防守方的拖車很像，當第一組進
攻方開始往前場移動，第二組3位球員
跑到中圈後快速衝刺回去防守位置。同
樣地，當其中有一位進攻球員越過半
場時，另一位防守球員就跑去中圈快速
衝回去當作拖車。在第一組得分（算1
分）或第二組經由抄截或搶到籃板球獲
得球權之後，第一組就離開場內變成下
一組在半場外等待的組別，這個練習就

這樣持續的四對三加上防守方的拖車，
先獲得7分的就贏得比賽。

成功動作的檢查
- 與隊友有良好的溝通。
- 當進攻時，解讀與回應防守者的動作。
- 當防守時，要盡力的阻礙傳球與切入。

為你的成功打分數
　　每進一球得1分，這是一個競爭型
的訓練，第一個得到7分的隊伍獲勝，
如果你的隊伍獲勝就獲得5分。
你的分數：＿＿＿

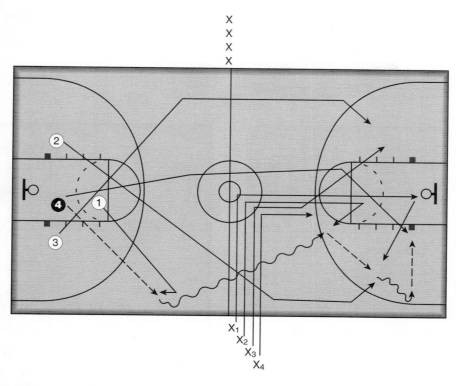

圖9.10　四對三加上防守方的拖車。

快攻導球

　　在快攻導球中，第二個拖車接到傳球，然後再將球從有球邊傳到無球邊。當防守方有四至五位球員回防了且翼側球員無法將球傳給第一個在低位的拖車，這時其他球員就應該要在自己的射程範圍內站定位來將球導至無球邊（圖9.11，頁236）。控球後衛應該要站定位在有球邊的肘區，第二個拖車則站定位在無球邊的肘區，同時無球邊的翼側球員應該要在罰球線延長端位置站好來拉開空間。在接到回傳球時，每一個外圍球員可以做的動作選項順序如下：

將球傳給內線移動穿越罰球線邊線的低位背框球員、將球導至無球邊、外圍投球，在導球的過程中，低位的球員也應該要持續的移動越過罰球線邊線到無球邊方形框。

　　第二個拖車在導球的過程中有一個重要的角色。如果防守方阻絕第一個要給控球後衛的傳球（圖9.12，頁236），這時控球後衛不是空切到無球邊角落就是拉出來到有球邊的邊線。如果這真的發生，第二個拖車就要立刻補到有球邊肘區來接從翼側傳來的球，接

235

到球後，第二個拖車就可以做的動作選項順序如下：傳球到內線、傳球到無球邊翼側、投籃。而當導球至無球邊依舊沒辦法製造內線的空檔或外線的投籃時，進攻方就可以繼續在外圍傳球找尋進攻機會或是將球傳給控球後衛來組織一波進攻。

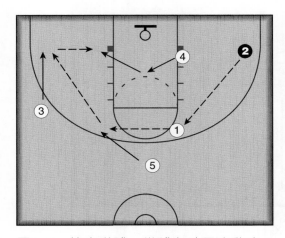

圖9.11　快攻導球：當球在外圍流動時，低位背框球員(4)要持續的在兩邊罰球線圈邊線方形框移動。

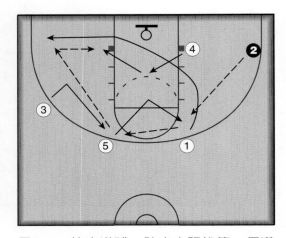

圖9.12　快攻導球：防守方阻絕第一個導球機會，所以控球後衛(1)就空切到無球邊角落或拉回到有球邊邊線，而第二個拖車(5)則快速回補至有球邊肘區。

常見的錯誤

在導球時，外圍球員先看出手機會，而不是先看內線再看無球邊。

改善方式

導球時球員的動作選擇順序為先看是否可將球往內傳，再看是否可將球傳至無球邊持續的導球，最後才選擇出手。

完成快攻的訓練　五對零的快攻選擇

這個訓練需要5到15人，每5人一組，每一組都要用不同的快攻得分選擇到前場得分，選擇有以下幾種：

- 傳球到有球邊翼側球員做擦板跳投。
- 傳球到無球邊翼側球員做擦板跳投。

- 傳球到有球邊翼側球員，該球員再傳給第一位在有球邊罰球線圈邊線方形框位置的拖車來進行低位動作。
- 傳球到有球邊翼側球員，該球員再將球回傳給在有球邊肘區的控球後

籃球

邁向卓越

衛做跳投。

- 傳球到有球邊翼側球員，控球後衛空切到無球邊角落或拉回到有球邊邊線，而有球邊翼側球員則將球傳給第二個快速補位到有球邊肘區的拖車來做跳投。
- 傳球到有球邊翼側球員，控球後衛空切到無球邊角落或拉回到有球邊邊線，而有球邊翼側球員則將球傳給第二個快速補位到有球邊肘區的拖車，該拖車球員再將球傳到內線給第一個拖車球員來做低位動作。
- 傳球到有球邊翼側球員，控球後衛空切到無球邊角落或拉回到有球邊邊線，而有球邊翼側球員則將球傳給第二個快速補位到有球邊肘區的拖車，該拖車球員再把球傳到無球邊的翼側球員，該翼側球員就做跳投或再傳球給從有球邊移動到無球邊罰球線圈邊線框的第一位拖車球員。

訓練一開始，五位進攻球員先以防守位置站在防守端，中鋒或大前鋒將球拋高擊到籃板後再接籃板，接到球後將球外傳給控球後衛，之後就可以開始執行上敘的得分選擇方式，每一種得分方式要做兩次。

成功動作的檢查

- 用正確的技巧來執行每一種得分的方式。
- 在快攻時與隊友溝通。

為你的成功打分數

每一次快攻最多可得2分，正確的執行快攻的得分方式獲得1分，執行正確的快攻得分方式後進球再得1分。如果有超過一組在練習，可將練習調整為競賽方式，第一組先獲得14分的獲勝；但如果只有一組練習，要嘗試在總分14分中得12分。而如果是競賽方式的練習，獲勝的隊伍就得5分；如果是自己一組練習，14分中得12分就獲得5分，10至11分就獲得3分，10分以下就獲得0分。

你的分數：____

完成快攻訓練　五對一阻絕控球後衛

這個訓練需要10位球員，5個人一隊共兩隊，找一個場外的人來防守控球後衛。這項訓練中只有允許控球後衛才可得分，當控球後衛無法在有球邊肘區接到回傳球時，控球後衛就可以練習空手移動（切入到無球邊的角落或拉回到有球邊的邊線）。

每一個進攻隊伍都要做一次快攻導球的選擇，先看第一個從有球邊移動到無球邊罰球線圈邊線方形框的拖車球員是否可接球；接到球後第一個拖車球員往底線做一個正轉，然後嘗試將球傳給控球後衛，此時的控球後衛可以在外圍努力爭取空檔或藉由開後門或正切來

到籃下。如果控球後衛還是無法獲得空檔，第一個拖車再把球傳給其他外圍的球員，練習就持續的進行下去。一旦控球後衛有空檔就嘗試得分，進攻方的控球後衛每進一球就得1分，每次進球後攻守交換，總共打5分。

增加難度

- 把練習改成五對二的快攻練習，共使用兩位防守球員，防守球員可以自由選擇防守場上的任何球員，但只有被防守的球員才可以得分。

- 每一個外圍的球員都先看是否可以

傳球給在內線的第一個拖車球員，該球員接到球後就要嘗試將球傳給開後門或正切的控球後衛。如果控球後衛沒有空檔，第一個拖車球員就將球傳給其他的外圍球員，然後練習繼續進行。

- 進攻球隊一直在外圍導球直到控球後衛找到空檔來接傳球時。

進攻方控球後衛每進一球得1分，先獲得5分的球隊贏得比賽，贏得比賽的球隊就獲得5分。

你的分數：＿＿＿

完成快攻訓練　五人快攻對上全場2-1-2防守

這個訓練讓快攻的隊伍模擬解讀防守，以及回應各式各樣防守的策略。而這個訓練需要10個人，5個人進攻，另5個人防守，當快攻隊伍進行快攻時，防守隊伍可以選擇各式各樣防守的策略來應對。

將球場平均切成三等分：區域一（開始區）、區域二（第二區）、區域三（得分區）（圖9.13），防守的隊伍以2-1-2全場防守，2位在區域一、1位在區域二、2位在區域三。可以請教練、老師或另外的球員故意失投來開始練習，要快攻的隊伍先站定防守位置以卡住那兩位防守球員以及搶籃板，而在區域一的兩位防守者可以去衝搶籃板、包夾搶到籃板的進攻者、抄截籃板球、

退回來阻絕最有可能接到外傳傳球的傳球路線或者阻斷外傳傳球。

一旦快攻隊伍推進到區域二，在區域二的那位防守者可以侵略性的防守外傳傳球接球人的接球路線，該名防守者也可以等到外傳球傳出之後，突然彈到接球人的前方來製造進攻犯規、壓迫運球者來降低快攻的速度，或讓進攻者切過之後再從後方撥掉球。之後，快攻隊伍推進到區域三，在區域的三兩位防守者可以包夾有球的球員、在罰前線內以前後串聯站好防守、壓迫投籃者或去衝搶失投球。

進攻隊伍每次進球得1分，如果防守方犯規，進攻方重新獲得球權，然後可以再進攻一次；如果進攻防球沒投進

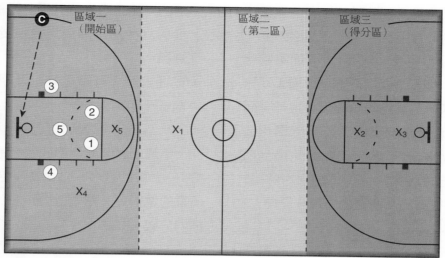

圖9.13　五人快攻對上全場2-1-2防守。

但隊友搶到籃板球，可以持續進攻；而如果防守方成功抄截、搶到籃板球或迫使進攻方違例就得1分，打5分之後，攻守交換。

成功動作的檢查

- 在進攻時，解讀對方的動作，然後用適當的方式來回應。

- 在防守時，使用最好的防守方式，確實與隊友溝通。

為你的成功打分數

這是一個競賽型的練習，每場比賽打5分，嘗試贏多一點比賽，若你的隊伍贏的場數多一點就得5分。

你的分數：＿＿＿

完成快攻訓練　五對五的快攻

在這個訓練中，進攻方要練習快攻，防守方要練習防守快攻，總共需要10位球員分成兩組，每一組5個人，一組擔任進攻，另一組擔任防守。

為了要防守快攻，防守方要讓最靠近搶到籃板的隊友來阻絕傳給進攻方最愛外傳的球員或其他有可能來接外傳球的球員，其他的防守球員則要一邊快速的衝刺回有球邊的得分區域一邊有順序的說出要防守的球員。第一個回防的球員要守最有危險性的進攻方球員，通常為最靠近籃框的人；第二個回防的球員要守第二個最有危險性的進攻方球員，通常為持球者；第三個回防的球員要守第三個最有危險性的進攻方球員，也就是其他球員中投籃最準的球員（另外，你也可以讓你的中鋒去防守對方的中鋒）。一旦有兩位球員回防，讓回防的

後衛來防守有持球的進攻球員，這個球員要對運球者施壓，讓快攻速度變慢。

　　進攻方每進一球得1分，如果防守方犯規，進攻方就可再獲得球權重新再進攻一次；如果進攻球員沒投進球，而其隊友搶到進攻籃板，就可持續再進攻；而如果防守方成功抄截、搶到籃板球或迫使進攻方違例，防守方就得1分，總共打5分，進球後就攻守交換。

成功動作的檢查

- 在防守時，盡可能的壓迫搶到籃板球的球員來阻絕其外傳的路線。
- 要與其他防守球員溝通你要防守的球員。
- 在進攻時，解讀防守以及用最好的方式來回應。

為你的成功打分數

　　這是一個競賽型的練習，每場比賽打5分，嘗試贏多一點比賽，若你的隊伍贏的場數多一點就得5分。

你的分數：＿＿＿＿

爲你的成功評價

　　一個執行好的快攻是全場比賽的重頭戲，如果你與你的隊友可以有效的執行快攻，比賽的士氣就會轉到你們那邊。在下個單元中，我們將討論兩人與三人小組打法，而進入到單元十之前，你應該回頭計算一下你在每次練習所得到的分數，請輸入每項得到的分數，再加總起來，看看一共得了多少分。

三線快攻訓練
　　1. 平行線傳球　　　　　　　　　　　　6分中得＿＿＿＿分
　　2. 八字傳球　　　　　　　　　　　　　6分中得＿＿＿＿分

二對一快攻訓練
　　1. 二對一　　　　　　　　　　　　　　5分中得＿＿＿＿分

三對二快攻訓練
　　1. 三對二　　　　　　　　　　　　　　5分中得＿＿＿＿分
　　2. 連續的三對二以及二對一　　　　　　5分中得＿＿＿＿分
　　3. 三對二加上防守方的拖車　　　　　　5分中得＿＿＿＿分

四對三快攻訓練
　　1. 四對三加上防守方的拖車　　　　　　5分中得＿＿＿＿分

完成快攻的訓練

    1. 五對零的快攻選擇　　　　　　　　　　　5分中得＿＿分

    2. 五對一阻絕控球後衛　　　　　　　　　　5分中得＿＿分

    3. 五人快攻對上全場2-1-2防守　　　　　　5分中得＿＿分

    4. 五對五的快攻　　　　　　　　　　　　　5分中得＿＿分

  總分　　　　　　　　　　　　　　　　　57分中得＿＿分

如果你得到45分以上的分數，恭喜你！這代表你已精熟本單元所講的基本動作，並準備好往下一個單元「兩人與三人小組打法」出發。如果你的分數是低於45分，你可能要多花點時間再繼續練習本單元所敘述的基本動作。

單元十　兩人與三人小組打法

籃球是一個團隊的運動，隊上擁有非常出色的球員不能保證這個團隊就會贏，為了要贏球，你必須要靠團隊的力量，如果要成功，所有的球員就要團結合作，所有隊上的成員都要發揮他們進攻的天分，進攻的目標就是要得分，所以每一次球隊擁有球權，所有的球員都要互相幫忙來創造最好的投籃機會。

成功的進攻奠基在健全的進攻基本動作─腳步、傳球、運球、投籃、有球的進攻動作，你已經在前面的幾個單元學習到這些基本動作，這個單元，我們將會討論無球的移動以及兩人與三人小組的打法，這些都是團隊進攻的基礎要素。

為了要幫助你的團隊創造得分的機會，你必須要做一些無球的移動，畢竟球隊五個人只有一個人可以拿到球，所以80%的時間你都是在做無球的移動。這些無球的移動可以是藉由設立掩護或靠掩護後切入來製造你自己的空檔或隊友的空檔，也可以是讓你的防守者專注在你的無球移動來降低防守方對球的防守。

當你學會無球的移動，你不只可以讓你自己變成一位更好的球員，還可以讓比賽更有趣，學會無球的移動不但可以幫助你的隊友提升他們自我的滿意度，還可以讓你贏得教練、隊友與球迷的賞識。

除此之外，就算你的有球進攻技巧有多高明，你如果無法找到空檔拿到球，這些技巧都用不到的，所以你必須要在可以造成投籃、切入或傳球的三重威脅位置創造出空檔來接到球，或者要做無球的移動來創造你或你的隊友的投籃機會，這些投籃的機會可以是背框、一對一的運球切入或在射程內有節奏的跳投。

當你遠離球時，無球的移動也是非常重要的，當你的防守者在不確定你的位置的狀況之下，該防守者對於有球球員的協防警覺性就不會那麼高。以下是一些明確的無球移動機會：

- 用各種動作讓自己在可以造成投籃、切入或傳球的三重威脅位置創造出空檔來接到球
- 藉由有球或無球的掩護讓隊友獲得空檔或迫使換防來讓你獲得空檔
- 藉由掩護切入來讓自己或隊友獲得空檔或迫使防守方換防來讓掩護者有空檔
- 持續在遠離球的地方移動，讓你的防守者比較困難同時看到你與球或讓你

- 的防守者比較無法去協防有球者
- 當你的球隊失去球權，對於去追球或從進攻方轉為防守方要有警覺性
- 投球後要移動去爭搶進攻籃板的位置或回防

找一個有受過訓練的觀察者（可以是教練、老師或是有技巧的球員），針對你無球移動的能力以及兩人或三人小組打法的能力來評估以及提供正確的回饋。

V字切

當你的防守者有一隻腳與一隻手在傳球的路線來阻絕你接到傳球時，你應該要把你的防守者帶往籃下，然後快速改變方向切到外面去，這個動作叫做V字切（圖10.1），常用來製造空檔，如果對手在你與傳球者之間過度防守傳球路線，你在任何地方都可以使用V字切。

成功的V字切取決於假動作、時機與快速改變切入的方向（從籃框轉向外面）。當你將防守者帶往籃框，在改變方向往外切之前要先做假動作，並要搭配傳球的時機往外切，當你改變方向時，使用變向的兩步移動（two-count move），先用內側腳（靠近籃框的腳）踩出一步，然後再用外側腳踩出第二步，切記不要有交叉步狀況。在第一步時，不要踩出完整的一步，只要四分之三步即可，並彎曲你的內側腳膝蓋

來緩衝動量；接著用內側腳前腳掌推蹬讓身體向外，改變身體的重心，用外側腳向外踏一大步，讓腳趾指向外面，持續地向外移動，跑去迎向傳球。

當你移動到獲得空檔時，要讓你的眼睛看到球、籃框與防守者，如果你沒看到傳球，通常會造成失誤或錯失得分的機會。在V字切之後，舉起你的領導手當作傳球的目標，要比防守者早一點接到球，切記迎向傳球以及用雙手接球。接球時用一二兩步急停，用內側腳先著地（靠近籃框的腳），然後以內側腳當作軸心腳，接著用身體來保護球，並讓自己可以用另一隻腳來執行反轉（後撤步）以應付防守者在你前往接球的路線中過度的防守。接到球後做一個正轉面向中間，找尋籃框讓你自己在投籃、切入或傳球造成三重威脅。

圖 10.1　V字切

往籃框方向切入

1. 用內側腳往籃下踩四分之三步切入
2. 使用假動作與抓緊時機，並運用變向的兩步移動
3. 彎曲內側腳膝蓋

V字形切入

1. 用內側腳前腳掌推蹬讓身體向外移動
2. 改變身體重心，用外側腳踏出第二大步
3. 外側手舉高來當作傳球的目標
4. 持續移動切到外面

接球與正轉

1. 迎向傳球並用雙手接球
2. 使用一二兩步急停，落地時先用內側腳著地
3. 用正轉轉向中間
4. 眼睛要能看到籃框與防守者
5. 就三重威脅站姿

單元十　兩人與三人小組打法

你是用繞圈的方式來改變方向而不是利用直線切入來改變方向。

改善方式

使用變向的兩步移動，先用內側腳踩四分之三步，然後彎曲內側腳膝蓋當作軸心腳把身體往要移動的方向推，改變身體的重心，再以外側腳踏出第二大步。

開後門切

當你的防守者有一隻腳與一隻手在傳球的路線來阻絕你去接外圍的傳球時，你就應該改變方向，從防守者的後方往籃框切入，這個動作叫做開後門切（backdoor cut）（圖10.2），如果對手在你與傳球者之間過度防守傳球路線，你在任何地方都可以使用開後門切。

如果按照過去的經驗每次你在外圍接球都會被阻絕，你就可以使用開後門切，或者當你的防守者把頭轉離開你朝向球，你也可以做這個動作，這些短時間內從視線裡消失讓你的防守者無法看到你做開後門的切入來接球或做上籃。

成功的開後門切來自於與傳球者的溝通與快速的方向改變至籃框，如果沒有溝通好，開後門切還沒做到但球已傳出去，這樣就會造成失誤。使用一些有意義的關鍵字來告訴傳球者你要做開後門切入將有助於減少傳球的猜測，這個關鍵字一說出來，代表一旦你開始做開後門切入將會持續跑到籃框，而簡短兩個音節的字來搭配變向的兩步移動是非

常有效果的。而設立開後門切時要先將你的防守者帶到高位，如果是在翼側，把防守者帶至罰球線延伸端以上至少一步的位置；如果是在頂點（罰球線圈頂點），把防守者帶到罰球線圈以上一步的位置，接著大聲的說出關鍵字來改變方向，也就是先用外側腳往外踏出一步，然後再用內側腳往內走（可以看一下V字切是怎樣做的）。

開後門切看起來相對的簡單，但是需要專注的練習來讓此動作快速且有效率的執行，切記要專注於變向的兩步移動，當從右邊轉到左邊時，你要專注於*右左變向*的兩步移動；而當你從左邊到右邊時，你要專注於*左右變向*的兩步移動。而此動作也與V字切一樣，過程中應該要能看到球、籃框及其他防守者，所以你也必須要警覺是否協防邊的防守者輪轉到你這邊來造成你的進攻犯規。而在接到傳球後，你可以投籃、運球切入到籃框上籃，或當你被其他防守者協防時把球傳給有空檔的隊友。

圖10.2　開後門切

把防守者帶到高位

1. 把防守者帶到高位
2. 注意力集中在變向的兩步移動
3. 大聲說出要做開後門切的關鍵字
4. 用外側腳踩出四分之三步
5. 彎曲外側腳的膝蓋

往籃框切入

1. 用外側腳的前腳掌推蹬身體向內
2. 轉換身體的重心，用內側腳踩出一大步
3. 把內側手舉高當作傳球目標
4. 繼續切入到籃框

接住傳球

1. 用雙手接球
2. 使用雙手上籃
3. 用雙手保護球直到球離手為止
4. 落地時要保持平衡跟進準備搶籃板

常見的錯誤

你沒有足夠的空間來做開後門切獲得空檔。

改善方式

將防守者帶到高位，如果是在翼側，把防守者帶至罰球線延伸端以上至少一步的位置；如果是在頂點（罰球線圈頂點），把防守者帶到罰球線圈以上一步的位置。

單元十　兩人與三人小組打法

開後門切訓練　二對零

這個訓練需要兩位球員。一開始持球背對籃框站在罰球線圈邊線外方形框，用斜線拋球越過罰球線圈邊線到對面的肘區來傳球給自己，用一二兩步急停來接球；接球時先用內側腳著地，再用內側腳轉至中間，眼睛找到籃框，做一個刺探步，讓自己在投籃、傳球或切入都可造成威脅。而在拋球時，另一位隊友就跑到對面罰球線圈邊線方形框，然後改變方向沿著罰球線圈邊線一路往上跑到你對方的肘區。一到肘區，你的隊友要假設防守方在肘區已經阻絕傳球路線（可用椅子來代表防守者），所以就開後門切到籃框，且在開後門之前先喊出暗號；暗號可以為兩個音節的字，例如*眼球*與*洋蔥*，喊出暗號同時搭配變向的兩步移動來改變方向。接著你就用彈地傳球傳給隊友，隊友接到傳球後就上籃，你就跟進搶可能會沒投進的籃板球，接著用強攻籃下投籃。完成後換一個位置繼續執行，每位球員在每一邊應該都要做5次開後門切與上籃。

成功動作的檢查

- 當你接到球時用一二兩步急停，並用內側腳先著地。
- 喊出暗號讓你的隊友知道你要做開後門切。
- 當有球時，要做出三重威脅的姿勢。

為你的成功打分數

每邊練習5次開後門切。

8至10次成功的開後門切與上籃 = 5分
6至7次成功的開後門切與上籃 = 3分
3至5次成功的開後門切與上籃 = 1分
2次或以下成功的開後門切與上籃 = 0分
你的分數：＿＿＿

閃切與開後門切

閃切（flash）就是快速切往球的方向，閃切與開後門切（flash and backdoor cut）（圖10.3）的戰術需要三位球員：傳球者、被過度防守的接球者（其接傳球的路線被阻絕了）、閃切的球員。當防守者阻絕隊友接傳球的路線，而你是最靠近被阻絕接球球員的人，你應該要自動的閃切到傳球者與被過度防守接球者之間的空檔位置。閃切到球的方向可替傳球者創造出另一個傳球的路線，這可減輕你其他兩位隊友的防守壓力；另外，閃切除了可以避免發生潛在性的失誤，如果搭配對的時間點的開後門切（被過度防守的接球者）還可以創造出得分的機會。

當你要閃切時，喊出「*閃切*」來告知你的隊友，閃切的過程中要雙手舉高快速跑來接球，當你接到球後，使用一二兩步急停，讓內側腳（靠近籃框的腳）先著地。接到球後，要找尋被過度

防守的隊友，這位隊友就要做一個開後門切到籃框，而之前這位被過度防守的隊友要先往遠離籃框的方向踏一步，之後再做開後門切；而你則是反轉且用彈地傳球給開後門切入的隊友來做上籃，如果你的隊友在開後門切時被防守住了，你就用正轉就投籃、切入或傳球的三重威脅位置。

每當你看到你的隊友被過度的防守時，你應該要自動閃切。通常，如果你的隊友被防守者阻絕了在外圍接球的路線或在低位被站前防守時，你就要閃切到高位；但是如果你的隊友在高位被阻絕接球時，你就要閃切到低位。

閃切與開後門切的成功取決於隊友之間的溝通與被過度防守接球員開後門切的時間點，所以在接到傳球之後，你要使用關鍵字來告訴傳球者你要閃切，以及警示被過度防守的隊友要做開後門切，警覺性與時間點都是可以讓這個戰術更犀利及更有效率。

 常見的錯誤
開後門切太早了。

改善方式
當球被閃切者接到的同時，被過度防守者先往遠離籃框的方向踩一步，之後再開後門切，這是正確的開後門時間點。

圖10.3 閃切與開後門切

看到隊友被阻絕接球
1. 看著被過度防守的隊友
2. 做傳球的假動作

單元十 兩人與三人小組打法

閃切

1. 大喊「閃切」，然後閃切到球的方向
2. 接到傳球
3. 用一二兩步急停，落地時先用內側腳著地
4. 被過度防守的球員往外圍踩一步

開後門切

1. 被過度防守的球員執行開後門切
2. 閃切者反轉
3. 閃切者用彈地傳球傳給開後門切入者

閃切與開後門切訓練　閃切開後門切（三對零）

　　先持球站在罰球線圈頂端的頂點位置，其他兩位隊友則分別站在罰球線延伸端兩邊的翼側。傳球給其中一位翼側球員之後，先跑去假裝要做掩護再立刻切往籃下，無球邊的翼側球員則移動到頂點替代你，假設想像中的防守者阻絕翼側的球員傳回給在高點的球員，你就大喊「*閃切*」並閃切回有球邊的肘區來接傳球。當你在肘區接到傳球之後，在頂點的球員應該要做一個開後門切到籃框，你則用內側腳做反轉並用彈地傳球傳給開後門切的隊友；而當該隊友接到傳球後，用上籃投球，如果球沒進，自己搶籃板後再用強攻籃下投籃。球進後

換位置然後持續進行，每位球員在每邊每個位置都要完成三次。

- 當你閃切到有球邊的肘區時，你要用聲音告示你的隊友。
- 要用正確的決定來回應隊友與防守者的動作。

每位球員在每邊每個位置都要完成三次，當一個正確的閃切，接著正確的反轉與彈地傳球給開後門切入者，最後上籃進球完成，你就獲得1分。

16至18分 = 5分

14至15分 = 3分

12至13分 = 1分

11分以下 = 0分

你的分數：＿＿＿

傳切

傳切（give-and-go）在籃球場上是最基本的打法，自從有籃球賽的時候，傳切一直都是比賽的一部分。而傳切的名字跟其動作有相關，你傳（give）球給你的隊友，然後切入（go）到籃框，接著準備接回傳球來上籃。傳切是展現團隊籃球的最好例子，藉由傳球然後空切，接到回傳球後創造一個得分的機會，然而就算你空切時沒有空檔，你至少可以替你的隊友創造出一個較好一對一單打機會，因為你的防守者比較沒有機會去協防。

傳完球之後，在切向籃框之前要先解讀防守者的位置，如果防守者跟你移動，繼續貼身防守你，你就只能硬切至籃框；但是如果你的對手往後踏一步，傳完球之後，你就應該切向有球的那邊，但在切入之前要先做一個假動作，就是往遠離球的方向踏一兩步，好像你沒有要參與這次的進攻，當防守者受騙跟著你移動，你就快速的做一個方向的改變然後正切到籃框（圖10.4，頁252）。你也可以往有球的方向踏一兩步來做假動作，好像你要去做掩護或去接手遞手傳球，如果防守者跟著你移動，你就做一個快速的方向改變，開後門切到籃框（圖10.5，頁253）。當你有越來越多的傳切經驗後，你就會學到如何解讀防守者、使用假動作以及在最好的時間點切入。

圖10.4　踏向遠離球的方向後做正切

a

傳球

1. 看著籃框與隊友
2. 傳球給隊友

b

假裝遠離球的方向跑

1. 解讀防守者
2. 假裝往遠離球的方向踩一步

c

正切

1. 改變方向，然後做一個正切往籃框
2. 讓領導手舉高
3. 用雙手接球
4. 用上籃投球

常見的錯誤

你沒有足夠的空間來獲得空檔。

改善方式

當你在頂點時，你至少要在罰球線圈上方一步才開始傳切；而當你在翼側時，你至少要在罰球線延伸端上方一步才開始傳切。

圖10.5　踩向球的方向後做開後門切

a

傳球

1. 看著籃框與隊友
2. 傳球給隊友

假裝往球的方向跑

1. 解讀防守者
2. 假裝往球的方向踩一步

開後門切

1. 改變方向，然後做一個開後門切到籃框
2. 讓領導手舉高
3. 用雙手接球
4. 用上籃投球

 常見的錯誤

在開後門切之後，你停止切入，造成傳球上的失誤。

改善方式

在開後門切時，你必須一路切到籃框，如果你有空檔，傳球者才傳球，這樣就會減少傳球的失誤。

傳切訓練　二對零

找一位隊友當作你的訓練夥伴，　　　一開始持球背對籃框站在罰球線圈邊線

外方形框，你的夥伴則站在對面的罰球線圈邊線外方形框。接著你用斜線拋球越過罰球線圈邊線到對面的肘區來傳球給自己，用一二兩步急停來接球；接球時先用內側腳著地，再用內側腳轉至中間，眼睛找到籃框，做一個刺探步，讓自己在投籃、傳球或切入都可造成威脅。而在拋球時，另一位隊友就跑到對面罰球線圈邊線方形框，然後改變方向沿著罰球線圈邊線一路往上跑到你對方的肘區。而你就用一個胸前傳球給妳的隊友，然後切到籃框（傳切），當你切入時，你的隊友則用一個彈地傳球傳給你，接到傳球後就做一個上籃，此時你的隊友則跟進搶沒投進球的籃板，必要

時可以持續做強攻籃下直到得分為止。完成後換一個位置繼續執行，每位球員在每一邊都應該要5次切入以及上籃（每位球員總共做10次上籃）。

- 使用一二兩步急停，先讓內側腳先著地。
- 當你持球時，維持三重威脅的站姿。

9至10次的上籃進球 = 5分
7至8次的上籃進球 = 3分
5至6次的上籃進球 = 1分
5次以下的上籃進球 = 0分
你的分數：＿＿＿

傳切訓練　傳球與切入（三對零）

　　這個訓練需要三位球員，先持球站在罰球線圈頂端的頂點位置，其他兩位隊友則分別站在罰球線延伸端兩邊的翼側。傳球給其中一位翼側球員，然後往遠離球的方向踩一至二步朝無球邊的翼側走，再做一個大的方向改變切到籃框，當你切到籃框，無球邊的翼側球員則移動到頂位來代替你。而當你切到籃框時，一開始接到傳球的那位翼側球員則做一個彈地傳球假動作，然後接著傳給現在在頂位的那位球員，當球傳給頂位的球員，你就移動到那個有空檔的翼側位置。持續這個練習：頂位的球員傳球給其中一位翼側球員，然後翼側球員

再回傳球到頂點位置給替代切入的那位翼側球員，三位球員最少要傳5次球才可以傳球給那位從頂點位置切入的球員來上籃，持續這樣的練習直到總共傳30顆球與做完6次上籃。

- 精準的傳球和切入。
- 把訓練做得平順及有連續性。
- 嘗試完成連續30次傳球以及6次上籃且沒發生失誤。

30次傳球以及6次上籃進球且沒有失誤 = 5分
25至29次傳球以及5次上籃進球且沒有

單元十　兩人與三人小組打法

失誤＝3分

20至24次傳球以及4次上籃進球且沒有
失誤＝1分

20次以下的傳球以及4次上籃進球且沒
有失誤＝0分

你的分數：＿＿＿＿

遠離球端的設立掩護

設立掩護（screen，又稱pick）是一種利用身體來幫隊友擋住其防守者行進路線的戰術，掩護的設立可以針對有球的或無球的球員。

傳球完幫遠離球的球員掩護是非常基本的籃球團體戰術，這個戰術至少需要三個球員來執行：掩護者、切入者、傳球者，你替隊友設立掩護，該隊友利用掩護來空切獲得空檔接球，接球後投籃或切入，如果你的防守者換防到你切入的隊友，你暫時在有球邊會獲得空檔。而掩護包含四個步驟：設立掩護、解讀掩護、利用掩護、執行掩護。

設立掩護：當設立掩護時，要將你身體的中心對準隊友防守員無法通過的角度上，在設立掩護前，要先往籃框的方向走幾步，這樣會讓你有更好的角度來擋住隊友的防守者。為了要避免非法掩護，你要用與兩腳同寬的墊步急停來建立穩固的位置，隊友防守者將會朝你撞過來，所以你需要用兩腳比肩膀稍寬與雙膝彎曲的站姿來維持平衡，且當你的隊友在利用掩護時，你的身體任何一部分都不被允許移動碰到防守者。切記為了要在掩護中保護自己，設立掩護時一隻手臂要放在胯下前方，另一隻手臂則要放在胸前。

解讀掩護：當你在利用掩護時，你必須要先等到掩護設立完成，這樣才可以避免非法掩護，要有耐心，解讀防守者在掩護中是怎樣反應的，掩護中發生的錯誤大部分來自於沒有解讀防守或掩護還沒完成就急著動了。

利用掩護：在利用掩護之前，要謹慎地朝掩護前進，靠著掩護切入只嫌早不嫌晚，你甚至還可以用走的慢慢帶著你的防守者到一個好的掩護角度來切入。首先，在靠著掩護切入之前，你可以慢慢的移動將防守者帶至另一個方向，當你靠著掩護切入時，你的肩膀要刷過掩護者的肩膀，這樣你的防守者就無法從你與掩護者之間通過。另外，靠掩護切入之後也要往遠離掩護的方向繼續前進，這樣才不會造成一個防守者可以同時守到你跟掩護者的狀況發生；另外如果有換防的狀況發生，你也可以替掩護者創造空間來接傳球。

執行掩護：當你做了一個成功的掩護，會有兩個結果發生，不是你就是有利用掩護的隊友會獲得空檔，如果你的隊友靠著掩護正確的空切，你的防守者大部

分的反應不是協防就是換防，這個動作暫時會讓你在協防的防守者或換防過後新的防守者上創造出內側位置，這樣你就可以利用轉身（roll）來創造出空檔；所謂的轉身就是利用內側腳（靠近籃框的腳）來當作軸心腳旋轉，旋轉過程讓你的身體面向球的方向，然後把你的對手封在身體背後。如果隊友切到外圍去，你就朝向籃框轉身進去就可以獲得空檔來接到傳球做內線的投籃；如果隊友朝籃框空切，你就可以藉由退後來創造空檔來接傳球做外圍的投籃。

你也可以做一個掩護的假動作然後再空切，這個動作又稱為掩護完溜進籃框（slipping the pick）或提早退離掩護（early release），如果你的防守者決定往外踩來協防以減緩隊友靠掩護空切的速度，這個策略就非常的有效。如果當你前往設立掩護時，你的防守者放著

你不管往切入者的方向外踩，此時你就可以往籃框快速的切入來接傳球做內線的投籃；但如果兩位防守者都去守切入者，你就應該要移到空檔的位置，在切入者接到傳球後，他會發現有多一個人防守他，這樣他就可以選擇運球繼續切入或傳球給有空檔的隊友。

你有四個基本的選擇來做掩護後的切入，這都要看對方要怎樣防守：拉到外線（pop-out）、捲曲切（curl）、開後門切（backdoor cut）、假動作（fade）。

拉到外線

當掩護者的防守者往後退一步讓你的防守者可以從掩護下方滑過，切入者應該要拉到外面去接胸前或過頭傳球來做接球後跳投。

圖10.6 拉到外線

a

防守者滑到掩護的下方
1. 掩護者設立掩護
2. 切入者假裝要靠著掩護切入
3. 切入者的防守者從掩護下方滑過

切入者拉到外線
1. 解讀防守
2. 切入者拉到外線
3. 掩護者朝籃框的方線轉進去

切入者接球後投籃
1. 傳球給拉到外線切入者
2. 拉到外線的切入者跳投

常見的錯誤

當你靠著掩護切入時，你無法創造出足夠的空間來獲得空檔，所以你讓掩護者的防守者可以同時守你與掩護者。

改善方式

靠掩護切入後要繼續走離掩護遠一點來製造空間給你或掩護者獲得空檔。

捲曲切

如果你的防守者跟著你的身體後方在掩護上方的位置，你應該要捲曲切（curl）（掩護前方切入，貼著掩護繞過去）朝籃框前進來接到過頭或彈地傳球來做內線的小勾射。當你做捲曲切時，把你的手臂環繞在掩護者的身體當作信號。如果掩護者的防守者協防來阻礙你的切入，掩護者就可以拉到外線來獲得空檔做接球後跳投的動作（圖10.7）。

圖10.7　捲曲切

防守者跟在切入者的身後
1. 掩護者設立掩護
2. 切入者假裝切入
3. 防守者跟在切入者的身後

切入者捲曲切
1. 解讀防守
2. 切入者把手臂環繞在掩護者身上當作此動作的信號
3. 切入者捲曲切朝籃框前進

切入者接球後投籃
1. 掩護者拉到外線
2. 傳球給做捲曲切的切入者
3. 切入者用小勾射投籃

單元十　兩人與三人小組打法

當掩護已經設立好，但你沒解讀防守就先決定切入的方式，例如：當你需要做捲曲切時你卻做拉到外線。

為了讓你的切入成功，你必須要解讀防守以及用正確的策略來回應防守者對掩護的反應，不要提早決定切入的方式或太早切入。如果你的防守者往後退一步，你就應該要拉到外線去；如果你的防守者跟在你的後面，你就應該要捲曲切到籃框；如果你的防守者預測你的切入往外踩，你就應該要用開後門切入；如果你的防守者走在掩護者及掩護者防守者後面的捷徑，你就應該要做退離掩護。

開後門切

如果你的防守者試著預測在你切入之前會從掩護的上方通過，你就應該要用外側腳從掩護的上方踩一步，然後快速的改變方向做開後門切（backdoor cut）（在掩護的後方，然後朝向籃框）來接高拋球或彈地傳球來做上籃。在你做刺探步之前，用兩個音節的關鍵字（例如眼球）來告示隊友你要做開後門切；同一時間，用內側手來告訴傳球者要傳球的方法，如果手指向籃框就是代表要傳彈地傳球，如果指向上面就是代表要傳高拋球。如果掩護者的防守者過去協防開後門切，那掩護者則可以拉到外線來獲得空檔做接球後跳投的動作（如圖10.8）。

圖10.8 開後門切

防守者跨出防守
1. 掩護者設立掩護
2. 切入者的防守者踩到外側來阻絕傳球

籃球

邁向卓越

b

切入者開後門切

1. 解讀防守
2. 切入者喊出關鍵字來做開後門切
3. 切入者在開後門切至籃框之前先往外踩一步
4. 掩護者拉到外線

c

切入者接球後投籃

1. 切入者接到彈地傳球或高拋球
2. 切入者上籃

常見的錯誤

掩護者沒有設立一個穩固的掩護，讓切入者的防守者有辦法一直跟著你。

改善方式

掩護者設立的掩護是一個在只能讓切入者的防守者從掩護下方通過的角度，所以掩護者的雙腳要寬且雙膝要彎曲以保持平衡；除此以外，當切入者的防守者要用力的通過掩護時，掩護者要保護自己，一隻手放在胯下前面，另一隻手則放在胸前。

退離掩護

如果你的防守者預期你的切入而抄一個捷徑從掩護者防守者的後方通過（有球邊），你則應該要退離掩護，在退離掩護之前，你可以藉由將你的雙手放在掩護者的臀部來告知隊友你要這樣做，你也可以說出關鍵字「*撞擊*」來告知你的隊友。退離之後要有準備接越過人的過頭傳球至掩護遠方位置那邊來做接球後跳投，如果掩護者的防守者換防出去壓迫你的投籃，掩護者則拉到外線（圖10.9）。

圖10.9　退離掩護

a

防守者走掩護者及掩護者防守者下方的捷徑
1. 掩護者設立掩護
2. 切入者的防守者走掩護者及掩護者防守者下方的捷徑
3. 解讀防守
4. 把雙手放在掩護者的臀部並喊出「撞擊」來告訴隊友你要做退離掩護

b

切入者退離掩護
1. 切入者退到遠離球的位置
2. 掩護者彈到外線

切入者接球後投籃
1. 傳球給退離掩護的切入者
2. 切入者做跳投

常見的錯誤

當你是切入者的時候，你沒有觀察到防守者走了捷徑，且沒有找到空檔。

改善方式

一定要解讀你的防守者，當你看到你的防守者走掩護下方的捷徑時，立刻遠離掩護。你可以把雙手放在掩護者臀部，以及喊出「撞擊」來告訴隊友你要做遠離掩護了。

當你與你的隊友在練習遠離球的掩護時，你會學會解讀防守，以及用最好的回應方式來創造空檔投球。適當的執行，遠離掩護是一個好的團隊合作示範，藉由設立掩護來讓你的隊友遠離球，你也可以為你的隊友或你來創造機會得分。

掩護訓練　傳球與遠離球端的掩護（三對零）

這個訓練需要三位球員，先持球站在罰球線圈頂端的頂點位置，其他兩位隊友則分別站在罰球線延伸端兩邊的翼側。傳球給其中一位翼側球員，然後在遠離球端（無球邊）的想像中防守者的內側做掩護（可以用椅子來代替防守者），無球邊的翼側球員有四個選擇來運用掩護：捲曲切、開後門切、拉到外線、退離掩護。如果無球邊的翼側球員利用掩護來做捲曲切或開後門切到籃框，你就應該要拉回到有球的這邊；如果無球邊翼側的球員拉到外線有球的那邊來接傳球做外圍的跳投，你應該要轉身至籃框，轉身的過程要用內側腳（靠近籃框的腳）當作軸心腳，讓身體面向球反轉進去籃框，把想像中防守者

封在背後；如果無球邊翼側的球員退離掩護，你就應該要拉到外線或轉身至籃框，這都要看想像中的防守員怎樣來回應掩護。

而接到球的翼側球員可以用彈地傳球給切入籃框的球員、傳球給彈到外線的球員、傳越過人（越過最靠近接球的球員）的傳球給退離掩護的球員或傳球／運球到頂點位置。而切向籃框接到傳球的球員則應該要做上籃投籃，但如果投籃沒進，該位球員應該要自己搶籃板，然後在用強攻籃下投籃得分。而在拉到外線或退離掩護之後，接球者應該要做外圍的投籃或傳球回去頂點位置來重新傳球與掩護。動作結束之後交換位置，然後持續練習，每位球員應該要執行五次掩護與五次反應如何運用掩護。

- 與隊友溝通。
- 用適當的掩護技巧。
- 用正確的決定來回應隊友及想像中防守者的動作。

每次正確的掩護得1分，每次正確的利用掩護得1分。

12至15次正確的掩護與回應 = 5分

9至11次正確的掩護與回應 = 3分

6至9次正確的掩護與回應 = 1分

6次以下次正確的掩護與回應 = 0分

你的分數：＿＿＿

在有球邊設立掩護

自從籃球比賽開始，擋拆這項基本的戰術就是籃球比賽的一部分，擋拆這個名稱跟它的動作有相關，你替持球的隊友設立掩護（pick 或者screen），這個隊友就可以運球越過掩護來做外圍投籃、運球切入，或傳回給你或其他的隊友。有球邊的掩護跟無球邊的掩護一樣都分為四個步驟：設立掩護、解讀掩護、利用掩護、執行掩護。

當掩護設立好了，持球的球員應該至少運兩次球來越過掩護以創造空間來傳球給轉身進籃框的掩護者，當你與你的隊友在執行擋拆越來越有經驗時，你將會學會如果解讀對手對掩護的回應以及使用轉身、拉到外線、退離掩護或持續運球來回應對手並創造空檔投籃，這個戰術也是另一個團隊合作的示範。

擋拆

在基本的擋拆（pick-and-roll）戰術中，掩護是為了持球者所設立的，掩護應該要設立在持球者的防守者內側的地方，持球者應該要等到掩護設立好且解讀對方回應掩護的方式之後才動作。當運球通過掩護時，運球者應該要與掩護者外側的肩膀擦肩而過來避免防守者越過掩護，且之後要持續的運球。如果防守方在掩護時做換防，持球者應該至

少要運兩次球來越過掩護以創造空間來
傳球給轉身進籃框的掩護者；而掩護者
轉身進籃框時要用內側腳（靠近籃框的
腳）當軸心腳反轉，且過程中要面向有

球邊並把防守者封在身體後面，此時運
球者就可以用彈地或高拋球傳給轉身進
籃框的掩護者來得分（圖10.10）。

圖10.10 擋拆

防守者換防
1. 運球者等到掩護設立好
2. 防守者換防
3. 解讀防守

運球者運球越過掩護
1. 運球者運球越過掩護時，肩膀碰掩護者的肩膀
2. 運球者運兩次球來越過掩護

單元十　兩人與三人小組打法

掩護者轉身進籃框
1. 掩護者轉身進籃框
2. 運球者用彈地或高拋傳球給掩護者做上籃

常見的錯誤

你被吹了一個犯規，因為當你的隊友運球越過掩護時，你移動你的身體或身體的
其他部位來擋住防守者移動的路線。

改善方式

在你的隊友運球之前，你應該要用寬的兩腳墊部急停來避免非法掩護，且要把雙
手臂與膝蓋往內縮以抵抗防守者要越過掩護的衝撞。

擋拆訓練　二對零

　　這項訓練需要兩個球員，一開始
持球背對籃框站在罰球線圈邊線外方形
框，接著用斜線拋球越過罰球線圈邊線
到對面的肘區來傳球給自己，用一二兩
步急停來接球；接球時先用內側腳著
地，再用內側腳轉至中間，眼睛找到籃
框，做一個刺探步，讓自己在投籃、傳
球或切入都可造成威脅。

　　你的夥伴則站在對面的罰球線圈
邊線外方形框，在拋球時，隊友就跑到
對面罰球線圈邊線方形框，然後改變方
向沿著罰球線圈邊線一路往上跑到你對

方的肘區；而你就用一個胸前傳球給你
的隊友，然後跑去設立掩護，掩護的位
置在防守接球者想像中防守者的內側；
而你的隊友則利用掩護，用自己的肩膀
刷過掩護者外側的肩膀來避免想像中的
防守者穿越過掩護，並持續運球；接著
你的隊友至少運兩次運球來越過你的掩
護，創造空間傳球給轉身進籃框的你。
切記執行轉身時用要內側腳（靠近籃框
的腳）當軸心腳反轉，過程中要面向球
且將想像中防守者封在身體後面。你的
隊友用彈地或高拋球傳球給切入籃框的

你來完成上籃，你的隊友則跟進來搶可能沒投進的籃板球，並用強攻籃下來得分。每個球員在每邊應該都要完成五次的擋拆及上籃。

成功動作的檢查

- 使用一二兩步急停，先讓內側腳先著地。
- 當你持球時，維持三重威脅的站姿。
- 當利用掩護時，要用自己的肩膀刷過掩護者外側的肩膀來避免想像中

的防守者穿越過掩護。

為你的成功打分數

每位球員在每一邊每個位置都要完成動作，請記錄你成功擋拆及上籃進球的次數。

9至10次的成功擋拆及上籃進球＝5分
7至8次的成功擋拆及上籃進球＝3分
5至6次的成功擋拆及上籃進球＝1分
5次次的成功擋拆及上籃進球＝0分
你的分數：＿＿＿

擋拆訓練　交換防守（二對二）

這個練習需要四位球員（兩位進攻與兩位防守），讓你有機會使用擋拆戰術來對抗交換防守。一開始持球背對籃框站在罰球線圈邊線外方形框，接著用斜線拋球越過罰球線圈邊線到對面的肘區來傳球給自己，用一二兩步急停來接球；接球時先用內側腳著地，再用內側腳轉至中間，眼睛找到籃框，做一個刺探步，讓自己在投籃、傳球或切入都可造成威脅。

你的夥伴則站在對面的罰球線圈邊線外方形框，在拋球時，隊友就跑到對面罰球線圈邊線方形框，然後改變方向沿著罰球線圈邊線一路往上跑到你對方的肘區；而你就用一個胸前傳球給你的隊友，然後跑去設立掩護，掩護的位置在接球者防守者的內側。而當你的隊友運球越過掩護時，防守者應該要換防。當你轉進籃框時，被掩護的防守者也跟

著快速的轉進籃框，此時你就不要轉進籃框，改拉到外線來接傳球跳投。

每次進球獲得2分，如果進攻方被犯規且球進，就有一次罰球的機會；如果進攻方被犯規且球沒進，就獲得兩次罰球的機會；如果進攻方搶到沒進球的籃板，進攻方則可持續的進攻直到得分或防守方靠著抄截或搶籃板來獲得球權為止，進攻方進球後或防守方獲得球權時都要運球回罰球線之後才可以再開始，然後交換位置，直到有一隊得到7分。

成功動作的檢查

- 使用一二兩步急停，先讓內側腳先著地。
- 持續搶進攻籃板直到你得分或防守方拿到球權。
- 確實與隊友溝通。

分的隊伍獲勝，獲勝的隊伍獲得5分。

你的分數：____

擋完人後外拉

擋完人後外拉（pick-and-pop，圖10.11）用在當你的防守者往下退來讓被掩護的防守者可從掩護下方滑過去，這個戰術就不用轉身進籃框，而是拉到外線來接傳球做跳投；另外，當防守者換防，被掩護的防守者換防快速的轉至籃框時，你也可以使用這個戰術。

圖10.11 擋完人後外拉

防守者往下退以及從下方滑過去
1. 運球者等掩護設立好
2. 掩護者的防守者往下退來讓運球者的防守者從掩護的下方滑過去
3. 解讀防守

運球者越過掩護

1. 運球者運球越過掩護時，肩膀與掩護者肩膀擦肩
2. 運球者至少運兩次球來越過掩護

掩護者拉到外線做跳投

1. 掩護者拉到外線
2. 運球者傳球給掩護者來做空檔的跳投

　常見的錯誤

當運球者越過你的掩護時，足夠的空間沒有被製造出來，讓一個防守者同時可防
守運球者跟你。

改善方式

運球者至少要運兩次球來越過掩護，這樣才有足夠的空間來投籃或是傳球回去給
你來做空檔的投籃。

這個訓練需要四位球員（兩位進攻與兩位防守），讓你有機會使用擋完人後外拉的戰術來對抗從掩護下方滑過的防守。一開始持球背對籃框站在罰球線圈邊線外方形框，接著用斜線拋球越過罰球線圈邊線到對面的肘區來傳球給自己，用一二兩步急停來接球；接球時先用內側腳著地，再用內側腳轉至中間，眼睛找到籃框，做一個刺探步，讓自己在投籃、傳球或切入都可造成威脅。

你的隊友則站在對面的罰球線圈邊線外方形框，在拋球時，隊友就跑到對面罰球線圈邊線方形框，然後改變方向沿著罰球線圈邊線一路往上跑到你對方的肘區；而你就用一個胸前傳球給你的隊友，然後跑去設立掩護，掩護的位置在隊友防守者的內側；而你的防守者則往下退來讓被掩護的防守者可從掩護下方滑過來持續跟著運球者，而往下退的防守者則恢復原本的防守位置至設立掩護的你。

當你設立掩護，你的防守者往下退來讓被掩護的防守者可以在掩護的下方

滑過去，你就應該要拉到外線來接傳球做跳投（而不是轉身進籃框）；此時你的隊友可以選擇自己跳投，或當退下的防守者無法及時的恢復到防守的位置，你的隊友就可以傳球給你來做跳投。

每次進球獲得2分，如果進攻方被犯規且球進，就有一次罰球的機會；如果進攻方被犯規且球沒進，就獲得兩次罰球的機會；如果進攻方搶到沒進球的籃板，進攻方則可持續的進攻直到得分或防守方靠著抄截或搶籃板來獲得球權為止，進攻方進球後或防守方獲得球權時都要運球回罰球線之後才可以再開始，然後交換位置，直到有一隊得到7分。

成功動作的檢查

- 設立掩護之後，拉到外線準備接回傳的球。
- 與隊友溝通。

為你的成功打分數

這是一項競賽型的訓練，先得到7分的隊伍獲勝，獲勝的隊伍獲得5分。你的分數：＿＿＿

掩護完溜進籃框

掩護完溜進籃框（slip the pick，又可稱為提早退離掩護）是一種當掩護者的防守者往外踩來回應擋拆戰術，迫使掩護者使用掩護完溜進籃框的打法

（圖10.12）。如果你的防守者在當你設立掩護時離開你往運球者的方向外踩，你就應該要溜進（提早退離掩護）籃框切入來接隊友的傳球。

圖10.12　掩護完溜進籃框

掩護者的防守者往外踩
1. 運球者等掩護設立好
2. 掩護者的防守者往外踩
3. 解讀防守

掩護者掩護完溜進籃框
1. 掩護者掩護完後溜進籃框切入
2. 運球者用過頭高拋球傳給掩護者

常見的錯誤

你沒有解讀防守，在你防守者往外踩之前你就先掩護完溜進籃框，這讓你防守者可以持續的跟著你。

改善方式

解讀你的防守者，在你掩護完溜進籃框之前，你要先等你的防守者往外踩。

掩護完溜進籃框訓練　協防與恢復防守（二對二）

這個訓練需要四位球員（兩位進攻與兩位防守），當一位進攻方球員運球要越過另一位進攻方球員的掩護時，兩位防守球員則要使用協防與恢復防守。一開始持球背對籃框站在罰球線圈邊線外方形框，接著用斜線拋球越過罰球線圈邊線到對面的肘區來傳球給自己，用一二兩步急停來接球；接球時先用內側腳著地，再用內側腳轉至中間，眼睛找到籃框，做一個刺探步，讓自己在投籃、傳球或切入都可造成威脅。

你的隊友則站在對面的罰球線圈邊線外方形框，在拋球時，隊友就跑到對面罰球線圈邊線方形框，然後改變方向沿著罰球線圈邊線一路往上跑到你對方的肘區；而你就用一個胸前傳球給你的隊友，然後跑去設立掩護，掩護的位置在隊友防守者的內側。如果你的防守者決定要在持球者運球之前提早使用外踩，來協防對抗擋拆戰術以減緩持球者的速度，你就應該要從掩護中溜出切到籃框來接隊友的傳球；但如果在防守者

單元十　兩人與三人小組打法

外踩之後，該防守者又恢復到原本的防守位置來防守你，那你的隊友則可以運球切向籃框來做上籃或跳投。

　　每次進球獲得2分，如果進攻方被犯規且球進，就有一次罰球的機會；如果進攻方被犯規且球沒進，就獲得兩次罰球的機會；如果進攻方搶到沒進球的籃板，進攻方則可持續的進攻直到得分或防守方靠著抄截或搶籃板來獲得球權為止，進攻方進球後或防守方獲得球權時都要運球回罰球線之後才可以再開

始，然後交換位置，直到有一隊得到7分。

牽拉防守陷阱

　　當兩位防守者在你設立掩護時以包夾持球球員來回應擋拆戰術，另一種可以幫助你獲得優勢的方法，叫做*牽拉防守陷阱*（stretch the trap，圖10-13）。當包夾發生，持球者應該至少要用兩次

退後運球來牽拉防守與創造空間；接著運球者可以選擇透過運球來撕裂陷阱，或傳球給移動到空檔的掩護者。接到球後你會發現你在進攻方有人數的優勢，所以你就可以藉由運球或傳球給你的隊友來做空檔的投籃。

圖10.13　牽拉防守陷阱

防守者包夾球
1. 運球者等掩護設立好
2. 防守者包夾球
3. 解讀防守

運球者牽拉防守陷阱
1. 運球者至少運兩次退後運球來牽拉防守陷阱
2. 掩護者切往有空檔的地方來要球

運球者傳球給掩護者
1. 運球者使用過頭傳球給掩護者，或使用運球切入到籃框來撕裂防守陷阱
2. 掩護者接到球，然後運球切入到籃框或傳球給有空檔的隊友

常見的錯誤
運球者停球然後被包夾了。

改善方式
運球者應該要運球讓球保持活球的狀況，並至少使用兩次退後運球來牽拉防守陷阱，以創造空檔來傳球給掩護者或用運球切入來撕裂防守陷阱。

牽拉防守陷阱訓練　二對二

　　這個訓練需要四位球員（兩位進攻與兩位防守），兩位防守球員要用包夾來對抗你的掩護。一開始持球背對籃框站在罰球線圈邊線外方形框，接著用斜線拋球越過罰球線圈邊線到對面的肘區來傳球給自己，用一二兩步急停來接球；接球時先用內側腳著地，再用內側腳轉至中間，眼睛找到籃框，做一個刺探步，讓自己在投籃、傳球或切入都可造成威脅。

　　你的隊友則站在對面的罰球線圈邊線外方形框，在拋球時，隊友就跑到對面罰球線圈邊線方形框，然後改變方向沿著罰球線圈邊線一路往上跑到你對方的肘區；而你就用一個胸前傳球給你的隊友，然後跑去設立掩護，掩護的位置

在隊友防守者的內側。如果兩位防守球員在掩護時包夾運球者，你應該要跟著運球者的回應來調整動作，你的隊友至少要運兩次退後運球來牽拉防守陷阱，之後運球者就可以用運球切入來撕裂防守陷阱，或者當你移動到空檔的地方時傳球給你。而當你在接到球之後，你在進攻方就有人數上的優勢，所以你就可以運球切入至籃框。

每次進球獲得2分，如果進攻方被犯規且球進，就有一次罰球的機會；如果進攻方被犯規且球沒進，就獲得兩次罰球的機會；如果進攻方搶到沒進球的籃板，進攻方則可持續的進攻直到得分或防守方靠著抄截或搶籃板來獲得球權為止，進攻方進球後或防守方獲得球權時都要運球回罰球線之後才可以再開始，然後交換位置，直到有一隊得到7分。

運球掩護與迂迴運球掩護

所謂的運球掩護（dribble screen）就是運球至隊友然後一邊幫忙掩護隊友的防守者一邊用手遞手傳球給他。為了要執行這個戰術，你要運球到隊友的內側，而你的隊友則要先做一個往內切的假動作，然後緊接著切到外面去，且在你的後面接到手遞手的傳球。而為了要傳遞球，你要把內側腳（靠近籃框的腳）當作軸心腳，並將你的身體擋在隊友防守者行進的路線，且準備好在傳遞球時身體會有碰撞，所以你要維持一個強硬以及平衡的站姿，並用身體與雙手來保護球。而在接到手遞手傳球後，你的隊友則應該要就投籃、切入或傳球的三重威脅位置；而當你完成手遞手傳球之後，你則應該要解讀防守，並以轉身進籃框、拉到外線或遠離球的移動到有空檔的地方來回應防守。

運球掩護用來執行*迂迴運球掩護*（weave），這是另一個基本的籃球戰術。在迂迴行進時，至少要有三位球員來互相設立運球掩護，例如你以運球掩護並將球手遞手傳給你的隊友來開始迂迴行進，接到手遞手傳球的人有幾個選擇：在掩護的後方投籃、運球切入到籃框，或者持續做運球掩護並將球傳遞給隊友（圖10.14）。迂迴運球掩護會持續的進行直到有人獲得空檔來投籃或運球切入到籃框。

跟著經驗的累積，你與你的隊友就

會學習到如何解讀迂迴運球掩護是被怎樣的防守的，這樣你就可以選擇用手遞手傳球、手遞手傳球假動作或開後門切來回應並創造空檔來投籃，迂迴運球掩護可以創造出各式各樣得分的機會，同樣的也是團隊合作的良好示範。

圖10.14　投籃、切入或繼續迂迴運球掩護

防守者後退一步並從掩護下方通過
1. 運球者藉由運球到隊友內側設立運球掩護來開始進行迂迴運球掩護
2. 接球者切到運球者外圍來接手遞手的傳球之前先做踏一步遠離球
3. 運球者的防守者往下退，然後接球者的防守者從掩護下方滑過去
4. 解讀防守
5. 運球者將球手遞手的傳給接球者

接球者投籃、切入或繼續迂迴運球掩護
1. 運球者切入來遠離球
2. 接球者做跳投、運球切入至籃框或繼續迂迴運球掩護

　常見的錯誤
當你運球至隊友來做運球掩護時，你與隊友互撞。

改善方式
為了要避免互撞，記得運球者要到隊友的內側，而接球者則要從運球者的身後切入到外圍。

防守運球掩護與迂迴運球掩護的一種方法為讓接球者的防守者擋住接球者的行進路線來避免他接到手遞手的傳球（圖10.15）。當你是潛在的接球者，然後你的防守者要擋在你行進的路線，你就應該要往外圍踏一步，然後迅速的做一個開後門切到籃框來接傳球做上籃。

圖 10.15　開後門切入

a

防守者阻絕手遞手的傳球
1. 運球者藉由運球到隊友內側設立運球掩護來開始進行迂迴運球掩護
2. 接球者切到運球者外圍來接手遞手的傳球之前先做踏一步遠離球
3. 接球者的防守者阻絕手遞手的傳球
4. 解讀防守
5. 接球者喊出關鍵字來做開後門切

b

接球者開後門切
1. 接球者開後門切
2. 運球者用過頭傳球傳給接球者來做上籃

常見的錯誤
當運球掩護已經設立好了，你沒有解讀防守，例如：你的防守者擋在手遞手傳球的路線上，然後你沒有去做開後門切。

改善方式

為了讓迂迴運球掩護成功，你必須要解讀防守以及對防守者的反應做回應，學著去解讀運球掩護是怎樣被防守的，並用手遞手傳球、手遞手傳球假動作、開後門切或退後運球以創造空檔來投籃，來回應防守者的動作。

另一種防守運球掩護與迂迴運球掩護的方法就是接球者的防守者跳進接球者的行進路線來交換防守（圖10.16）。跳出交換防守（jump switch）是一種侵略性的提早換防，目的在於製造帶球撞人或改變接球者的行進方向。然而進攻方為了對抗跳出交換防守，在你手遞手傳球之後，你要做一個短距離5至10呎（1.5至3公尺）的切入到空檔的區域，然後尋找快速的回傳球；或當你預期對方會做跳出交換防守時，你也可以做手遞手傳球假動作然後直接運球切入到籃框。

圖10.16 做手遞手傳球假動作後運球切入

防守者跳出交換防守
1. 運球者藉由運球到隊友內側設立運球掩護來開始進行迂迴運球掩護
2. 接球者切到運球者外圍來接手遞手的傳球之前先做踏一步遠離球
3. 接球者的防守者跳出來交換防守
4. 解讀防守

運球者做手遞手傳球假動作後運球切入
1. 運球者一邊運球一邊做手遞手傳球假動作
2. 運球者從防守者中間運球穿越到籃框

常見的錯誤

當你設立運球掩護時，你被撞到失去平衡。

改善方式

要有被撞的心理準備，當你在做手遞手傳球的假動作時，藉由擴大你的下盤及彎曲你的膝蓋來維持平衡。

另一種防守迂迴運球掩護的方法就是讓兩位防守員包夾接到手遞手傳球的球員（圖10.17）。當對手進行包夾時，你的隊友應該要用退後運球來牽拉防守，然後當你用5至10呎（1.5至3公尺）的空切到空檔的區域時，將球傳給你。接到球後，你將會發現進攻方的人數有占優勢，你就可以運球切入或傳球給有空檔的隊友。

圖10.17　牽拉防守陷阱

防守者包夾
1. 運球者藉由運球到隊友內側設立運球掩護來開始進行迂迴運球掩護
2. 接球者切到運球者外圍來接手遞手的傳球之前先做踏一步遠離球
3. 防守者包夾接球者
4. 解讀防守

接球者牽拉防守陷阱

1. 接球者使用退後運球來牽拉防守陷阱
2. 掩護者做短切到有空檔的區域
3. 掩護者要球
4. 接球者用過頭高拋球傳球給掩護者，或靠運球切入來撕裂防守陷阱

常見的錯誤

接球者停球讓自己被包夾。

改善方式

接球者應該要運球讓球保持活球的狀況，並至少使用兩次退後運球來牽拉防守陷阱，以創造空檔來傳球給掩護者或用運球切入來撕裂防守陷阱。

運球掩護與迂迴運球掩護訓練　三對零

這個訓練需要三位球員，先持球站在罰球線圈頂端的頂點位置，其他兩位隊友則分別站在罰球線延伸端兩邊的翼側。以運球靠近其中一位翼側球員來開始迂迴運球掩護，對翼側想像中的防守者進行掩護，運球到該想像中防守者的內側，該翼側球員則切到外圍在你的身後接到手遞手傳球，接到球後該翼側球員要就投籃、切入及傳球的三重威脅站姿。

手遞手傳球之後，想像防守者是怎樣反應掩護的，然後你就可以以轉身進籃框、拉到外線或移到遠離球的空檔區域來回應；而接到手遞手傳球的接球者則可以選擇在掩護後方投籃、運球切入到籃框，或藉由運球到另一位隊友來做運球掩護及手遞手傳球，來繼續迂迴運球掩護。

迂迴運球掩護會一直進行直到隊中的一位球員有空檔可以投籃或運球切入籃框，然而這個三個一組的團隊在傳球給切入籃框的球員做上籃之前至少要做五次的手遞手傳球，這個練習總共要做30次正確的手遞手傳球以及上籃。

- 解讀防守。
- 與隊友溝通。
- 使用正確的方法來做迂迴運球掩護。

為你的成功打分數

25至30個正確且連續的手遞手傳球與上籃 = 5分

20至24個正確且連續的手遞手傳球與上籃 = 3分

15至19個正確且連續的手遞手傳球與上籃 = 1分

15個以下的正確且連續的手遞手傳球與上籃 = 0分

你的分數：＿＿＿

三人小組訓練　半場進攻對抗被動防守（三對三）

這個訓練需要六位球員（三位進攻與三位防守），這些球員要進行三對三的半場比賽，但三位防守者要用被動的防守來讓進攻方練習三對三進攻的策略，所以防守方只要用一半的防守速度即可，這樣可以幫助進攻球員瞭解防守的反應，以及使用正確的進攻策略來回應，進而慢慢的提升信心。進攻方的選擇為傳切、傳球後替無球邊做掩護、傳球後到有球邊來做擋拆戰術、閃切與開後門切或迂迴運球掩護，而防守方的選擇則為換防、從掩護下方滑過、協防與恢復防守或包夾。

練習開始時防守方在半場將球傳給進攻方，進攻方每次得分獲得1分；如果防守方犯規，進攻方就可獲得球權然後重新進攻；如果進攻方球員投球沒進，其隊友搶到進攻籃板，進攻防還可持續的進攻。至於防守方，只要防守方靠著抄截或籃板來獲得球權、迫使進攻方外傳球到罰球線外面或迫使進攻方違例都可獲得1分。先獲得5分的小組獲勝，其中一組獲勝後，攻守交換。

增加難度

- 練習對抗主動積極（全速）的防守。
- 在此練習中不傳球，這可製造更多的機會來練習傳切，特別是練習開後門切與閃切。

成功動作的檢查

- 解讀與回應防守。
- 與隊友溝通。
- 衝搶籃板來讓保持活球狀態。

為你的成功打分數

這是一個競賽型的訓練，先得到5分的隊伍獲勝，獲勝的球隊得5分。

你的分數：＿＿＿

為你的成功評價

有效率的無球移動以及正確的執行兩人與三人小組打法將會使你變成更好的球員並讓球隊變得更好。在下個單元中，我們將討論團隊進攻，而進入到單元十一之前，你應該回頭計算一下你在每次練習所得到的分數，請輸入每項得到的分數，再加總起來，看看一共得了多少分。

開後門切訓練

    1. 二對零　　　　　　　　　　　　　　　　5分中得____分

閃切與開後門切訓練

    1. 閃切開後門切（三對零）　　　　　　　　5分中得____分

傳切訓練

    1. 二對零　　　　　　　　　　　　　　　　5分中得____分

    2. 傳球與切入（三對零）　　　　　　　　　5分中得____分

掩護訓練

    1. 傳球與遠離球端的掩護（三對零）　　　　5分中得____分

擋拆訓練

    1. 二對零　　　　　　　　　　　　　　　　5分中得____分

    2. 交換防守（二對二）　　　　　　　　　　5分中得____分

擋完人後外拉訓練

    1. 往下退與掩護下方滑過的防守（二對二）　5分中得____分

掩護完溜進籃框訓練

    1. 協防與恢復防守（二對二）　　　　　　　5分中得____分

牽拉防守陷阱訓練

    1. 二對二　　　　　　　　　　　　　　　　5分中得____分

運球掩護與迂迴運球掩護訓練

    1. 三對零　　　　　　　　　　　　　　　　5分中得____分

三人小組訓練

    1. 半場進攻對抗被動防守（三對三）　　　　5分中得____分

總分　　　　　　　　　　　　　　　　　　　60分中得____分

如果你得到30分以上的分數，恭喜你！這代表你已精熟本單元所講的基本動作，並準備好往下一個單元「團隊進攻」出發。如果你的分數是低於30分，你可能要多花點時間繼續練習這個單元敘述的基本動作來培養你的技巧與增加你的分數。

單元十一　團隊進攻

籃球是一項團隊運動，隊上的五個人無私的做有球的移動、無球的移動，以及做快速又聰明的決定，特別是在投籃的選擇方面。團隊的進攻依賴健全的執行進攻基本動作，這些基本動作涵蓋投籃、傳球、運球、有球的移動及無球的移動，而籃球包括許多位置，每一個位置的球員都有不同的責任，而每一個位置的球員要專精的籃球基本動作也都不一樣，這些位置通常被分為控球後衛（進攻發動者）、第二個後衛（得分後衛）、小前鋒（在兩個前鋒中，有較好的投籃與控球能力的那位）、大前鋒（在兩個前鋒中，有較好的內線得分與搶籃板能力的那位）以及中鋒（隊裡最好的內線得分者與搶籃板者），所以你應該要專精你那個位置需要的籃球基本動作。

在現今的籃球比賽中，越來越重視拉開防守的進攻，國際賽中強調用運球切入來吸引防守然後再傳球出去給外圍的球員做空檔的三分球投籃已經變成趨勢，NBA的規則中不允許防守方在進攻方投球出手的時候點手，這也對這項趨勢的發展有所貢獻，擋拆（pick-and-roll）以及擋完人後外拉（pick-and-pop）已經變成很普遍的方法來創造運球切入的機會，以及吸引防守再傳球給空檔射手的機會。

多功能性已經變得越來越重要了，當面對籃框時，高的球員不能只會打籃下，他們還被要求做得更多；同樣地，外圍的球員現在也被要求要會在內線得分與傳球。當你是一位成熟的球員時，你應該要嘗試變成更全面的球員，一旦你已經專精你自己位置需求的籃球技巧，你就可以開始增進你其他的籃球技巧，讓你也可以打其他的位置，專精越多的技巧可以讓你在場上打多一點的位置，而全面球員的特色就是他的多功能性。

動態進攻

動態進攻（或傳球的比賽）是籃球場上最熱門的人盯人進攻戰術，在動態進攻中，球員們是依循著一些原則，而不是依循著一套嚴謹的特定分配責任，每個球員都應該學會去執行動態進攻，因為動態進攻可學到團體打法且是一種許多球隊都使用的進攻戰術。

動態進攻可以從各式各樣不同的進攻隊形或站位開始，其中包括3-2站位、2-3站位、1-3-1站位、2-1-2站位及1-4站位，而3-2開放站位（又稱為分布隊形）是常用來學習團隊進攻的最基本隊形。這個隊形有三個外圍球員與兩個底線球員：頂點位置（在圖11.1的球員(1)）位於罰球線圈頂點的上方；翼側

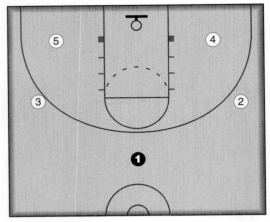

圖11.1　3-2的開放站位或分布隊形。

的位置（球員(2)與(3)）在想像中罰球線延伸端的兩側；底線位置（球員(4)與(5)）位於中點位置，也就是介於三分線角落與籃框中間位置。

常見的錯誤
隊上的球員傾向在靠近球的位置擠在一起或太靠近籃框。

改善方式

在分布隊形方面要維持空間與平衡，每位球員間隔5到20呎（4.6到6.1公尺），要讓中間的位置空出來，當你空切到籃框且沒接到傳球時，繼續移動至較少球員的那邊來填補位置。

3-2開放站位鼓勵球員要多功能性，而不是強迫球員擔任設定的中鋒、大前鋒、小前鋒、得分後衛或控球後衛角色，這個站位讓每位球員都有機會來控球、切入、掩護與跑到內外線。3-2開放站位提供基本的結構與空間，來讓球員可以執行基本的兩人與三人小組的打法以及五人的打法（例如五人的迂迴

運球掩護或五人的傳切進攻）。

當執行動態進攻，要記得下面這些好的團隊合作原則：

- **講話**：溝通對於團隊進攻每個環節都是重要的，動態進攻不是固定戰術的進攻，球員們沒有被分配特定的責任，因此當執行動態進攻時，球員們之間持續的溝通變成特別的重要。

你與你的隊友對於彼此要做什麼都搞不清楚。

改善方式

講話！動態進攻不是固定戰術的進攻（其中每位球員都有一項或一組特定的責任），溝通在動態進攻中特別的重要，所以要運用被賦予意義的關鍵字來代表動態進攻中的基本動作。

- **眼觀籃框**：眼睛看著籃框，你就可以看到全場的狀況。當你持球，讓籃框在你的視線內，並注意隊友是否有空切到籃框、背框要位與靠著掩護切入；當你沒有持球，你則應該要讓籃框與有球的隊友在視線內。

- **維持場上的空間與平衡**：剛開始的分布隊形每位球員間隔15至20呎（4.6到6.1公尺），頂點位置的球員要儘量站高一點，翼側的球員要站寬一點，底線位置的球員則站在中點位置（籃框與三分線角落之間）。

- **當被過度防守望時使用開後門切**：當防守球員過度阻絕你接傳球的路線，你應該要做一個開後門切，且一路切到籃框，如果開後門切被頻繁的使用，這時的動態進攻就是一個破解壓迫防守的好進攻策略。

- **閃切至傳球者與被過度防守的接球者之間**：當一位防守者阻絕你的隊友接傳球的路線，你是離接球者最近的那位球員，你就應該要自動閃切到傳球者與被過度防守的接球者之間。往球的方向閃切可幫助減緩隊友被防守的壓力，因為這個動作讓傳球者有多一個傳球的路徑，而且閃切不但可以避免潛在失誤，如果被過度防守的接切者做一個時間點抓得好的開後門切，閃切還可以創造出得分的機會。

- **把中間空下來**：當你切到籃框但沒有接到傳球，你應該要繼續穿越，跑到人比較少的那邊來填補空檔的位置，這樣才可以把中間空下來，並維持場上的平衡，另外也不要在同一個位置待太久。

- **快速移動到空缺的位置**：當你的位置是在切入者位置的旁邊，你應該要快速移動到空缺的位置，尤其是當球員從罰球線圈頂點位置或三分線頂點位置切入籃框時，這點特別的重要。切往三分線上方的位置去填補該頂點的位置可以創造一個較好的角度去接從翼側傳過來的傳球，且也創造一個更好的角度再把球轉到無球邊，這個動作將可以迫使防守者在場上防守的範圍要更廣，藉此提供更多空間來空切、運球切入及背框卡位。

單元十一　團隊進攻

- **知道在翼側位置的選擇**：當你在翼側或切到翼側，你的選擇不是在你的投籃範圍內接球後投籃就是持續的往外切入拉開距離。當你在超過射程的翼側位置接到傳球，你就可以傳球給切至內線或背框卡位的隊友，記得在翼側接到球後穩住一至二秒，讓切到內線或背框卡位的隊友有時間爭取出空檔；但是如果你無法傳球給切到內線或背框卡位有空檔的球員，你就可以運球切入來吸引防守然後再傳球出去，或嘗試運球到頂點位置來平衡場上位置。而只有在隊友有空檔來做接球後投籃或可以用簡單的傳球給切入內線或背框卡位的球員時，你才會把球傳給在底線的球員，就算是你要將球流動得快一點，球就只有在兩邊翼側及頂點之間流動，不要將球傳到底線。

- **知道在頂點位置的選擇**：當你在頂點位置時，你的選擇順序如下：將球快速的傳導至無球邊、傳球給內線背框卡位的球員、運球切入來吸引防守後再傳球出去、假裝傳球至無球邊然後再快速傳回給剛才傳球給你的翼側球員。

- **知道在底線位置的選擇**：當你在底線位置時，隊友對你的防守者做向下掩護（down screen），這樣你就可以靠著掩護繞出來，或者你也可以主動替翼側的隊友做背向掩護（back pick）；另外，當翼側的球員被阻絕接傳球時，你應該更加有警覺心的切到有球邊。當你在底線時，只有當你在射程內有空檔可以做接球後投籃時才要球；而在外圍的球員，只有當你可以用簡單的傳球給切入內線或背框卡位的球員時才把傳至底線。另外，切記如果要將球流動得更快，就不要把球傳進底線。

- **知道你身為背框球員的選擇**：當你在低位接到傳球時，你應該要解讀防守，且在傳球給外圍球員之前先尋求得分的機會；而當你沒接到傳球時，尋求替外圍球員做背向掩護的機會，設立完背向掩護之後，拉到自己射程裡的外圍去接傳球來做跳投。

- **維持搶籃板以及防守的平衡**：當在內線的投籃時，三位球員應該要搶籃板，控球後衛及另一位球員應該要回防以維持防守的平衡；當你在罰球線圈邊線外投籃時，你應該要回防以維持防守的平衡；任何時間在頂點位置的球員運球切入至籃框，兩邊翼側的球員應該要回防以維持防守的平衡。

　　隊上的一位球員（通常為控球後衛）藉由喊出簡單的字（例如：動態）或用手來做信號（例如：一支手指往上指並繞圈圈）來暗示要開始執行動態進攻，最好的啟動動態進攻的方法就是傳球給翼側，然後共同努力來做好動態進攻的基本動作。在翼側接到傳球後，你應該要就傳球、投籃及運球切入到籃框

的三重威脅，如果選擇運球切入，就要尋找得分的機會，或運球吸引防守後再傳球給內線或外線有空檔的球員。

當球在頂點位置時，最靠近的翼側球員應該要先起動進攻往籃下切入，這樣該翼側位置就空出來，底線的球員就可以切到該翼側位置來接從頂點的傳球（圖11.2）。當你在頂點位置且無法傳球給翼側球員時，往翼側運球，使用運球掩護或迂迴運球掩護（圖11.3）。

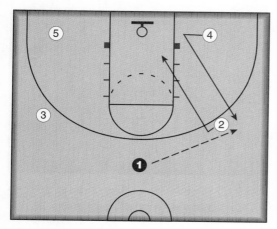

圖11.2 啓動動態進攻：翼側球員(2)切入籃下來空出該翼側位置給球員(4)。

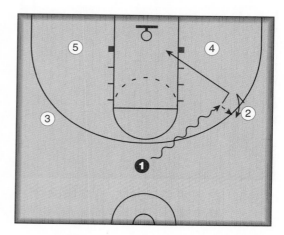

圖11.3 啓動動態進攻：頂點位置的球員(1)運球至翼側球員(2)來做掩護然後再切入至籃框。

 常見的錯誤

當你藉由切入、靠掩護切入或背框卡位獲得空檔時，你與你的隊友無法看到彼此。

改善方式

持球的球員應該看到籃框與整個全場，如果你看到籃框，當你的隊友有空檔你就可以看得到。

一些常被使用在動態進攻的基本動作為開後門切、閃切、傳切、運球掩護或迂迴運球掩護、向下掩護、肘區捲曲切、背向掩護、橫向掩護、擋拆及運球切入後再傳球。

開後門切

任何時間當你被防守者過度防守且阻絕接傳球時，你應該自動的使用開後門切（backdoor cut）；當你的防守者頭轉離你，會造成暫時性的眼神接觸，這時你也應該要使用開後門切。使用一些被賦予意義的關鍵字（例如眼球）來暗示傳球者你要做開後門切，說出這些關鍵字代表一旦你開始做這個動作你就會持續的切入到籃框。當你在翼側時，

往罰球線延長端上方踏一步來誘拐你的防守者（圖11.4）；當你在頂點位置時，往罰球線圈上方踏一步來誘拐你的防守者（圖11.5）。接到傳球後，準備出手、運球切入到籃框來上籃或運球切入後再傳球。

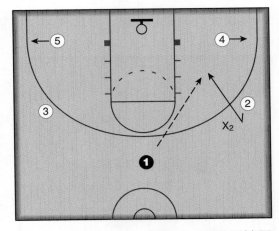

圖11.4　開後門切：球員(2)在翼側被阻絕接傳球，開後門切。

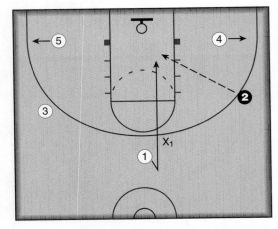

圖11.5　開後門切：球員(1)在頂點位置被阻絕接傳球，開後門切。

常見的錯誤
你的球隊對於將球從有球邊移動到無球邊遇到困難，造成你的翼側傳球被簡單的抄截。

改善方式
當從無球邊移動到頂點來填補位置時，空切到三分線頂點上方來接傳球，如果你使用短切，這讓你的防守者有一個好的角度來阻絕與抄截傳球；如果你往高位切然後你的防守者持續的跟著你，你就應該要做開後門切。

閃切

　　任何時間你看到隊友被阻絕接傳球，且你的位置在該隊友旁邊，你應該自動的閃切（flash）到傳球者與被過度防守的隊友之間的空檔位置。往球的方向閃切可以減緩隊友的防守壓力，因為藉此你可以為傳球者創造另一個傳球的路線；另外，閃切可以避免潛在的失誤，如果結合被過度防守的隊友適當時間的開後門切，閃切還可以創造出得分的機會。切記閃切時要說出關鍵字「閃切」來暗示隊友你的動作。當你接到傳球，準備將球傳給你開後門的隊友（被過度防守的隊友），如果你的隊友在開後門切時被守住了，你應該要正轉就投

籃、運球切入至籃框或傳球的三重威脅
站姿。

　　當你的隊友在外圍被阻絕接傳球
時，你就閃切到高位（圖11.6）；當你
的隊友在低位被站前防守時，你也可以
閃切到高位（圖11.7）；如果你的隊友
在高位被阻絕傳球時，你就可以閃切到
低位（圖11.8）。

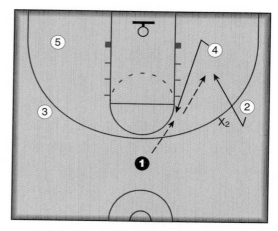

圖11.6　閃切：球員(4)看到翼側球員(2)
　　　　被阻絕接傳球，閃切到高位來
　　　　接球員(1)的傳球，然後再傳球
　　　　給開後門切的球員(2)。

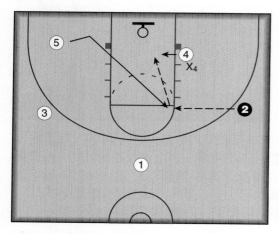

圖11.7　閃切：球員(5)看到低位的球員
　　　　(4)被阻絕接傳球，閃切到高位
　　　　來接球員(2)的傳球，然後再傳
　　　　球給開後門切的球員(4)。

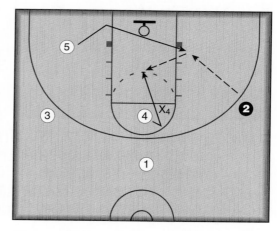

圖11.8　閃切：球員(5)看到高位的球員
　　　　(4)被阻絕接傳球，閃切到低位
　　　　來接球員(2)的傳球，然後再傳
　　　　球給開後門切的球員(4)。

常見的錯誤

壓迫的防守讓你與你的隊友沒有空檔接到傳球。

改善方式

當你的防守者過度防守阻絕你接傳球，你應該要做一個開後門切到籃框；當你看
到一個防守者阻絕你的隊友來接傳球，你就應該要自動閃切。

單元十一　團隊進攻

傳切

傳切（give-and-go）在籃球場上是最基本的打法，傳（pass）球給你的隊友，然後切（go）到籃框，準備接回傳球來做上籃。在切入之前要先解讀防守以及用一個適時的假動作來騙你的防守者，你可以踩一兩步來遠離球，假裝你沒有要參與這一次的攻擊，如果防守者跟著你移動，快速的改變方向，做正切到籃框；或者你也可以踩一兩步靠近球，假裝你要去做掩護或者去接隊友的手遞手傳球，如果你的防守者跟著你，你應該要快速的改變方向，然後在背後做一個開後門切（可參考圖10.4與圖10.5，從第252頁開始）。圖11.9示範一個五位球員傳切的進攻戰術。

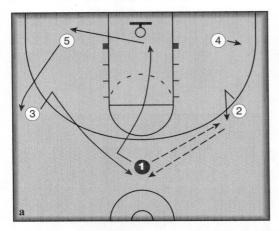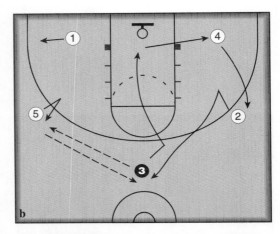

圖11.9 五位球員傳切：(a)頂點位置球員(1)傳球給翼側球員(2)，然後再切入到籃框，此時無球邊翼側球員(3)快速的填補頂點位置來接球員(2)傳過來的球；(b)球員(3)傳球給另一側的翼側球員(5)（已經填補球員(3)的翼側位置），然後再切入到籃框，無球邊翼側球員(2)快速的填補頂點的位置來接球員(5)傳過來的球，球員(4)則填補球員(2)翼側的位置，空切的球員(3)則填補球員(4)的位置。

傳切訓練　五對零，不運球

這個訓練需要五個球員，使用3-2站位，三位外圍的球員與兩位底線的球員，這是最基本的隊形，常用來學習團隊進攻。這個練習要你在團隊進攻中使用傳切來對抗想像中的防守，進攻方不能運球，只有在運球切入籃框的時候才例外。

一位隊上的成員（通常為控球後衛）用簡單的話（例如「傳切」）來暗示進攻的開始。當球在頂點位置，最靠近的翼側球員應該要切到籃框，這個動作可為切到翼側位置的底線球員創造空缺的空檔位置，來接從頂點位置傳過來的球。當底線球員切到翼側位置，之前

切到籃框的翼側球員則移動到底線空缺的空檔位置。球傳到翼側之後，頂點位置的球員切到籃框，準備接回傳球來做上籃。

運用你的想像力、假動作及切入的時機，在快速改變方向來切入到籃框之前，你可以藉由遠離球的方向踩一兩步或往球的方向踩一兩步來騙防守者，當你切到籃框，無球邊的翼側球員則填補你頂點的位置，無球邊的角落球員則填補你翼側的位置。

在翼側接到傳球之後，就三重威脅站姿，翼側球員也許可以以彈地傳球給空切到籃框的球員、傳球給現在在頂點位置的球員或運球切入到籃框。如果球被傳到頂點位置，切入者則移到空缺的角落位置。

繼續這個練習，頂點位置的球員傳球給其中一邊的翼側球員，緊接的空切到籃框，接到球的翼側球員則在傳球回頂點位置之前做一個傳球給空切者的假動作。在傳球給空切者或運球切到籃框之前，最少傳五次球。而從翼側出發的

運球切入，你可以選擇得分或再將球傳給隊友；另外，你也可以想像防守者緊迫防守，這樣你就可以使用開後門切與閃切配合開後門切。持續這個訓練直到全部的傳球為30次上籃為6次。

成功動作的檢查

- 用關鍵字來跟你的隊友溝通。
- 當持球時，就傳球、切入或投籃的三重威脅站姿。
- 想像防守者的出現，使用假動作來獲得空檔或幫助隊友來獲得空檔。
- 在運球切入到籃框之前，至少傳球五次。

為你的成功打分數

25至30次連續的傳球與6次上籃進球 = 5分

20至24次連續的傳球與5次上籃進球 = 5分

15至19次連續的傳球與3次上籃進球 = 5分

15次以下連續的傳球與3次上籃進球 = 5分

你的分數：＿＿＿

傳切訓練　五對二，不運球

這個訓練需要10位球員，分做兩組每組5人，一組進攻，另一組防守。從防守那組選出兩個球員來防守進攻組指定的兩位球員，此時另外三位的防守員還沒有在場上，且規則只允許被防守的那兩位進攻球員得分，這個訓練讓兩

位被防守的球員有機會練習無球移動，而其他的進攻球員則可練習閃切與開後門切。

任何時間有球員過度防守你不讓你接傳球時，你就可以自動的採用開後門切，你可以說出指定的關鍵字（例如*眼*

球）來暗示傳球者你要做開後門切了。另外，當防守者阻絕隊友接傳球且你就是下一位距離最近的球員時，閃切搭配開後門切是非常有效的，你可以閃切到傳球者與被過度防守的接球者之間的空檔區域。當你做閃切時，說出關鍵字（例如*閃切*），接到球時注意被過度防守的隊友是否做開後門切到籃框。

進攻組的球員基本上不能運球，但可以針對沒進的球碰到地板或被撥掉的傳球來做運球動作，進攻組每次進球獲得1分，防守組每次抄截球、造成失誤或搶到防守籃板球都獲得1分，只要是進球或球權交換都要做攻守交換，且每次進球或防守方獲得球權後，都要換兩位新的防守者，總共打3分。

成功動作的檢查

- 用關鍵字與隊友溝通。
- 解讀防守者，使用假動作來獲得空檔或幫助隊友來獲得空檔。
- 只有被防守的進攻球員則可以得分。

為你的成功打分數

這是一個競賽型的訓練，先得到3分的隊伍獲勝，獲勝的隊伍獲得5分。你的分數：＿＿＿

傳切訓練　五對五，不運球

這個訓練需要10個人，五個五個一隊分成兩隊，一隊進攻，另一隊防守，進攻組的球員基本上不能運球，但可以針對沒進的球碰到地板或被撥掉的傳球來做運球動作，這個訓練可以讓進攻方練習傳切、開後門切與閃切搭配開後門切等無球的移動。而當防守方被指示要做壓迫球與阻絕所有傳球時，這項訓練就會變成一個非常有挑戰性的防守訓練了。

進攻方每次進球獲得1分，如果防守方犯規，進攻方重新獲得球權繼續進攻；如果進攻球員沒投進球而隊友搶到進攻籃板球，進攻方也可以繼續進攻，而防守方每次抄截或搶到籃板獲得球權或造成違例獲得1分，全部打5分，5分後攻守交換。

成功動作的檢查

- 進攻方基本上不能運球。
- 用關鍵字與隊友溝通。
- 解讀防守者，使用正確的動作來獲得空檔。

為你的成功打分數

這是一個競賽型的訓練，先得到5分的隊伍獲勝，獲勝的隊伍獲得5分。你的分數：＿＿＿

運球掩護或迂迴運球掩護

運球掩護就是往隊友的方向運球然後一邊幫該隊友掩護一邊將球手遞手傳給他（可參考圖10.14至圖10.17，從第275頁開始），而在運球掩護時，掩護者的防守者通常的反應不是協防就是換防。

在你接到手遞手的傳球之前，你必須要先閱讀防守者的位置，如果你的防守者嘗試藉由擋住你的行進路線來避免你接到手遞手傳球，你應該做一個開後門切到籃框；如果你在運球掩護接到手遞手的傳球後，你應該再次的解讀防守；如果防守者沒有交換防守，你的防守者因為掩護所以速度變慢，你就應該要運球切入到籃框；如果你的防守者從掩護下方下滑過去，你就應該要注意外圍投籃的機會；如果你的隊友防守者在你接到手遞手傳球後嘗試要做外圍跳投時交換防守你，你就應該至少要運兩次球來越過掩護，再來傳球給轉身進去籃框或拉到外圍去的掩護者。

防守運球掩護的其中的一種方法就是運球掩護者的防守者使用跳出交換防守，跳出交換防守是一種在接球者獲得掩護之前的侵略性提早換防，防守者跳進接球者接球的路徑的目標在於製造帶球撞人或改變接球者的行進方向。然而

進攻方為了對抗跳出交換防守，在你手遞手傳球之後，你要做一個短距離5至10呎（1.5到3公尺）的切入到空檔的區域，然後尋找快速的回傳球；或當你預期對方會做跳出交換防守時，你也可以做手遞手傳球假動作然後直接運球切入到籃框。

另一種防守運球掩護的方法就是讓兩位防守員包夾接到手遞手傳手的球員。當對手對你進行包夾時，你應該至少要用兩次退後運球來牽拉防守，然後你就可以傳球給做5至10呎（1.5到3公尺）短切到空檔區域的隊友。接到球後，進攻方的人數有占優勢，有球的隊友就可以運球切入或傳球給有空檔的隊友來做投籃。

運球掩護被用來執行迂迴運球掩護，這是另一個基本的籃球戰術。迂迴運球掩護（圖11.10，頁294）至少要有三位球員來互相設立運球掩護，例如：你的隊友替你做一個運球掩護把球傳給你，接到球後，你可以從掩護後方投籃、運球切入到籃框，或藉由運球到另一個隊友來做另一次的運球掩護與手遞手傳球，來繼續迂迴運球掩護。迂迴運球掩護會持續的進行，直到你或你的隊友獲得空檔來投籃或運球切入到籃框。

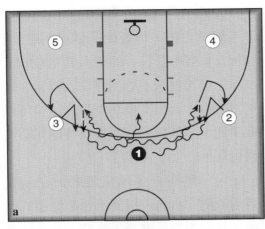 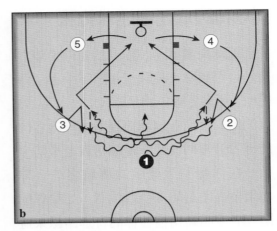

圖11.10 迂迴運球掩護：(a)三人迂迴運球掩護；(b)五人迂迴運球掩護。

迂迴運球掩護訓練 　五對零迂迴運球掩護

　　這個訓練需要五個球員，使用3-2站位，三位外圍的球員與兩位底線的球員，以迂迴運球掩護來對抗想像中防守的球員。

　　一位隊上的成員（通常為控球後衛）用簡單的話（例如「迂迴運球掩護」）來暗示迂迴運球掩護的開始，控球後衛以運球到其中一位翼側球員的內側來開始迂迴運球掩護；該位翼側球員應該要先往遠離球的那側移動來製造空檔，然後再改變方向靠在運球者的外側來接手遞手傳接球；控球後衛傳完手遞手的傳接球後就往籃框空切，注意接回傳球來做上籃。

　　切入之前要運用想像力、假動作及時機。當控球後衛空切到籃框，無球邊的翼側球員要填補頂點位置，而無球邊的底線球員則填補翼側位置。等接到球之後，翼側球員則應該就三重威脅站姿；該持球的翼側球員可以用彈地傳球傳給空切者、投籃、運球切入，或藉由運球到現在在頂點位置球員的內側來繼續做迂迴運球掩護。如果迂迴運球掩護持續執行，切入者則應該要移到空缺的底線角落位置。

　　在傳球給空切的球員或自己運球至籃框之前最少要做五次的手遞手傳球，當你運球切入或空切時接到傳球，你應該要先尋求得分的機會，如果沒有再傳球給隊友。而在做迂迴運球掩護時可以運用各式各樣的想像力來做各式各樣進攻的選擇，如果你的防守者嘗試跳到你行進的路徑來避免你接到手遞手傳球，你就應該要在接到手遞手傳球之前做開後門切；如果你接到手遞手傳球，防守者使用跳出交換防守或包夾，你就可以做一個5至10呎（1.5到3公尺）的空切到空檔的位置，注意快速的回傳球，然

後再運球到籃框。持續這個練習直到做
30次的手遞手的傳球以及6次無失誤的
上籃。

- 在運球切入籃框之前至少做五次的
  手遞手傳球。
- 用口語來與隊友溝通。
- 想像各式各樣的防守回應，使用假
  動作及合適的動作來破解該防守。

25至30次連續手遞手的傳球與6次上籃
進球 = 5分

20至24次連續手遞手的傳球與5次上籃
進球 = 5分

15至19次連續手遞手的傳球與3次上籃
進球 = 5分

15次以下次連續手遞手的傳球與3次上
籃進球 = 5分

你的分數：＿＿＿

迂迴運球掩護訓練　五對五迂迴運球掩護

　　這個訓練需要10位球員，分做兩
組每組5人，一組進攻，另一組防守。
這個訓練可以讓進攻方練習以迂迴運球
掩護來對抗各式各樣的防守策略，防守
方也可以藉此來練習防守迂迴運球掩護
的防守策略，例如：掩護下方開個洞滑
過去、壓迫球與阻絕所有傳球路線、跳
出交換防守，以及包夾。進攻方每次進
球獲得1分，如果防守方犯規，進攻方
重新獲得球權繼續進攻；如果進攻球員
沒投進球而隊友搶到進攻籃板球，進攻
方也可以繼續進攻，而防守方每次抄截
或搶到籃板獲得球權或造成違例獲得1
分，全部打5分，5分後攻守交換。

- 迂迴運球掩護時要與隊友有口頭上
  的溝通。
- 解讀防守者以及回應防守者對於迂
  迴運球掩護的反應。
- 看到球場上的籃框與球員。

　　這是一個競賽型的訓練，先得到五
分的隊伍獲勝，獲勝的隊伍獲得5分。
你的分數：＿＿＿

向下掩護

　　所謂的向下掩護（down screen）
就是一位隊友往底線向下移動替在底線
的隊友做掩護，藉著向下移動來替隊友
掩護，你可以創造出得分的機會，你的
隊友可以靠著向下掩護空切來獲得空檔
接到傳球以做投籃或運球切入的動作；
如果你的防守者交換防守去守你空切的
隊友，你將會在你掩護防守者的有球
邊，此時你將會暫時的獲得空檔。在你
設立掩護之前，往籃框的方向踏幾步，

這可以讓你設立更好的掩護角度。因為你希望你可以擋住被掩護者的行進路線，所以當你設立向下掩護，使用給與意義的關鍵字（例如*向下*）來與你的隊友溝通。

你可以依據防守者對於掩護的反應來使用以下四種其中一種的掩護後切入選擇：往外線拉、捲曲切、開後門切或退離掩護（參考圖10.6至圖10.9，從第257頁開始）。做此動作時要有耐心，等待掩護設立好，這可以避免非法掩護，以及幫助你解讀防守者是怎樣反應掩護的。而在使用掩護之前，藉由慢慢移動把防守者帶向一個方向，然後再快速轉至另一個方向靠著掩護切入，來製造一個較好的掩護切入角度。空切後要繼續遠離掩護，這樣才可以避免一位防守者可以同時防守你與掩護者，如果防守者做換防，這就創造了空間來傳球給掩護者。

如果你靠著掩護正確的切入，掩護

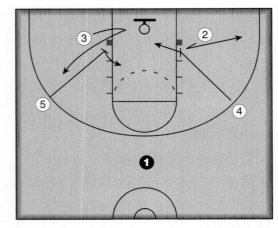

圖11.11　向下掩護，拉到外線與退離掩護的選擇：球員(5)與球員(4)向下移動替球員(3)與球員(2)設立向下掩護，切入者(3)拉到外線，球員(5)轉進籃框，切入者(2)退離掩護，掩護者(4)空切到籃框。

者的防守者通常會做協防或換防；如果你切到外圍，掩護者就可以轉進籃框來在內線接到傳球（圖11.11）；如果你做捲曲切到籃框，你的掩護者則可以拉到中點位置來接傳球做外圍的跳投。

常見的錯誤

你與你的隊友被吹非法掩護。

改善方式

要有耐心！當你設立掩護時，使用墊步急停來避免當你隊友使用你的掩護時的移動。而當有隊友替你做掩護時，等到掩護設立好之後再使用。靠著掩護空切或運球切入只嫌早不嫌晚，等待掩護的設立可以避免非法掩護的發生，也可以讓你有解讀防守的時間。

肘區捲曲切

　　當你傳球出去然後替站在遠離球邊的肘區隊友做掩護，你的隊友應該要靠著你的掩護來做捲曲切。當你的隊友在肘區靠著你的掩護做捲曲切（圖11.12），你的防守者通常會協防或換防，這會讓你有暫時的空檔來在原地或拉到外線做跳投。當較矮的球員替較高的球員設立掩護，最常使用的方法爲替在遠離球邊的肘區球員設立掩護，此時較高的球員就可以捲曲切到籃框，較矮的球員則可以拉到外線來做接球後跳投。而爲了替在肘區的球員做掩護，還是一樣，你需要往籃框的方向踩幾步好讓你在掩護的時候有較好的掩護角度。記得搭配喊出「*捲曲切*」來暗示你的隊友要利用你的掩護來做捲曲切。

背向掩護

　　藉由在隊友防守者的後方設立掩護來爲隊友掩護稱爲*背向掩護*（back pick，圖11.13）。藉由替隊友設立背向掩護，你可以爲你或你的隊友創造出得分的機會，你的隊友可以藉由靠在你的背向掩護來切入獲得空檔來接傳球做上籃或運球切入；如果你的防守者交換防守到切入者，你將會在你掩護的防守者的有球邊，這時你就有空檔可以拉到外線來接傳球做跳投。而在設立掩護之前，往籃框的方向踩幾步可以幫助在設立背向掩護時有較好的角度。記得喊出被給與意義的關鍵字（例如*向上*）來與

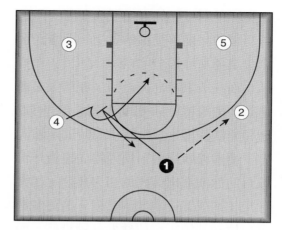

圖11.12　肘區捲曲切（elbow curl）：球員(1)傳球給球員(2)，接著替在無球邊肘區的球員(4)設立掩護，球員(4)則靠著掩護做捲曲切，球員(1)則拉到外線以接傳球來做跳投。

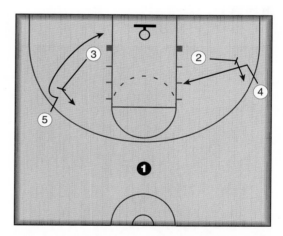

圖11.13　背向掩護：球員(2)與球員(3)替球員(4)與球員(5)做背向掩護，切入者(5)做開後門切，掩護者(3)拉到外線，切入者(4)做正切，掩護者(2)拉到外線。

你的隊友做溝通。

　　切記要設立合法的掩護，在設立背向掩護時，在對手不知你的掩護狀態

之下，針對定點的對手至少要離一步之遠；但如果是移動中的對手，要離一至兩步之遠。

而在設立背向掩護時，在切入之前應該要先等待背向掩護設立好，這可以避免非法掩護，以及讓你有時間解讀防守。藉由移離掩護再快速轉向掩護，可以幫助你創造出較好的切入角度。如果你用正切或開後門切到籃框，掩護者則可以拉到外線來接傳球做外線投籃；如果你做切到籃框的假動作再拉到外線，或假裝要接傳球來做外圍的投籃，掩護者則應該要切到籃框。四種靠著背向掩護的切入選擇（依照對手對於掩護的反應）為正切、開後門切、拉到外線及退離掩護。

橫向掩護

橫向掩護（cross screen，圖11.14）一開始先站在罰球線圈邊線外方形框的位置，然後再替站在對面方形框位置的隊友做掩護。在橫向掩護時，掩護者的防守者通常以協防或換防來回應，當你靠著橫向掩護切入時，你應該要解讀防守的位置，然後不是繞過掩護的下方就是上方來空切。而當你設立橫向掩護時，你的隊友藉由繞過掩護的上方或下方來往低位切到方形框的位置，你則應該要拉到高位到肘區接球做外圍投籃；如果你的隊友閃切到高位至肘區接傳球來做外圍投籃，你應該要轉到有球邊的方形框位置。

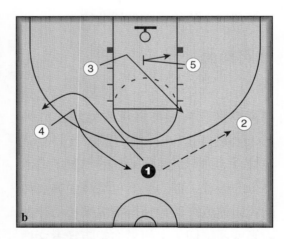

圖11.14　橫向掩護：(a)球員(2)替對面的球員(4)做橫向掩護，切入者(4)切到低位罰球線圈邊線外方形框的位置，掩護者(2)則轉到高位；(b)球員(5)替對面的球員(3)做橫向掩護，切入者(3)往高位切，掩護者(5)轉回低位罰球線圈邊線外方形框的位置。

擋拆

擋拆（pick-and-roll，圖11.15）因其動作得名，是另一項籃球的基本動作。你替隊友做掩護，此隊友運球越過掩護來做外圍投籃或運球切入到籃框，如果你的防守者交換防守到你的隊友，你會暫時在你做掩護的防守者內側，就有空檔轉向籃框，接著可以注意運球者的回傳球來做上籃。擋拆（依照對手的防守方式）有四項選擇，分別為掩護後切入籃框、掩護後拉到外線、掩護完溜進籃框（提早退離掩護），以及牽拉掩護陷阱（參考圖10.10至圖10.13，從第265頁開始），圖11.15示範當防守者換防時基本的回應選擇。

運球切入後傳球

現今比賽中強調球員運球切入籃框在內線得分，或再傳球出去給隊友做三分線投射。當你運球越過一位防守者，隊友的防守者離開你的隊友去協防你，一個傳給空檔隊友的傳球路線就創造出來了，這個運球切入後再傳球出去的動作稱為運球切入後傳球（draw and kick）。對於運球越過防守者到籃下得分的機會，以及替防守者已經被你吸引的隊友創造得分的機會，總是要保持機警，同時要一直找尋兩個防守者中間的

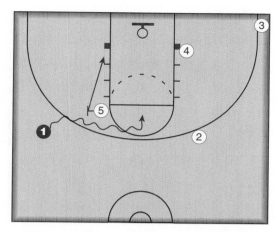

圖11.15　擋拆：球員(5)替球員(1)做掩護然後轉向籃框。

空間或夾縫，常常一兩個運球就可以從夾縫中穿越過，這個動作可以吸引防守者。

正確的切入時間與位置能讓運球切入後傳球發揮效能，如果搭配找到空檔位置的無球移動的隊友該功效能更大，因為動態進攻主要依賴球的移動，過度的運球反而適得其反。當球從有球邊轉移至無球邊之後，接著從翼側邊做運球切入後傳球是最常被使用的，切入的球員可以做的選擇為運球切入到籃框、做中距離騎馬射箭投籃或跳投、運球切入後傳球給內線球員（運球切入後傳球，圖11.16，頁300）與運球切入後傳球給外線球員（運球切入後傳球，圖11.17，頁300）。

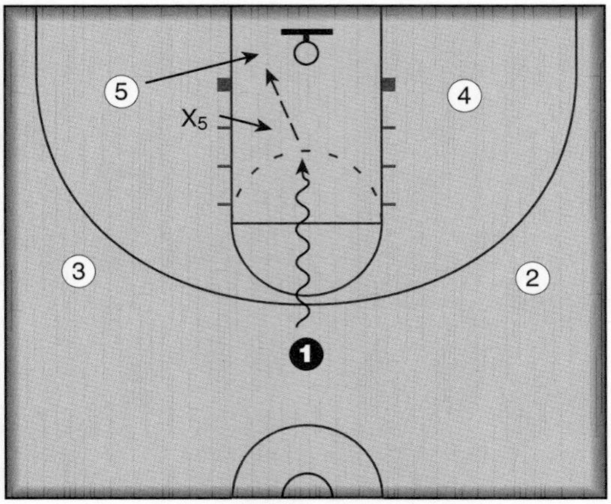

圖11.16 運球切入後傳球：球員(1)運球切入，把球員(5)的防守者吸引過來，然後傳球給空切到籃框的球員(5)。

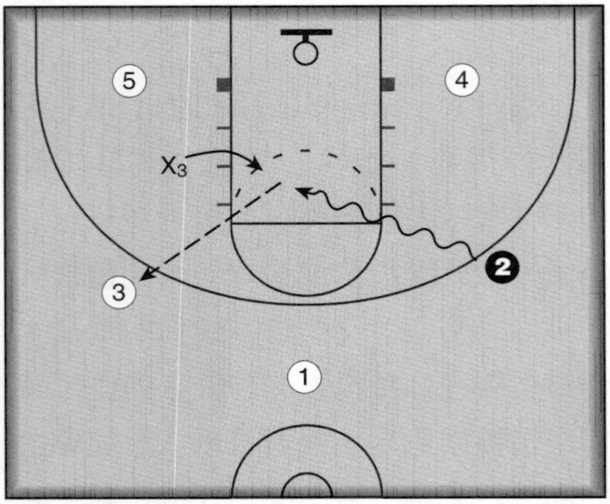

圖11.17 運球切入後傳球：球員(2)運球切入，把球員(3)的防守者吸引過來，然後傳球給定點在外圍的球員(3)。

常見的錯誤

你與你的隊友過度盲目的使用運球，在移動球方面不足夠，在人員移動方面也不足夠，所以無法破壞對方的防守。

改善方式

當球與球員都在移動時，動態進攻是最有效率的，太多的運球反而適得其反。在使用運球切入後傳球之前，可以先把球從有球邊翼側移轉至無球邊翼側。

動態進攻訓練　五對零

這個訓練需要五個球員，使用3-2站位，三位外圍的球員與兩位底線的球員，以動態進攻來對抗想像中的防守。

一位隊上的成員（通常為控球後衛）用簡單的話（例如「動態」）來暗示訓練的開始，或者也可用手部的動作（例如一根手指朝上來畫圈）來暗示動作的開始。一開始頂點位置的球員先傳球給翼側球員，進攻球員再一齊合作來執行動態進攻的基本動作，翼側球員接到傳球後則就三重威脅站姿，持續進攻，但在投籃之前至少要傳五次球。使用你的想像力來組合各式各樣的進攻選擇，例如：開後門切，閃切、傳切、迂迴運球掩護、向下掩護、背向掩護、橫向掩護、無球端掩護、擋拆、運球切入後傳球；也可搭配基本的掩護後動作：拉到外線、捲曲切、開後門切與退離掩護；且可練習用給與意義的關鍵字來與隊友溝通，例如：「*閃切*」、

「*向下*」、「*空切*」、「*向上*」、「*橫向*」、「*掩護*」。全部做30次傳球與6次無失誤的投籃。

成功動作的檢查

• 用關鍵字與隊友溝通。

• 利用各式各樣不同的進攻選擇，包含開後門切、閃切、傳切、迂迴運球掩護、向下掩護、無球端掩護、背向掩護與橫向掩護。

為你的成功打分數

25至30次連續傳球及6次的進球 = 5分

20至24次連續傳球及4次的進球 = 5分

15至19次連續傳球及3次的進球 = 5分

少於15次連續傳球及3次的進球 = 5分

你的分數：＿＿＿＿

動態進攻訓練　五對二

這個訓練需要10位球員，分做兩組每組5人，一組進攻，另一組防守，從防守那組選出兩個球員來防守進攻組指定的兩位球員，此時另外三位的防守員還沒有在場上，且規則只允許被防守的那兩位進攻球員得分。

這個訓練的重心在被防守的兩位進攻選手，讓他們練習各式各樣動態進攻的選擇，以及各式各樣掩護後的切入動作。同樣地，這個練習也要使用被賦與意義的關鍵字來與隊友溝通。而兩位防守者則可練習壓迫球、有球邊的阻絕接球及無球邊的協防，還可練習以掩護下方滑過、跳出交換防守或包夾來對抗掩護。當進球或防守方獲得球權後攻守交換，且每次進球或防守方獲得球權後，都要換兩位新的防守者，進攻方每次進球獲得1分，防守方每次抄截、製造失誤或搶到防守籃板則獲得1分，全部打5分。

成功動作的檢查

• 使用被賦與意義的關鍵字來與隊友溝通。

• 當進攻時，使用各式各樣的動態進攻選擇，以及各式各樣掩護後的切入。

• 當防守時，練習壓迫球、有球邊的阻絕接球、無球邊的協防及破解掩護的策略。

為你的成功打分數

這是一個競賽型的訓練，先得到5分的隊伍獲勝，獲勝的隊伍獲得5分。

你的分數：＿＿＿＿

單元十一　團隊進攻

這個訓練需要兩組各五個球員，一組進攻，另一組防守。

進攻方練習以各式各樣的動態進攻與使用被賦與意義的關鍵字來與隊友溝通，而防守方則練習壓迫球、有球邊的阻絕接球及無球邊的協防，還有練習以協防後恢復、交換防守及包夾來對抗掩護。

進攻方每次進球獲得1分，如果防守方犯規，進攻方重新獲得球權繼續進攻；如果進攻球員沒投進球而隊友搶到進攻籃板球，進攻方也可以繼續進攻，而防守方每次抄截或搶到籃板獲得球權或造成違例獲得1分，全部打5分，5分後攻守交換。

成功動作的檢查

- 當進攻時，解讀防守以及使用正確的選擇來創造好的得分機會。
- 當防守時，使用各式各樣的選擇來對抗掩護以及壓迫球。
- 使用關鍵字來與隊友溝通。

為你的成功打分數

這是一個競賽型的訓練，先得到5分的隊伍獲勝，獲勝的隊伍獲得5分。

你的分數：＿＿＿

擋拆進攻

如同此單元前面所敘述的，現今的籃球越來越重視空檔或拉開進攻、運球切入，以及運球切入後傳球到三分射手的能力。擋拆（又稱為持球的掩護）是籃球場上最老舊的打法，但現在使用的普遍性遠高於過去，擋拆已經變成一種普遍的方法，來獲得運球切入然後傳球給靠近籃框的球員或在三分線的射手。

在職業運動的層級，擋拆已經變成大部分球隊進攻的重要手段，也是大專以及高中球賽的一部分。但實際上*擋拆*是許多動作的綜合體，在擋拆時，掩護者設立掩護然後轉身進籃框（切到籃框）來接運球者的傳球做內線的投籃；如果掩護者是一個好的射手，就可以使用掩護後往外拉，這個打法就是掩護者拉到外線來做外圍的投籃而不是轉身進籃框。

擋拆的打法是一組進攻戰術的一部分或在快攻收尾快打進攻的一部分，許多擋拆的打法可以在籃球場的各個位置使用，包含頂點、側邊、肘區與角落。以下為一些常見的擋拆打法：

高位擋拆（high pick-and-roll）：參考圖11.18，球員(5)替在頂點位置的球員(1)設立掩護，球員(1)運球繞過掩護，迫使球員(5)的防守者來做協防，球員(1)至少運兩次球來越過掩護創造空間，之後球員(1)則可以做跳投、傳球

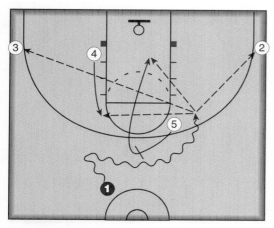

圖11.18 高位擋拆。

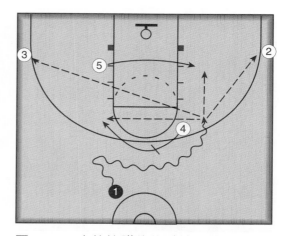

圖11.19 高位掩護後往外拉。

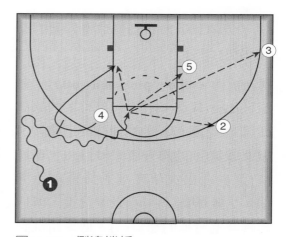

圖11.20 側邊擋拆。

給轉身進籃框的球員(5)、傳球給切到無球邊肘區的球員(4)、傳球給在有球邊角落的球員(2)，或傳球給在無球邊角落的球員(3)。

高位掩護後往外拉（high pick-and-pop）：參考圖11.19，球員(4)替在頂點位置的球員(1)設立掩護，球員(1)運球繞過掩護，迫使球員(4)的防守者來做協防，球員(1)至少運兩次球來越過掩護創造空間，之後球員(1)則可以做跳投、傳球給拉到無球邊肘區位置的球員(4)、傳球給切到有球邊低位的球員(5)、傳球給在有球邊角落的球員(2)，或傳球給在無球邊角落的球員(3)。

側邊擋拆（side pick-and-roll）：在圖11.20，球員(4)替在翼側位置的球員(1)設立掩護，球員(1)運球繞過掩護，迫使球員(4)的防守者來做協防，球員(1)至少運兩次球來越過掩護創造空間，之後球員(1)則可以做跳投、傳球給轉身進籃框的球員(4)，或傳球給定點在

無球邊呈三角形陣型的其中一位隊友（2、3或5）。

側邊掩護後往外拉（side pick-and-pop）：參考圖11.21（頁304），球員(4)替在翼側位置的球員(1)設立掩護，球員(1)運球繞過掩護，迫使球員(4)的防守者來做協防，球員(1)至少運兩次球來越過掩護創造空間，之後球員(1)則可以做跳投、傳球給拉到角落的球員(4)、傳球給沉到罰球線圈邊線的球員

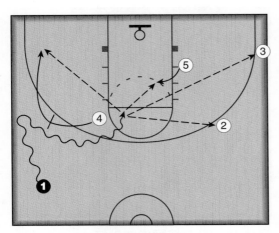

圖11.21 側邊掩護後往外拉。

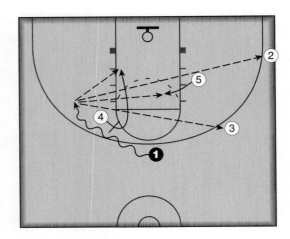

圖11.22 肘區擋拆。

(5)，或傳球給散布到無球邊外圍的球員(2)與(3)。

肘區擋拆（elbow pick-and-roll）：在圖11.22，球員(4)替在肘區位置的球員(1)設立掩護，球員(1)運球繞過掩護，迫使球員(4)的防守者來做協防，球員(1)至少運兩次球來越過掩護創造空間，之後球員(1)則可以做跳投、傳球給轉身進籃框的球員(4)、傳球給沉到罰球線圈邊線的球員(5)，或傳球給散布到無球邊外圍的球員(2)與(3)。

肘區擋拆後拉到高位與低位（elbow pick-and-roll to high-low）：參考圖11.23，球員(4)與(5)在兩側的肘區設立掩護，球員(1)運球繞過球員(4)掩護，迫使球員(4)的防守者來做協防，球員(1)至少運兩次球來越過掩護，以創造空間來傳球給轉進籃框的球員(4)或拉

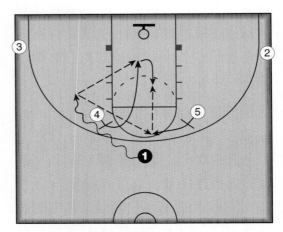

圖11.23 肘區擋拆後拉到高位與低位。

到頂點位置的球員(5)。當球傳給在頂點位置的球員(5)，球員(5)先傳球給在籃框前低位卡位的球員(4)；另外，球員(5)或許也可以做跳投。而球員(2)與(3)則定點在兩側的角落，來拉開場上的空間。

常見的錯誤

當運球繞過掩護時，你沒有創造出空間，因此讓協防的防守者可以同時防守你與阻絕運球者與掩護者之間的傳球路線。

改善方式

為了要傳球回去給掩護者，運球者至少要運兩次球來越過掩護創造空間。

擋拆的打法也可以是在快攻收尾快打進攻的一部分，各式各樣快打進攻的打法在球場上不同的位置都可使用擋拆。以下是一些快打進攻擋拆的打法：

快打的拖車（擋拆）：參考圖11.24，球員(5)替在頂點或側邊位置的球員(1)設立掩護，球員(1)運球繞過掩護，迫使球員(5)的防守者來做協防，球員(1)至少運兩次球來越過掩護創造空間，之後球員(1)則可以做跳投、傳球給轉身進籃框的球員(5)，或傳球給拉到外圍的球員(2)、(3)或(4)。

快打的運球拖車（擋拆）：參考圖11.25，球員(1)運球將球手遞手傳球給球員(2)，球員(5)在頂點位置或側邊替球員(2)做掩護，球員(2)運球繞過掩護，迫使球員(5)的防守者來做協防，球員(2)至少運兩次球來越過掩護創造空間，之後球員(2)則可以做跳投、傳球給轉身進籃框的球員(5)，或傳球給拉到外圍的球員(3)或(4)。

快打的雙拖車（擋拆與掩護後往外拉）：參考圖11.26（頁306），球員(5)與(4)替在頂點位置或側邊的球員(1)做掩護，球員(1)運球繞過掩護，迫使球員(5)與(4)的防守者協防，球員(1)至少運兩次球來越過球員(4)的掩護來創造空間，之後球員(1)則可以做跳投、傳球給轉身進籃框的球員(5)、傳球給拉到肘區的球員(4)，或傳球給在角落的球員(2)。

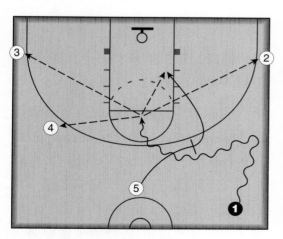

圖11.24　快打的拖車（擋拆）。

圖11.25　快打的雙拖車（擋拆）。

單元十一　團隊進攻

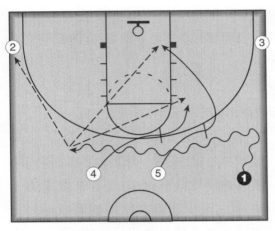

圖11.26　快打的雙拖車（擋拆與掩護後
　　　　往外拉）

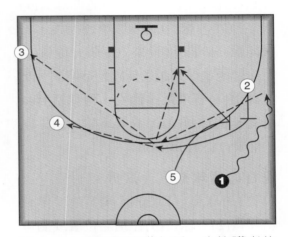

圖11.27　快打翼側的擋拆。

快打翼側的擋拆：參考圖11.27，球員
(1)傳球給球員(2)，然後繞過球員(2)的
外側空切到角落，球員(5)替在翼側的
球員(2)設立掩護，球員(2)運球繞過球
員(5)的掩護，迫使球員(5)的防守者來
做協防，球員(2)至少運兩次球來越過
掩護創造空間，之後球員(2)則可以做跳
投、傳球給轉身進籃框的球員(5)，或
傳球給拉到外圍的球員(1)、(3)或(4)。

快打的掩護上踩一步掩護者的閃切
（**early step-up to pick-picker pick
flare**）：參考圖11.28，球員(2)替球
員(1)在翼側上方設立一個向上踩一步
的掩護，球員(1)運球繞過球員(2)的掩
護，迫使球員(2)的防守者來做協防，
球員(5)替球員(2)在翼側設立一個掩護
（稱為*為掩護者設立掩護*），球員(2)
繞過球員的掩護做閃切，迫使球員(5)
的防守者來做協防，球員(1)傳球給球
員(2)，之後球員(2)則可以做跳投、傳

圖11.28　快打的掩護上踩一步掩護者的
　　　　閃切。

球給轉身進籃框的球員(5)，或傳球給
拉到外圍的球員(1)、(3)或(4)。

**快打的靠著上踩掩護後切到角落做擋
拆**（**early step-up pick to corner pick-
and-roll**）：在圖11.29，球員(2)替球
員(1)在翼側上方設立一個向上踩一步
的掩護，球員(1)運球繞過球員(2)的掩
護，迫使球員(2)的防守者來做協防，

籃球

邁向卓越

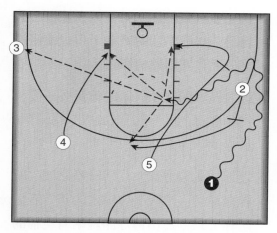

圖11.29 快打的靠著上踩掩護後切到角落做擋拆。

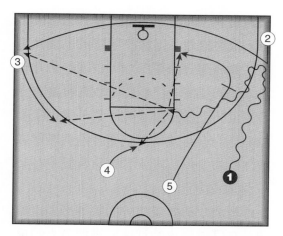

圖11.30 快打的開後門切到角落接著做擋拆。

球員(1)持續運球到角落，球員(5)移動到角落替球員(1)設立掩護，球員(1)運球繞過球員(5)的掩護，迫使球員(5)的防守者來做協防，之後球員(1)則可以做跳投、傳球給轉身進籃框的球員(5)、傳球給空切到無球邊低位位置的球員(4)，或傳球給拉到外圍的球員(2)或(3)。

快打的開後門切到角落接著做擋拆（early backdoor to corner pick-and-

roll）：參考圖11.30，球員(2)開後門切，如果球員(2)開後門切時獲得空檔，球員(1)傳球給球員(2)；如果球員(2)沒有獲得空檔，球員(2)持續運球到無球邊的角落，而球員(1)則持續運球到有球邊的角落；接著球員(5)移動到角落替球員(1)做掩護，球員(1)運球繞過球員(5)的掩護，迫使球員(5)的防守者來做協防，之後球員(1)則可以做跳投、傳球給轉身進籃框的球員(5)，或傳球給拉到外圍的球員(2)、(3)或(4)。

區域進攻

在區域防守中，防守者被分配到球場上一個特定的區域而不是被分配到防守一位特定進攻方的對手，當你面對區域防守時，你應該要瞭解在對抗哪一種區域防守，不同的區域防守採用不同的策略，策略可以是下沉內線到外線的壓迫、侵略性的阻絕傳球路線或包夾球，

區域防守的名稱是根據球員由頂點位置到籃框排列站位的隊形，這些隊形涵蓋2-1-2站位、2-3站位、1-2-2站位、3-2站位與1-3-1站位。

許多普遍的套路戰術被用來破解區域防守，其中一種方法爲補償性的站位，此策略爲用奇數陣線（一位球員）

來對抗偶數陣線（兩位球員）的區域防守，反之亦然，這樣的策略可以讓你站位在區域防守的缺口中，也就是防守球員之間的位置，這個位置也許會讓防守者在協防上猶豫或過晚；另一種攻擊區域防守的套路就是讓空切者跑到無球邊或內線的空檔位置或者讓球員集中在某一個區域位置。

認識攻擊區域防守的基本準則比熟記一套區域進攻的打法與選擇還來的重要，因為這些基本的原則可以被運用在所有的區域進攻套路。

- **快攻**：在防守者還未站定位在區域防守的位置之前，就先在前場攻擊。

- **拉出空間**：拉開區域防守的範圍，三分射手應該站在三分線之後。

- **移動球**：球移動的速度要快於區域防守的移動的速度，可以將球從有球邊傳到無球邊，或將球傳到內線後再傳出來。

- **強弱邊的導球**：傳球讓防守移到一個方向，然後快速的反轉球（折返傳球）的方向到另一側。

- **就三重威脅位置**：站姿面向籃框，讓自己在得分方面有威脅，可以使用投籃假動作與傳球假動作。

- **撕裂區域防守**：外圍的球員應該要移動到射程內區域防守的缺口（防守球員之間）。

- **運球切入後傳球**：從防守者之間的縫隙運球切入來吸引你隊友的防守者協防你，以創造出傳球路線給有空檔的隊友。

- **使用空切**：讓切入者切到無球邊或到內線球員的後方，防守者是非常難同時看到球與從防守球員後方切出或經過的進攻球員。

- **要有耐心、鎮定以及好的投籃選擇**：當你有耐心，防守方會變成非常累且有可能犯錯。

- **搶進攻籃板球**：雖然對手最好的籃板球員可能站位在內線，但他們遇到有侵略性的進攻籃板球員也很難在卡位方面獲得優勢。

區域進攻訓練　運球切入後傳球

這是一個很好的訓練來鍛鍊三重威脅站姿與運球切入後傳球。把八位球員分成兩組，每組四個人，一組進攻，另一組防守，防守方兩位球員站在兩邊肘區，另兩位球員則站在兩邊罰球線圈邊線方形框；進攻方兩位後衛站在三分線圈頂點位置，另兩位前鋒則站在兩側翼側。任何持球的進攻球員可以運一次球，當最靠近球的防守者協防阻止運球切入，持球的進攻球員則傳球給防守者離開去協防的隊友，接到球的球員則應該就投籃、傳球與切入的三重威脅站姿。

進攻方每次進球獲得1分，如果防守方犯規，進攻方重新獲得球權繼續進攻；如果進攻球員沒投進球而隊友搶到進攻籃板球，進攻方也可以繼續進攻，而防守方每次抄截或搶到籃板獲得球權或造成違例獲得1分，全部打5分，5分後攻守交換。

- 接到球的進攻方球員必須就三重威脅站姿。

- 持球的進攻方球員必須知道當協防者過來阻擋運球切入時哪個隊友會獲得空檔。

這是一個競賽型的訓練，先得到5分的隊伍獲勝，獲勝的隊伍獲得5分。

你的分數：＿＿＿

為你的成功評價

當你熟練個人的技巧之後，你已經準備好將這些個人技巧運用在團體中，籃球畢竟是團隊的比賽，好的團隊進攻可以帶來更多的得分機會與較好的團隊合作。在下個單元中，我們將討論團隊防守，而進入到單元十二之前，你應該回頭計算一下你在每次練習所得到的分數，請輸入每項得到的分數，再加總起來，看看一共得了多少分。

傳切訓練

　　1. 五對零，不運球　　　　　　　　　　5分中得＿＿＿分

　　2. 五對二，不運球　　　　　　　　　　5分中得＿＿＿分

　　3. 五對五，不運球　　　　　　　　　　5分中得＿＿＿分

迂迴運球掩護訓練

　　1. 五對零迂迴運球掩護　　　　　　　　5分中得＿＿＿分

　　2. 五對五迂迴運球掩護　　　　　　　　5分中得＿＿＿分

動態進攻訓練

　　1. 五對零　　　　　　　　　　　　　　5分中得＿＿＿分

　　2. 五對二　　　　　　　　　　　　　　5分中得＿＿＿分

　　3. 五對五　　　　　　　　　　　　　　5分中得＿＿＿分

區域進攻訓練

　　1. 運球切入後傳球　　　　　　　　　　5分中得＿＿＿分

總分　　　　　　　　　　　　　　　　　45分中得＿＿＿分

如果你得到25分以上的分數，恭喜你！這代表你已精熟本單元所講的基本動作，並準備好往下一個單元「團體防守」出發。如果你的分數是低於25分，你可能要多花點時間繼續練習本單元所敘述的基本動作。

單元十二　團隊防守

想要獲勝不能沒有防守，防守需要技巧，但更需要企圖心與智慧，最好的防守球員是用「心」在打球。防守大部分靠的是企圖心，但體能狀況會影響執行防守的企圖心，當疲勞來襲，你將無法好好地發揮技巧，以至於競爭的欲望大大的減弱。另外，想要有成功的防守，你必須還要有智慧，教練會找出好的決策者，該位決策者會堅守崗位、避免犯規、幫助隊友，以及聰明地選擇能製造進攻犯規、抄截及封阻投籃的機會。

好的防守能藉由減少無人防守的空檔投籃來抑制對手，好的團隊防守不但能減少對手得分的機會，還能為自己的球隊創造出得分的機會。侵略性的壓迫防守能造成抄截、傳球的阻斷與投籃的不進，進而創造機會來讓你的球隊得分，而且抄截與傳球的阻斷常常可以帶來高命中率的快攻收尾。

打出強硬的防守很少像漂亮的進攻一樣可以獲得大眾的喝采，但是大部分的教練深知好的防守者與強硬的團隊防守的價值。而就算你的進攻技巧還沒有成熟，你還是可以藉由讓自己變成一位更好的防守球員來讓自己的球隊變得更好，防守技巧比較不用花那麼多時間來培養，但絕對還是需要下足功夫苦練。

一個沒有進攻天分球員的球隊藉由強硬及聰明的團隊防守還是可以獲得勝利的，因為防守靠的是企圖心與努力，而進攻靠的是高層級的技巧，所以防守會比進攻的表現來的更穩定。對於一個防守型的球員，在比賽分數相近的狀況下，球可能不會傳給你，但只要你足夠的努力，防守時你絕對會在場上。

努力的防守不但可以幫助你變成一位更好的球員，還可以幫助你的球隊成功，防守時的熱情、智慧以及盡足全力的努力是會傳染的，這些特質可以孵育出更好的團隊防守能力及團隊精神，有一句諺語所言不假：「防守是致勝的關鍵。」

冠軍防守的因素

好的防守需要的不只是技巧，防守的成功因素可以被分爲情感上的、心智上的及身體上的。

情感上的因素

企圖心：想要打出漂亮防守的企圖心是非常重要的，進攻多數充滿樂趣，防守雖然辛苦，但是阻止對手想要做的事情也可以是充滿樂趣的。防守的企圖心就是對於每次防守都盡最大的努力與專注，有強度的防守必須在多方面下功夫——進攻轉防守時要全速的衝刺回防、維持防守站姿時總是雙手舉高、製造進攻犯規、撲倒救球、防守籃板球的卡位，以及使用關鍵字來跟隊友溝通。

自律：想要打出好的防守，有企圖心只是一個開始，再來你就要嚴格要求自己變成一個優秀的防守球員，培養優越的體能條件、練習防守的技巧，以及比賽中打出強硬的防守等苦功都是需要連續不斷的自我要求，防守不能只是一時的，而是隨時隨地全力以赴，所以這就需要自律，實力堅強的防守球員會從自律中找到樂趣並獲得滿足感。

侵略性：防守是場戰爭，在進攻的時候，你有知道自己下一步要做什麼的優勢，但在防守的時候，你只能落於反應進攻球員的動作，這是較消極的做法；積極的做法就是在防守時要有侵略性，迫使進攻球員來回應你。做一個有侵略性的防守者意味著你要擁有全面支配對手的態度，你不允許你的對手隨心所欲的移動，你採取主動性，侵略性的防守迫使你的對手來回應你的動作，所以可以是壓迫運球者、三分線頂點位置上方的激烈防守、壓迫投籃者、阻絕傳球路線然後抄球、創造進攻犯規、撲倒救球，以及搶沒投進的籃板球。

強硬的心理素質：侵略性防守所需要的身體活動量，就算對於體能狀況很好的運動員也是相當吃不消的。持續防守移動所累積的疲憊感，加上爭取掩護、製

憑著絕佳的體能狀況、每場比賽用心去打，以及使出渾身解數，Shane Battier已成爲NBA裡其中一位最佳防守球員，圖中爲他以快速的垂直彈跳來乾淨的封阻奧蘭多魔術隊的Tracy McGrady。

造進攻犯規、撲倒救球及爭搶籃板所造成的疼痛，對於球員的體能狀況都是雪上加霜，要當一位心理素質強硬的防守者意味著你要克服這些身體的疲憊及疼痛。每次被撞倒要立刻再站起來，你不需要過多的教練鼓勵；相反地，你不屈不撓的心力素質反而會鼓舞教練、隊友及球迷。

心理上的因素

對手的瞭解：分析並瞭解對手與對手團隊的進攻將有助於成功的防守，藉由參考球探的報告、比賽的影片，以及觀察對手早期比賽的表現，以判斷你的對手的速度與力量，再來問自己問題，你的對手的進攻傾向是什麼？你的對手是要投籃還是運球切入？你的對手的進攻動作是什麼？哪一個方向他比較偏好？如果他在持球進攻表現得很好，你應該要過度防守嗎？他在無球移動方面也表現得很好嗎？說不定你該注意的是避免他在搶到籃板後的得分，或避免他在籃框附近得分。

從球隊的觀點來看，你的對手將會是用快攻或是半場套路戰術來擊敗你？對方會使用哪一種戰術來對抗你的球隊？當在需要得分時，對方會使用哪一種戰術？誰是他們的外圍射手、運球切入者與背框要球的球員？

研究你的對手與對手的球隊，瞭解對手擅長的地方，再來努力將其優勢突破。

預測：預測就是瞭解對手的習性，以至於運用至每一次對壘來獲得優勢，進攻方的優勢在於瞭解他們自己下一步的動作，但防守方只能被動的回應進攻球員的動作，除非防守方可以善用預測能力。藉由瞭解對手的習性，你可以適當的調整與預期對手的下一個動作，但不能用猜的，你應該要根據對手與對手球隊的分析報告來做出盤算過後的動作。

專注：所謂的專注就是完整的聚焦在被分配的工作而不要分心，像是對手的垃圾話、球迷的行為、裁判的哨音以及你自己負面的想法都有可能造成分心。當你知道你自己分心或有負面的想法時，跟自己說一個關鍵字來阻斷你的分心，例如「*停止*」；再用自我正面的話來取代令你分心的想法，專注於你的防守工作而不是讓你自己分心。

警覺心：警覺心就是在任何時間都維持準備好的狀態且可以立刻的反應。對於持球者，你必須準備好防守對手的投籃、運球切入或傳球，也要在被掩護時保持警覺心；對於無球者，你應該要同時看到球與你的對手，準備好要阻止空切、應對掩護、對傳球的攔截、撲倒救球或搶沒進的籃板球。

判斷力：判斷力是一種評估比賽的狀況然後決定做出適當動作的能力，許多防守的狀況都需要好的判斷力。舉一個例子來說，你應該要對外圍持球者做壓迫還是拉回來避免內線的傳球？再舉一個例子，你應該要試著抄截對方的傳球或

是穩穩的防守就好？這樣的判斷必須考慮自身與對手的能力，且也要考慮比賽的節奏、比賽的分數及剩餘的比賽時間，使用好的防守判斷在比賽尾聲的時候特別的重要。

身體上的因素

體能狀態：好的體能狀態是打出好的防守的先決條件，在比賽中想要競爭的企圖心跟你的體能狀態是成正比的。防守所需的體能狀態是從特定的體能訓練計畫中培養出來的，甚至還需要靠練習與比賽中的加倍磨練。想要支配你的對手，你就需要有力量、肌耐力及心肺耐力，努力的提升你整體身體的力量，如此你就可以承受在低位防守的身體碰撞；你也必須要提升腿部的肌耐力，畢竟一個好的防守球員不只是你能移動得快速還要整場比賽都移動得快速。

速度與平衡感：速度指的是執行技巧的移動速度，並不是只有跑步的速度，對於一個防守球員，快速的移動雙腳是最重要的身體技能，你必須要培養這個技能；另外，能夠快速的改變側向移動的方向也是非常重要的。雖然很多人認為在速度上能有很大的進步是很困難的事情，三種方法對你有幫助：第一，你可以藉由防守腳步訓練的苦功與跳繩來增加速度；第二，你可以在心理上快一步，使用你的智慧來預期你的對手的進攻動作，所以你能在對的時間比對手更快到對的地點，瞭解並預期你的對手的動作可以彌補你在速度上的不足；第三，保持平衡與掌握身體的控制是非常重要的，沒有平衡的快速是無用的，因為防守的速度包含啟動、停止以及方向改變，所以你必須要掌握身體的控制，能掌握身體控制的速度與無失平衡的速度是好的防守的基礎。

防守持球者

做好防守最重要的事情就是壓迫運球者，整場比賽壓迫進攻方的控球後衛（與最好的運球者）可以阻礙你的對手專心的執行進攻戰術。

團隊的策略將決定你在球場的哪個地方（例如全場、半場、三分線圈頂點位置）壓迫運球者，而你將保持在你的對手與籃框之間的位置，死守到底不輕易讓步。如果可以，就迫使你的對手停球，然後你就可以在投籃或傳球方面雙手舉高施加更多的壓迫。

依據團隊的防守策略，四種基本的策略可以用來對抗對方的持球者，這些策略為迫使運球者轉向、迫使運球者到邊線、誘使運球者到中間，以及迫使運球者使用非慣用手。

迫使運球者變換方向（迫使反方向的運球）

迫使運球者變換方向的基本方法就

是對球施與最大強度的壓迫，訓練自己的防守站姿能夠以半個身體擋住對手想去的方向，這個位置稱為*胸口在球的前方*（chest on the ball），目標就是避免下一個運球還是往同一個方向，要迫使運球者做反方向的運球，在運用良好的預測力狀態下，你甚至還有可能造成進攻犯規。

如果運球者嘗試要做正面的交叉運球，你應該可以用靠近的那隻手做快速的上撥來抄球；而當運球者做反方向的運球時，你則快速的改變方向，然後再快速的移動至胸口在球前方的位置，不然最少也要有半個身體擋住運球者想去的方向，持續的迫使運球者變換方向。

迫使運球者到邊線

當被逼到邊線時，運球者只能傳球到一個方向，這時球場邊線就變成一個防守的助力。訓練自己的防守站姿能夠半個身體在禁區，且讓內側腳（靠近中間的那隻腳）向前以及外側腳向後，迫使運球者到邊線，然後維持你的防守站姿，雙腳移動時儘量不要離開地面且不讓運球者反方向運球回到中間；如果讓運球者運回到中間，運球者就有更多的

選擇來傳球給兩邊的其中一邊，或獲得較高命中率的投籃。

誘使運球者到中間

藉由採取防守站姿讓自己一半的身體在球場的外面，你可以誘使運球者往中間走，這個策略會讓運球者朝你的無球邊防守隊友走，接著你的隊友可能可以使用眾多團隊防守策略的其中一種，例如：換防、換防假動作、包夾或抄截。

如果你的球隊有一個優秀的封蓋者，你也許可以從誘使運球者往該封蓋者的方向走得利。誘使運球者往中間走的潛在危險，就是讓球員運球切入繞過你沿著罰球線圈邊線做高命中率的投籃，或傳球到兩側的其中一邊。

迫使運球者使用非慣用手

很少球員使用非慣用手運球可以跟慣用手一樣靈活，藉由過度防守運球者的慣用手，你可以迫使對手使用非慣用手運球。該過度防守的站姿為讓身體的一半在運球者的慣用手邊，並讓前腳在外側，後腳對齊運球者身體中線。

遠離球邊的防守

遠離球的防守站位對於團隊防守是重要的一部分，為了更瞭解團隊防守的站位，試想有一條線連結了籃框與籃框，將整個籃球場劃分為強邊（又稱有

球邊）與弱邊（又稱無球邊），強邊指的是有球邊的球場，弱邊指的是遠離球那邊的球場。

好的防守包括守住對手、球及籃

框，為了達到這個目標，你將需要持續的從一個防守的位置移動到另一個位置，「幫忙與還原」（help and recover）這個詞指的是在遠離球邊站好防守的位置來阻止穿越傳球或持球者的運球切入，然後再還原至原本的防守者。

當你在遠離球邊，你應該要就遠離你防守的對手但靠近球的位置，這樣你才可以同時看到球與你的防守者，這就是所謂的球—人—對手的原則（ball-you-man principle）。想像一下你自己、球跟對手的位置呈現一個三角型的形狀，你的對手離球越近，你就應該要離你的對手越近；球離你的對手越遠，你就應該離你的對手越遠，但仍然是在可以幫忙你的對手防守球的位置。

強邊翼側阻絕傳球防守站位

當你在強邊翼側，你應該要嘗試去阻絕穿越傳球到罰球線延伸端以下的強邊翼側進攻球員（圖12.1）。為了要阻絕傳到有球邊翼側的傳球，你要就球—人—對手並且可以碰的到你的防守者的位置，使用封閉式的站姿來過度防守你的對手，讓領導腳與高舉的手擋在傳球的路線上，且讓你的手舉高以及眼睛看著領導手臂的肩膀，這樣你才可以同時看到球與你的對手；並且讓你領導手的手掌面向外側大拇指朝下，隨時準備好撥掉傳球，而你的後手臂應該要彎曲且靠近身體，讓你的後手碰到你的對手有助於你偵測對手的動向。隨時準備好

移動，記得雙腳打開且彎曲膝蓋，以短且快的步伐來回應你的對手；當你移動時，讓雙腳靠近地板並保持與肩同寬，不要讓雙腳交叉或跳起來，頭部保持穩定且高於腰部，然後背挺直以避免後傾失去平衡，並保持機警與準備好撥掉外圍的傳球給你的對手。

而針對開後門的傳球，你則要身體面向傳球然後把傳球拍掉，而身體面向傳球的方法則是利用你內側的腳當作軸心腳來將領導腳拉回朝向球的方向。

弱邊協防防守站位

當你在弱邊時，下沉離開你的對手，就你、對手及球形成一個想像中的三角形平面位置（圖12.1）。就開放式站姿，好讓你不用轉頭就可以同時看到球與你的對手，球離你的對手越遠，你就可以離你的對手越遠，但仍然在可以協助你的隊友防守球的位置。用你的內側手（靠近你的對手的手）指向你的對手以及使用外側手指向球，隨時準備好移動，兩腳張開並讓雙膝彎曲，藉由短且快的腳步來回應你的對手的移動。當你移動時，切記雙腳要靠近地面並且保持與肩同寬，移動過程中不要交叉腳或者跳起來，讓頭部保持穩定且高於腰部，然後背挺直以避免後傾失去平衡。準備好協防運球切入或阻止讓持球的人傳球到內線，如果你已經就協防的位置，喊出「我來幫你了」來與你的隊友溝通。

圖12.1 防守站位

強邊的傳球阻絕

1. 與你防守的對手保持可以碰到的距離
2. 球—人—對手的位置
3. 封閉式的站姿
4. 領導腳與舉高的手在傳球的路線上，使用領導手將手撥掉
5. 雙腳張開並雙膝彎曲
6. 移動時採短且快的步伐，並讓雙腳維持與肩同寬（不要交叉腳）
7. 準備讓身體面向球來撥掉開後門傳球

弱邊的協防

1. 下沉離開你的對手
2. 球—人—對手的位置
3. 開放式的站姿
4. 內側手指向你的對手；外側手指向球
5. 雙腳張開並雙膝彎曲
6. 移動時採短且快的步伐，並讓雙腳維持與肩同寬（不要交叉腳）
7. 準備好協助隊友防守運球切入或開後門傳球，向隊友大喊示意「我來幫你了」

 常見的錯誤

強邊防守時，翼側球員做一個切到籃框的假動作然後接切回來到球的方向之後，你無法阻絕傳球。

改善方式

學習忽略翼側球員往籃框踩的第一步，並且瞭解你還有弱邊的防守者可以協防開後門的傳球。

常見的錯誤

當在弱邊防守時，你太靠近你的防守者，導致你無法在協防運球切入或阻絕傳至內線的位置。

改善方式

當在弱邊防守時，下沉離開你的對手，想像你、對手及球的位置呈一個三角型的形狀，就開放式站姿來同時看到球與你的對手。如果你就協防的位置，喊出「我來幫你了」來與你的隊友溝通。

防守有球邊的後衛當翼側球員持球時

當你在防守有球邊的後衛且翼側的球員持球時，你可以依照球隊的防守策略來選擇以下兩種防守方式之一。第一種選擇是以封閉式的站姿（領導腳與手舉高來擋住傳球的路線）來過度防守該後衛，以避免球回傳回有球邊的後衛；如圖12.2a所示，防守球員(X1)使用封閉式的站姿來避免球從翼側球員(3)回傳回有球邊的後衛(1)。另一種選擇為就幫忙還原的位置，來幫助擋住翼側球員往中間的運球切入或避免球傳到高位；如圖12.2b所示，防守球員(X1)就開放式的站姿，下沉遠離有球邊的後衛來協防隊友(X3)擋住往中間運球切入的翼側球員(3)，接著球員(X1)則還原位置來阻止傳給有球邊後衛的傳球，並保持機警隨時準備好預防有球邊的後衛在正切或開後門切至籃框時接到傳球。

防守弱邊的後衛當另一個後衛持球時

想像你的對手與籃框之間有一條想像中的線，就開放式站姿離該線一步之遠，且應該呈球、你與防守對手三角位置，以及在不轉頭的狀況下可以同時看到球與你的對手，用一手指向球，另一手指向你的防守對手，就幫忙還原的位置，以及在你就協防位置時喊出「我來幫你了」來與你的隊友溝通。在圖12.3中，防守球員(X2)就開放式站姿，下沉來遠離弱邊後衛(2)以避免球員(2)的正切、協防球員(1)往籃框的運球切入，以及還原位置來阻擋傳給球員(2)的傳球。

防守弱邊翼側球員當後衛持球時

下沉遠離你的對手就球、你及球員的三角位置，就開放式的站姿，但至少

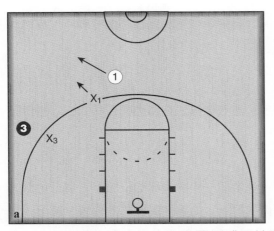

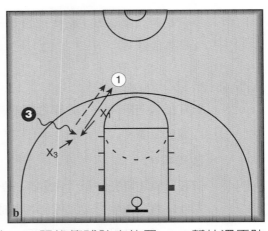

圖12.2　防守有球邊的後衛當翼側球員持球時：(a)阻絕傳球防守位置；(b)幫忙還原防守位置。

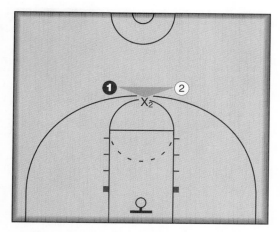

圖12.3 防守弱邊的後衛當另一個後衛
　　　 持球時。

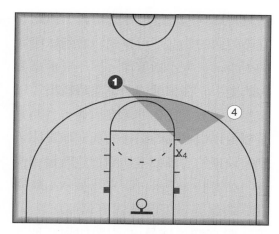

圖12.4 防守弱側邊翼側球員當後衛持
　　　 球時。

一隻腳要在罰球線圈邊線上，在不轉頭
的狀況下可以同時看到球與你的對手，
以一隻手指向球，另一隻手指向你的對
手，在你就協防位置時喊出「我來幫
你了」來與你的隊友溝通。如圖12.4所
示，防守球員(X4)就開放式的站姿，下
沉遠離弱邊的翼側球員(4)來預防球員
(4)的閃切、協防球員(1)的往中間運球
切入或傳到內線的傳球，以及還原位置
來防守傳給球員(4)的傳球。

防守弱邊的後衛當球在翼側時

　　下沉遠離你的對手就球、你及球員
的三角位置，就開放式的站姿，但在一
步就可以到達弱邊籃框的位置，你應該
在不轉頭的狀況下可以同時看到球與你
的對手，一隻手指著球，另一隻手指著
你的對手，在你就協防位置時喊出「我
來幫你了」來與你的隊友溝通，且要有
警覺性準備好預防弱邊的後衛在空切
到籃框時接到傳球。如圖12.5所示，防

守球員(X2)就開放式的站姿，下沉離弱
邊後衛(2)遠一點來避免球員(2)的空切
至籃框、協防球員(3)往中間的運球切
入，以及還原位置防守傳給球員(2)的
傳球。

防守弱邊翼側球員當球在翼側
時

　　下沉遠離你的對手就球、你及球員
的三角位置，就開放式的站姿，但在一

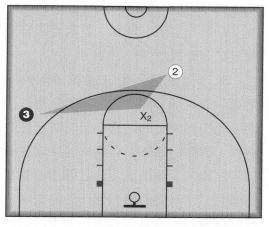

圖12.5 防守弱邊的後衛當球在翼側時。

步就可以到達弱邊籃框的位置，你應該在不轉頭的狀況下可以同時看到球與你的對手，一隻手指著球，另一隻手指著你的對手，在你就協防位置時喊出「我來幫你了」來與你的隊友溝通，且要有警覺性準備好預防弱邊的翼側球員閃切到有球邊的肘區或空切到低位時接到傳球。如圖12.6所示，防守球員(X4)就開放式的站姿，下沉離弱邊翼側球員(4)遠一點來避免球員(4)的閃切到有球邊的肘區或空切到低位、協防球員(3)的運球切入到底線或開後門切，以及還原位置來防守傳給球員(4)的傳球。

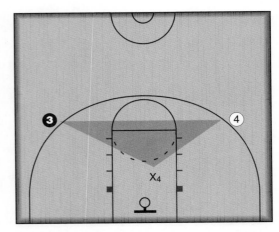

圖12.6 防守弱邊翼側球員當球在翼側時。

遠離球的防守訓練　在翼側阻絕傳球

　　一名好的防守者要能夠壓迫與阻絕傳到有球邊翼側球員的穿越傳球，這個翼側阻絕傳球的訓練可以提供一個機會來練習阻絕傳到罰球線延伸端以內的傳球。這個訓練需要三位球員，兩位進攻以及一位防守，進攻球員(1)先在三分線頂點位置持球，進攻球員(2)則擔任在有球邊的翼側球員站在罰球線延伸端，你則充當防守球員，就阻絕防守位置來防守球員(2)。

　　為了阻絕傳到有球邊翼側球員的傳球，先就球、你與防守者的三角形位置，藉由封閉式的站姿來過度防守你的對手，讓你的領導腳與高舉的手擋在傳球的路線中，藉由抬起頭眼觀領導手臂的肩膀上方來同時看到球與你的對手，隨時準備好用往外張大拇指朝下的領導手手掌撥掉球。而有球邊翼側球員(2)

嘗試在有限的範圍內移動來獲得空檔，其範圍為在罰球線延長端以上一步、罰球線圈邊線、全場的邊線及全場的底線圍起來的這個區塊，你則以短且快的步伐來回應球員(2)的移動，切記兩腳要與肩同寬，過程中要保持警覺準備好撥掉以外圍傳球傳到你的防守者的傳球；而對於開後門傳球，你則藉由以你的內側腳為軸心腳拉回你的領導腳來面向球以撥掉傳球。

　　當進攻方的翼側球員接到傳球，這個訓練就變成一對一的訓練，訓練持續進行直到翼側球員得分或你藉由搶到籃板球、抄截或阻斷傳球來獲得球權，訓練進行30秒後才交換位置，你與你的夥伴應該每個人要扮演翼側阻絕防守的角色三次。

- 保持頭部往上抬來同時看到球與你的對手。
- 解讀與回應進攻球員。
- 使用短且快的步伐。

每一次你成功阻止翼側球員得分就獲得1分,這個訓練是競賽式的訓練,所以要嘗試比你的對手得更多分,如果你比你的對手得更多分就獲得5分。

你的分數:＿＿＿

遠離球的防守訓練　弱邊幫忙與還原

在這個訓練中,你將會練習到在弱側邊的軸心腳旋轉面向球、協防有球邊翼側球員的運球切入,以及當球傳出去後要還原防守到你原本防守的球員。這個訓練需要三位球員,兩位進攻以及一位防守,進攻球員(1)在罰球線延伸端翼側持球,進攻球員(2)則在另一邊的罰球線延伸端翼側擔任弱邊翼側球員,你則在弱邊翼側防守球員(2)。

在弱邊下沉遠離你的對手形成球—你—對手的想像中平面三角形狀的位置,就開放式的站姿,遠離弱邊籃框一步之遠,讓自己可以在不轉頭的狀況之下同時可以看到球與你的對手,然後一手指向球,另一手指向你的對手,在你就協防位置時喊出「我來幫你了」來與你想像中的隊友溝通。

球員(1)運球穿越想像中有球邊的翼側防守球員沿著底線切往籃框,你則藉由移動到有球邊的籃框來協助這名想像中有球邊翼側的防守球員,以阻止球員(1)的運球上籃或造成進攻犯規。當你移動,球員(1)傳球給閃切到弱邊肘區的弱邊翼側球員(2);當球員(1)一傳球,你則快速的還原回防守球員(2);當球員(2)在弱邊肘區接到傳球,球員(1)就立刻走出場外,這個練習就變成你跟球員(2)的一對一競賽。持續這個訓練直到翼側球員得分或你藉由搶到籃板球、抄截或阻絕傳球獲得球權為止,之後就改變位置持續練習,讓每位球員都可以嘗試三次弱邊幫助還原防守。

- 採取球—你—對手的三角位置。
- 使用口語暗號來讓你想像中的隊友知道你可以過去協防。
- 當持球的進攻球員運球切入到籃框,嘗試去製造進攻犯規。

每一次你成功阻止弱邊翼側球員得分就獲得1分,這個訓練是競賽式的訓練,所以要嘗試比你的對手得更多分,如果你比你的對手得更多分就獲得5分。

你的分數:＿＿＿

單元十二　團隊防守

低位的防守

永遠要嘗試避免讓你的對手在好的低位位置接到傳球,使用封閉式的站姿,讓你的身體有四分之三在球與你的防守者之間。當球在罰球線延伸端上面時,在頂端位置阻絕在低位的對手接到傳球;而當球在罰球線延伸端下面時,在底線位置阻絕在低位的對手接到傳球。

當在罰球線延伸端的翼側球員傳球給在罰球線延伸端下面的角落位置球員(或反之亦然),你應該快速的從低位的一側移動到另一側,阻絕防守位置的調整可以藉由踏到你低位對手的前面來改變方向,過程中要使用快速的步伐,先踏出你的內側腳(靠近對手的

那隻腳)然後外側腳再跟進。如圖12.7所示,當球從球員(1)傳到角落的球員(2),球員(X5)快速的從頂邊移動到底線,踏在低位球員(5)的前面。

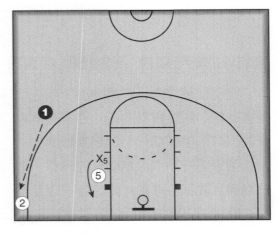

圖12.7　低位的防守站位:換邊

　常見的錯誤

當球從翼側傳到角落時(或反之亦然),你無法阻絕傳到低位的傳球。

改善方式

當在傳球時,使用快速的兩步移動踏到低位球員的前面,讓改變方向時還可以維持在阻絕位置。

低位的防守訓練　低位的傳球阻絕站位

你應該要一直嘗試阻絕你的對手在好的低位位置接到傳球,這個訓練提供你這個機會來練習。這個訓練需要四位球員,你先當防守的,其他三位球員則為進攻球員。進攻球員(1)持球站在有球邊罰球線延伸端上方,進攻球員(2)站在有球邊罰球線延伸端下方角落的位置,進攻球員(3)則站在有球邊低位位

置(約在罰球線圈邊線外方形框上),身為防守球員,你則以傳球阻絕站位來防守在低位的球員(3),使用封閉式的站姿,讓你的身體有四分之三在球與你的防守者之間。球員(1)與(2)嘗試傳球到內線低位的位置,然後你就嘗試來阻絕每一個傳到內線低位的傳球,且球員(1)與(2)應該要互傳,球員(3)則應該

把你封在身體後面來爭取較好的低位位置。

當球在想像中罰球線延伸端上方時，你應該要從頂邊的位置來阻絕低位傳球；當球在想像中罰球線延伸端下方時，你應該要從底線的位置來阻絕低位傳球。當球員(1)（在罰球線延伸端上方）傳球給在罰球線延伸端下方角落的球員(2)，或當球員(2)傳球給球員(1)，你應該要快速的從低位的一邊移動到另一邊，藉由踏到低位球員的前方來改變方向以維持阻絕防守的位置。在此快速的腳步移動是非常重要的，先將你的內側腳踏出，然後外側腳再跟進。而當球員(3)在低位接到傳球，這個訓練就變成一對一的訓練，訓練一直進行直到

低位的球員得分或你藉由搶到籃板球、抄截或阻斷傳球來獲得球權。讓每位球員練習低位阻絕防守三次，三次後交換位置。

成功動作的檢查

- 使用封閉式的站姿，讓你的身體有四分之三在球與你的防守者之間。
- 保持正確的阻絕防守站位。
- 使用快速的腳步

為你的成功打分數

每一次你成功阻止低位的球員得分就獲得1分，這個訓練是競賽式的訓練，所以要嘗試比你的對手得更多分，如果你比你的對手得更多分就獲得5分。

你的分數：＿＿＿

防守空切者

當你在外圍貼身防守的對手傳球時，你必須要離開你的對手往球的方向移動，這個動作稱為「*跳向球*」（jumping to the ball），跳向球可以讓你站位到防守對手的傳切與讓你協防球的位置。

你必須要跟著傳球移動來建立球－你－對手的三角位置，如果你在對手空切之後才移動，你會跟不上對手，傳球是籃球場上最基本的進攻打法，自有籃球比賽開始就有這種打法。而對於遠離球的防守，你應該要就能同時看到球與你的對手的位置，為了要能防守空

切者，讓你自己站位遠離空切者來靠近球，不要讓空切者移動到你與球之間，以強硬與平衡的站姿來準備任何當你避免空切者要擠到你與球之間的身體對抗。

當空切者靠近罰球線圈邊線時，你應該要就碰撞位置使用「碰撞與讓開」（bump-and-release）的技巧，用你身體內側的位置來與空切者碰撞，以及讓開空切者與球之間的位置。如果你的防守者使用開後門切到籃框，當你跟你的空切對手移動時你應該要維持封閉式的站姿，然後球一傳出後，你就轉身面向

球使用你的領導手來撥掉傳球。

　　如圖12.8所示，當進攻球員(1)傳球給球員(2)，球員(X1)快速的跳向球邊並使用碰撞與讓開的技巧，且在球員(1)空切的過程中讓自己待在球與球員(1)之間。

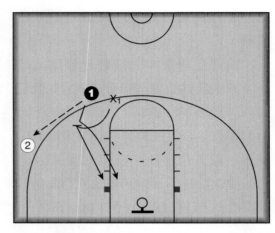

圖12.8　防守空切者。

 常見的錯誤

你讓空切者移動至你與球之間的位置。

改善方式

調整至封閉式的站姿，讓你的領導腳與高舉的手擋在傳球的路線上，迫使空切者往你的後面走。

防守閃切

　　閃切是對手從弱邊移動到球的快速移動，大部分的進攻方使用從弱邊移動到高位位置的閃切，而當你是一位在弱邊的防守球員時，你應該要就開放式的站姿，讓你可以同時看到球與對手。如圖12.9所示，如果球員(1)在另一側的翼側持球，當你的對手閃切到高位位置時，你應該要警覺的移動以及阻止閃切，把站姿調整為封閉式的站姿，讓你的領導腳與高舉的手擋在傳球的路線上，就強硬與平衡的站姿準備好承受當你阻擋閃切所造成的任何身體上的接觸，並使用你的領導手來撥掉傳球。但如果你的對手閃切然後接著開後門切到籃框，你應該先就封閉式的站姿來阻絕

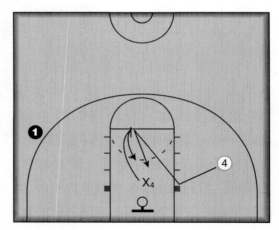

圖12.9　防守閃切。

閃切，對於開後門切的部分，你則繼續維持封閉式的站姿來與空切的對手一齊移動，並當球傳出去之後，保持警覺隨時準備好阻斷或拍掉傳球。

你的對手閃切到高位，然後在開後門切到籃框時甩開你。

改善方式

首先，你必須就封閉式的站姿來阻絕傳給閃切到高位的傳球，而當你與開後門切的對手一齊移動時，要維持封閉式的站姿，但球一傳出去後，就立刻轉身面向球。

防守閃切訓練　阻絕閃切與阻絕開後門切的傳球

這項訓練讓你練習阻絕閃切與開後門切的傳球，這項練習需要三位球員，兩位進攻以及一位防守，進攻球員(1)站在罰球線延伸端持兩個球，進攻球員(2)站在弱邊的翼側，開始先站在弱邊罰球線延伸端，你則擔任防守者站在弱邊防守球員(2)，使用開放式的站姿，一隻手指向球，另一隻手指向你的對手，在你就協防位置時喊出「我來幫你了」來與你的隊友溝通。

球員(2)以空切到籃框幾步然後閃切到有球邊的肘區來開始此練習，你則調整為封閉式的站姿來阻擋閃切，並比該空切的弱邊翼側球員早到有球邊的肘區，你的領導腳與高舉的手應該要擋在傳球的路線來阻絕傳球，要強硬且準備好承受當你阻擋球員(2)閃切時所造成的任何身體碰撞，並使用你的領導手來撥掉傳球。

球員(1)嘗試傳第一顆球給在有球邊肘區的球員(2)，你則以撥掉球來回應傳到閃切者的傳球　，一旦你阻絕了閃切的傳球，球員(2)立刻開後門切到籃框，球員(1)則接著嘗試傳出第二顆球給開後門切的球員(2)，當球傳出去後你則以轉面向球來回應開後門切並撥掉傳球，訓練一直進行直到每位球員練習三次阻絕閃切與開後門切之後才交換位置。

成功動作的檢查

- 開始時採用開放式的站姿，然後接著以封閉式的站姿來回應閃切。
- 用口語來與你想像中的隊友溝通球的移動。
- 當你要抵擋閃切時，準備好身體的碰撞。

為你的成功打分數

5至6次的成功傳球阻絕＝5分

3至4次的成功傳球阻絕＝1分

3次以下的成功傳球阻絕＝0分

你的分數：＿＿＿

這個訓練可以讓你練習阻止運球切入、搶籃板、做外傳傳球，以及從防守轉換為進攻。經由這個練習，你將會練習到六項不同的防守：阻絕到翼側的傳球；阻絕到低位的傳球；弱邊協防的站位；阻絕到閃切的傳球；阻擋運球切入；卡位、搶籃板球、做外傳傳球，以及轉換至快攻。

這個訓練需要三位球員，一位防守以及兩位進攻，你一開始先防守站在有球邊翼側罰球線延伸端位置的球員(2)，進攻球員(1)則一開始先站在三分線頂點位置持球以及給與口令，當球員(1)喊出「阻絕」時該練習就開始進行。當口令開始時，球員(2)努力在翼側位置爭取空檔，而你則努力的阻絕傳到翼側球員的傳球。

接著球員(1)喊出「低位」，然後球員(1)從罰球線延伸端上方運球至下方，而球員(2)則在有球邊的低位爭取空檔，而當球從罰球線延伸端上方運到下方時，你則應該藉由從頂邊移動到底線來阻絕傳到低位的傳球。

之後，球員(1)喊出「遠離」，口令喊出後，球員(2)遠離球的移動到弱邊，你則應該移動至弱邊就幫忙還原的位置，該位置只有離弱邊籃框一步之遠，就開放式的站姿，一隻手指著球，另一隻手指著你的對手，你一旦就防守位置後，說出關鍵字來與你想像中的隊友溝通。

接著，球員(1)喊出「閃切」，然後球員(2)先往籃框的方向空切個幾步之後就閃切至有球邊的肘區，你則應該藉由封閉式的站姿來回應以阻擋其閃切，搶先在球員(2)之前到達有球邊的肘區，並讓你的領導腳與手擋在傳球的路線以阻絕傳球。

接著，球員(1)喊出「出去」，然後球員(2)移動出去到三分線頂點位置，此時你則讓球員(2)接到傳球，接著就開始阻擋其一對一的運球切入到籃框，在球員(2)投籃之後，立刻卡位與跑去爭搶籃板；如果球沒投進，搶到進攻籃板之後再做外傳傳球給在翼側球員(1)；如果球投進，拿球離開籃框跑到界外發球給在翼側球員(1)，然後再跑到罰球線上接回傳球。改變位置後持續的訓練，讓每位球員都可以練習到防守。

成功動作的檢查

- 以正確的防守來回應每一個進攻的動作。
- 投籃之後，立即卡位以及侵略性的爭搶籃板球。

為你的成功打分數

每次以正確的防守來回應六個進攻動作的其中一個就獲得1分。

6次正確的防守 = 6分

5次正確的防守 = 3分

4次正確的防守 = 1分

少於4次正確的防守 = 0分

你的分數：＿＿＿

防守擋拆

如同前面所提到的內容，擋拆（又稱為持球的掩護）是籃球場上最古老的戰術，現在的籃球比賽比以前用得更多的一種戰術，在職業球賽的層級，擋拆已經變成大部分的隊伍主要使用的一種進攻戰術，同時也在大學與高中籃球比賽中處處可見。在擋拆戰術中，掩護者設立掩護然後轉身切入至籃框來接到控球者的傳球做內線的投籃；如果掩護者是一個好的射手，就可以使用掩護後往外拉，這種戰術也就是掩護者拉到外線來做外線的投籃而不是轉進籃框。毋庸置疑的，擋拆在現今的籃球比賽中已經變成最難防守的戰術了，擋拆打法有很多選擇，在利用掩護運球切入後既可以傳給內線的低位球員或傳給外線給有空檔的三分射手。

防守擋拆的方法有很多種，無論你使用是哪一種方法，要防守流暢的擋拆打法需要五位防守球員。兩位主要的防守球員來防守擋拆戰術：(1)防守持球的球員與(2)防守設立掩護的球員，其他防守球員大部分站位在弱邊，必須移動到協防位置且在需要的時候提供協防，但是弱邊協防的防守球員不能站在離三分線外手感火燙的射手太遠，這樣會讓該射手有空檔的投籃機會。至於怎樣的來防守擋拆，就要參考你的對手的能力，以及對方是怎樣運用擋拆來得分。

要能成功的防守擋拆，你與隊友之間的溝通與互助是非常重要的。防守設立掩護的防守者必須要喊出掩護的方向來警告被掩護的防守者，例如：喊出「右掩護」或「左掩護」。同時，也要與隊友溝通防守該掩護的方法，例如：如果你的隊友正在防守一個好的射手而你要這個隊友去爭搶掩護上方的位置，你就喊「走上面」；如果你的隊友正在防守一個好的運球突破者，你就喊「走下面」。

四位球員跟擋拆戰術有直接的關聯，兩位進攻球員（掩護者與利用掩護的持球者）與其兩位的防守者。為了能更簡單的瞭解防守擋拆的方法，我們總是把運用掩護的持球進攻球員稱為第一球員，如果防守持球者的防守者往掩護上方走，稱為爭取掩護的上方位置或簡單的稱為走第二位置；如果防守持球者的防守者往掩護下方走，稱為爭取掩護的下方位置或走第三位置；如果防守持球者的防守者往掩護者與掩護者的防守者兩者的下方走，稱為走第四位置。

防守擋拆的方法有很多種，但你應該在學習其他方法之前先專精一種標準的策略，大部分的教練要防守球員在使用其他方法來防守擋拆之前先專精學習強硬的幫忙還原這種策略，以下是六種基本的擋拆防守策略。強硬的幫忙還原、溫和的幫忙還原、包夾、擠壓通過、壓迫至邊線或底線，以及交換防守。

強硬的幫忙還原

當你的對手設立掩護於你的隊友且你的隊友正在防守站在射程內的射手，你就應該要使用「*強硬的幫忙還原*」這種防守策略來幫助你的隊友持續地跟住這個射手。喊出掩護的方向後往掩護者的上方走來跳進運球者的行進途徑，這種「展現強硬」的動作可以避免運球者往中間走〔稱為*轉向角落*（turning the corner）〕；藉由展現強硬的動作，你將會阻礙運球者或迫使他運球大幅度的改變方向，這樣就可以為你的隊友爭取時間來跟住運球者（走第二位置）。而當你展現強硬的動作時，你應該要將一隻手放在掩護者身上，這樣在掩護者提早脫離掩護或溜進籃框時，你才來得及跟。而在提供強硬的幫忙之後，要立刻還原位置回防守掩護者，如果你跟著運球者太遠，另一個隊友就要輪轉過來擋住掩護者，而你則應該移動至籃框，然後尋找擁有空檔的進攻球員。

而當你是被掩護的防守球員時，你應該爭搶掩護上方的位置以持續的跟著運球者，你可以先將一腳擠進掩護的上方然後身體再跟進，而且如果你跟掩護者爭搶位置來跟住運球者，掩護者就比較難成功的對你設立掩護。

如圖12.10所示，進攻球員(4)為進攻球員(1)設立掩護，防守球員(X4)藉由踏進進攻球員(1)的行進路線來展現其強硬的動作，這樣可以讓隊友(X1)有時間來爭搶通過掩護上方的位置（走第二位置）以持續的跟住運球者，而防守球員(X5)則輪轉移動去防守轉身切進籃框的掩護球員(4)，而防守球員(X4)則輪轉移動過去防守進攻球員(5)，弱邊的防守球員(X2)與(X3)則提供協防然後還原至原本他們防守的球員。

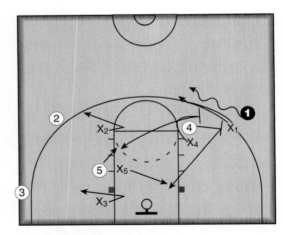

圖12.10　強硬的幫忙還原。

籃球

邁向卓越

你的隊友嘗試爭取掩護上方的位置，但是沒有成功，所以讓運球者運球繞過掩護。

改善方式

以踏進運球者的行進路線來擋住運球者，或迫使他運球大幅度的改變方向來展現強硬的動作，這可以替你的隊友爭取時間來跟住運球者。而當你是被掩護的防守者時，你則努力爭搶掩護上方的位置來持續跟住運球者。

溫和的幫忙還原

當你的對手設立掩護於你的隊友且你的隊友正在防守站在射程內並且是一個好的運球突破者時，你應該要使用「*溫和的幫忙還原*」這種防守策略來幫助你的隊友持續跟著這個運球切入者，喊出掩護的方向後拉到掩護者的下方來幫助擋住運球者前進的方向，這種溫和的幫忙動作能讓你在一個較好的位置來防守掩護者的轉身進籃框，也同時在運球者嘗試運球切入時可以幫忙隊友防守，但是這種策略對於可以靠著掩護來製造跳投機會的運球者就效果不好了。而給與溫和的幫忙之後，你應該要立刻還原位置來防守掩護者，除非另一個隊友已經輪轉來防守掩護者；如果發生這種狀況，你則應該移動至籃框，然後尋找擁有空檔的進攻球員。

而當你是被掩護的防守球員且防守的對象是一個好的運球突破者時，你應該要藉由走到掩護的下方以努力的跟著運球者，而要不要往掩護下方走取決於設立的掩護與籃框的距離，如果掩護是設立在運球者射程範圍之外，很明顯的

你應該要往掩護的下方走；但如果設立的掩護太靠近籃框加上運球者是一個好的射手，你則應該要努力爭搶掩護上方的位置。

如圖12.11所示，球員(4)為球員(1)設立掩護，防守者(X4)實施溫和的幫忙，退到掩護者的下方來幫忙隊友(X1)（走掩護下面，走第三位置）防守運球切入，這樣也讓防守者(X4)在一個較好的位置來防守掩護者(4)的轉身，或當隊友(X5)輪轉移動來防守球員(4)時有較好的位置來輪轉移動去防守球員(5)。弱邊的防守者則協防與還原防守位置去原本防守的球員。

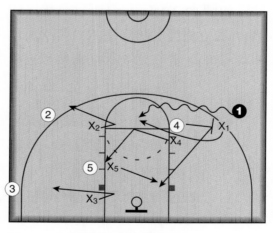

圖12.11　溫和的幫忙還原。

常見的錯誤

你的隊友不知道被你的對手掩護了。

改善方式

當你的對手移動去你的隊友那邊設立掩護，你必須要喊出掩護以及掩護的方向。

包夾

　　包夾運球者是一種比較侵略性的防守擋拆策略，相對地這種策略就擁有比較高的風險，這個策略除了要兩位主要防守者（持球者的防守以及掩護者的防守）的合作以外，還需要其他三位球員的協防及輪轉。包夾有兩種方式，擁有最高風險的方式就是在掩護設立好之前兩位主要防守者去包夾運球者，而另一個常使用的方式就是當運球者剛繞過掩護時兩位主要防守者去包夾運球者，但不管是運用哪一種方式，都會遇到的風險，就是運球者將會做一個快速的傳球給轉進籃框或拉到外圍做外圍投籃的掩護者，這也是為什麼另一個靠近籃框的隊友要輪轉移動去防守該掩護者。

　　如圖12.12所示，球員(4)替控球者(1)設立掩護，防守者(X1)與(X4)包夾球員(1)，當球員(5)閃切去接被包夾的球員(1)外傳球時，防守者(X5)必須要阻絕傳球，而如果傳球（還在空中時）被傳至拉到角落的掩護者(4)時，弱邊的防守球員(X3)輪轉移動去防守球員(4)，弱邊的防守球員(X2)則必須在一個可以輪轉去防守球員(2)或(3)的位置。

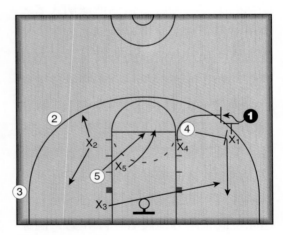

圖12.12　包夾。

常見的錯誤

在包夾的時候，靠近籃框的防守者輪轉過去防守拉到角落的掩護者，但球被傳到防守者離開的那位進攻者，造成該球員有空檔。

改善方式

靠近籃框的防守者不要輪轉移動去防守掩護者，除非傳球還在空中移動。

擠壓通過

　　當持球者是一個好的運球突破者，掩護者是一個好的射手且喜歡在掩護後拉到外圍做外圍投籃，你就應該要擠到掩護者的下方去，這樣可以幫助防守運球者的隊友往你跟掩護者兩人的下方走（走第四位置），來防守運球者的切入至籃框，以及讓你持續可以跟住掩護者。喊出掩護的方向以及「擠下去」，持續的跟著掩護者，讓你的隊友往你與掩護者兩人的下方通過以持續跟著運球者。

　　如圖12.13所示，球員(4)為球員(1)設立掩護，防守球員(X4)喊出掩護並擠到掩護者(4)的下方，讓隊友(X1)可以往掩護者(4)及防守者(X4)兩人的下方

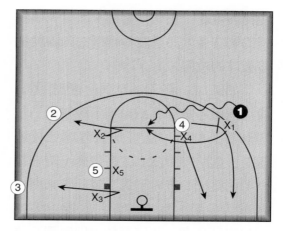

圖12.13　擠壓通過。

通過（走第四位置）去防守運球切入的球員(1)，之後防守者(X4)持續跟著拉到角落的掩護者(X4)，防守者(5)則機警的協防防守者(X1)或去搶籃板球，弱邊的防守者(X2)與(X3)則提供協防然後還原至原本他們防守的球員。

 常見的錯誤

你的隊友在嘗試往掩護的下方走時撞到你。

改善方式

喊出掩護的方向以及「擠下去」，持續的跟著掩護者，讓你的隊友有空間往你與掩護者兩人的下方通過來跟住運球切入者。

壓迫至邊線或底線

　　當你的對手設立掩護於你的隊友且你的隊友正在防守站在翼側或角落的進攻球員時，你應該要使用《壓迫至邊線或底線》這種防守策略。身為掩護者的防守者，你必須要喊出此種防守策略的暗號「向下」，然後往籃框的方向向下移動二或三步；而暗號喊出來之後，

防守運球者的隊友則必須站位在運球者的上方，以及迫使運球者往邊線（或底線）與你的方向走。如果掩護者是一個好的射手且拉到外線準備做跳投，另一個隊友則必須要從弱邊輪轉來防守掩護者，而你則需要輪轉過去弱邊尋找有空檔的球員；如果掩護者是轉身進去籃框，弱邊的內線球員就必須要輪轉以避

單元十二　團隊防守

免掩護者藉由正切到籃框，而另一個弱邊的防守者則必須要輪轉回去內線就搶籃板球的位置。

如圖12.14所示，球員(4)為球員(1)設立掩護，防守者(X4)暗示隊友(X1)就運球者高位的位置來迫使運球者往邊線走，當防守者(X1)就高位後，防守者(X4)往籃框的方向下退二或三步來圍住運球切入者，然後準備在底線中點位置包夾運球者，防守者(X2)則輪轉至拉到強邊肘區的球員(4)，弱邊的防守者(X3)則準備好輪轉至可能接到傳球的球員(2)或(3)，防守者(X5)則與球員(5)待

在一起，但要對於空切保持機警且準備好協防。

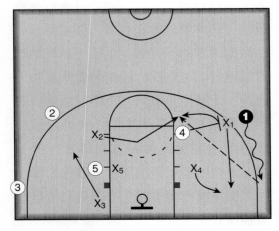

圖12.14　壓迫至邊線或底線。

常見的錯誤

防守在翼側或角落的進攻球員的隊友，不知道已經被你的對手掩護了，也不知道用哪種防守策略來回應。

改善方式

當你的對手移往隊友的方向並對該隊友設立掩護，你則需要喊出「向下」來暗示你的隊友就高位，以迫使運球者到邊線（底線）與你的方向。

交換防守

當你的體型及防守能力與你的隊友差不多時，你們應該要交換防守對手；如果你的體型及防守能力與隊友有所差距，交換防守對手只能是下下策，因為這樣會讓進攻方在錯位上占優勢，但是錯位再怎樣也沒有棄守空檔的投籃來得危險，然而在小個子球員防守大個子球員時，最近的大個子防守球員應該要過來包夾。當你要做交換防守時，在掩護發生的時候喊「交換」，當你在做交換防守時，侵略性的爭搶阻擋運球切入的位置，而此時掩護者將會轉進籃框或拉到外線去做外線的投籃。所以如果你是擔任被掩護的球員，當你聽到「交換」這個關鍵字時，努力去爭取掩護者有球邊的防守位置。

如圖12.15所示，球員(4)為運球
者(1)設立掩護，防守者(X4)交換防守
至球員(1)，防守者(X1)則爭取獲得掩
護者(4)有球邊的防守位置以及阻絕回
傳給他的球。當掩護者(4)轉身進去籃
框，弱邊的防守球員(X5)輪轉移動至防
守掩護者(4)，而防守球員(X3)則輪轉
至防守球員(5)，原本防守運球者的防
守球員(X1)則移動到弱邊去防守有空檔
的球員。

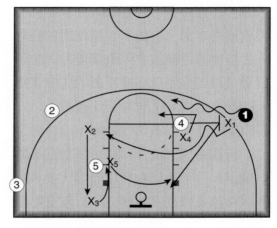

圖12.15　交換防守。

 常見的錯誤

在交換防守時，掩護者在轉身進去籃框或拉到外線做外線投籃時找到空檔。

改善方式

如果你是被掩護的球員且聽到關鍵字「*交換*」，你必須努力的爭搶掩護者有球邊
的防守位置以及阻絕傳給他的傳球。

擋拆防守的訓練　二對二練習

　　許多二對二的訓練對於防守擋拆是
非常有用的，包括協防與恢復防守（二
對二）（頁271）、二對二（牽拉防守
陷阱，頁273）、往下退與掩護下方滑
過的防守（二對二）（頁270），以及
交換防守（二對二）（頁267），這些
技巧在單元十的「兩人與三人小組打
法」都已有敘述。

防守向下掩護

　　要能成功的防守遠離球的掩護，你
與你的隊友必須要能溝通及互助，掩護
者的防守者與被掩護的防守者應該要互
相溝通怎樣來防守對方的掩護。

　　四位球員與掩護有直接的關聯，兩
位進攻球員（掩護者與切入者）以及他
們的防守者。為了使防守向下掩護的方
法更容易懂，我們總是把切入者稱為第
一球員，如果掩護者的防守者踏出來減
緩切入者的速度，讓防守切入者的防守
者可以跟得住，這意味著切入者的防守
者走第二位置；如果掩護者的防守者空
出與掩護之間的空間，讓切入者的防守
者可以從掩護者的防守者與掩護之間滑

過去，這意味著切入者的防守者穿越掩護或稱為走第三位置；如果掩護者的防守者推擠靠近掩護者，來讓切入者的防守者可以從掩護者與掩護者的防守者兩人的後方通過，這意味著切入者的防守者走捷徑或稱為走第四位置。

有四種基本的策略來防守遠離球的掩護，分別為現身與尾隨切入者、讓開與穿越、擠壓與走捷徑，以及交換防守。

現身與尾隨切入者

當你的對手設立掩護於你的隊友且你的隊友正在防守站在射程內的射手時，你應該要幫助你的隊友持續地跟住切入者，喊出掩護的方向然後以踏進切入者行進的路線來現身，這種現身的動作可以延遲切入者的速度或迫使切入者大幅度的改變方向，為你的隊友爭取時間來跟住切入者（走第二位置）。當你現身時，你應該將一隻手放在掩護者身上，這樣如果掩護者提早脫離掩護或轉身溜進籃框時就可以跟得住他。而身

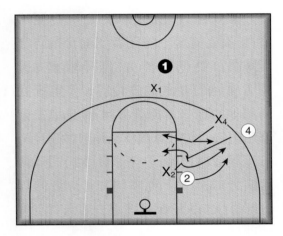

圖12.16 現身與尾隨切入者。

為被掩護的防守者，你應該要跟住掩護者，當切入者繞著掩護走時尾隨在後，如果你是直接在切入者的後面，要對你設立掩護也比較困難；如要通過掩護，努力先用一隻腳繞過掩護，然後其他身體的部分再跟進。如圖12.16所示，球員(4)替球員(2)設立掩護，防守者(X4)藉由踏進球員(2)的行進路線來現身，讓隊友(X2)有時間來尾隨空切者的身體（走第二位置）。

常見的錯誤
你的隊友被對方快速的空切，所以尾隨失敗。

改善方式
使用踏進切入者行進的路線來現身，可以延遲切入者的速度或迫使切入者大幅度的改變方向，這樣可以為你的隊友爭取時間來尾隨切入者。而身為被掩護的防守者，你應該在切入者身體的正後方來尾隨切入者，如要通過掩護，努力先用一隻腳繞過掩護，然後其他身體的部分再跟進。

讓開與穿越

當你的對手設立掩護於你的隊友，而且該隊友防守的對象是可以快速運球切入的進攻者時，或當你的對手在超過他射程範圍外設立掩護時，你就應該讓開你與掩護者之間的空間來讓你的隊友通過（走第三位置）。喊出掩護的方向及「*讓開與穿越*」，往下退一步讓開空間讓你的隊友在你與掩護之間通過，這樣你的隊友就可以持續跟著切入者。

如圖12.17所示，球員(4)為球員(2)設立掩護，防守者(X4)往下退（讓開空間）讓隊友(X2)有空間來往掩護下方移動或滑過掩護（走第三位置）。

常見的錯誤

你的隊友不夠警覺，已經被你的對手設立掩護了。

改善方式

當你的對手移動去設立掩護你的隊友，你應該要喊出掩護與其掩護的方向。

擠壓與走捷徑

當切入者的運球切入能力卓越且喜歡做捲曲切或切到內線，然後掩護的人是一個好的射手且喜歡在掩護後拉到外線去投籃，你就應該要擠壓掩護者，這個動作可以幫助你的隊友從你與掩護者的下方走捷徑通過（走第四位置）。

喊出掩護的方向以及「擠壓」，貼緊掩護者讓你的隊友有空間從你與你的掩護者兩人的下方通過去跟上切入者。如圖12.18所示，球員(4)位球員(2)設立掩護，防守者(X4)擠壓掩護者(4)讓隊友(X2)有空間從掩護者(4)與防守者(X4)兩人的下方走捷徑繞到上方去（走第四位置）。

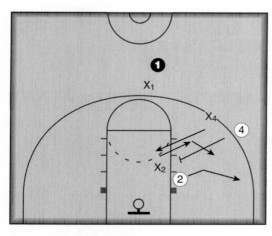

圖12.17　讓開與穿越。

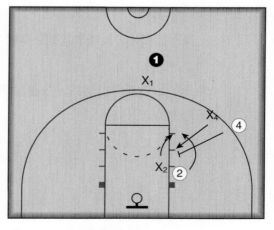

圖12.18　擠壓與走捷徑。

335

單元十二　團隊防守

你的隊友在從下方通過時撞到了你。

改善方式

喊出掩護的方向以及「擠壓」，貼緊掩護者讓你的隊友有空間從你與你的掩護者兩人的下方通過繞到上方去跟緊切入者。

交換防守

　　當你的體型及防守能力與你的隊友差不多時，你們可以交換防守對手；如果你的體型及防守能力與隊友有所差距，交換防守對手只能是下下策，因為這樣會讓進攻方在錯位上占優勢。如果你要交換防守，在掩護發生的時候喊「交換」，而當你做交換防守時，你要侵略性的爭搶可以阻絕傳給切入者傳球的位置（交換防守與阻絕傳球），而此時掩護者將會轉進籃框或拉到外線做外線投籃。而如果你是擔任被掩護的球員，當你聽到「交換」這個關鍵字時，努力去爭取掩護者有球邊的防守位置。如圖12.19所示，球員(4)為球員(2)設立

掩護，防守者(X4)交換防守然後阻絕傳給球員(2)的傳球，防守者(X2)則努力去爭搶轉身進籃框的掩護者(4)有球邊的防守位置。

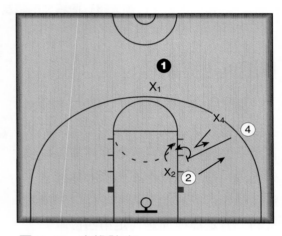

圖12.19　交換防守。

在交換防守時，掩護者找到空檔轉身進籃框或拉到外線做外圍投籃。

改善方式

身為被設立掩護的球員，在聽到關鍵字「交換」之後，你應該努力去爭取掩護者有球邊的防守位置。

防守背向掩護

要成功的在遠離球端防守背向掩護，你與你的隊友就需要溝通與互助，四位球員與背向掩護有直接的相關，兩位進攻球員（設立背向掩護的球員與切入者）與他們的防守者。當你是設立背向掩護者的防守者時，你應該要在隊友被掩護時儘早的喊出「背向掩護」來提醒隊友，為了避免掩護者可以成功的設立掩護，你的身體要在他的上方來迫使他遠離會利用掩護切入的球員，如果有球員繞過掩護切入，你也許可以擋一下切入者，然後再快速的還原位置來避免掩護者的接球投籃。而當你是防守空切者時，站位在空切者身體有球邊的位置且嘗試迫使他遠離高位以及待在掩護上方的位置，如果你真的遇到背向掩護，你應該用身體碰撞來擠到球與切入者之間的位置（切入者有球邊的位置），而防守傳球者的隊友則要壓迫傳球者且避免他傳高吊傳球。

如圖12.20所示，進攻球員(2)為球員(4)設立背向掩護，防守球員(X2)喊出「背向掩護」並讓身體在球員(2)的上方，然後再還原位置來避免掩護者(2)的接球投籃，防守者(X4)站位在空切者(4)有球邊的位置，然後迫使空切者(4)在掩護的上方以及遠離高位，隊友(X1)壓迫傳球者以避免高吊傳球給空切者(4)，或避免回傳給拉到外線的掩護者(2)。

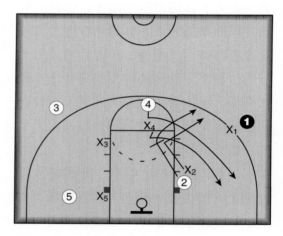

圖12.20 防守背向掩護。

常見的錯誤

你的隊友被設立背向掩護，你出來協助防守，然後你防守的掩護者拉到外線做一個快速的接球與投籃。

改善方式

一旦你的隊友被設立掩護，你就儘快的喊出「背向掩護」來提醒他，並讓身體在掩護者的上方，然後再快速的還原位置避免掩護者的接球與投籃。而你防守傳球者的隊友則必須要壓迫傳球者，來避免傳球者傳高吊傳球給空切者或簡單的回傳球給拉到外線的掩護者。

單元十二 團隊防守

防守橫向掩護

要成功的在罰球線圈邊線低位位置防守橫向掩護，你與你的隊友就需要溝通與互助，四位球員與橫向掩護有直接的相關，兩位進攻球員（設立橫向掩護的球員與切入者）與他們的防守者。當你與你的隊友體型一樣，防守掩護的人可以喊「交換防守」，此時兩位防守者都應該要待在他們對手稍微上方的位置，然後做出交換防守與阻絕傳球；如果你與你的隊友體型不同，基本的「上方—上方」技巧常被使用，當你是防守設立橫向掩護的人，你應該在隊友被設立掩護時喊出「掩護」，走到掩護者上方的位置來幫助你的隊友防守切入（藉由與切入者的身體碰撞），然後再快速的還原阻絕傳球給往罰球線圈邊線上方的位置走的掩護者。

當你是防守切入者，走到切入者身體上方的位置，當切入者往掩護下方或上方走時跟緊對手，如果你被設立掩護了，你必須要用身體碰撞讓你的身體待在球與你的對手之間（切入者的有球邊），防守傳球者的隊友則必須要壓迫傳球來避免傳球者傳給切入者或掩護者的傳球。當然橫向掩護也可以使用其他技巧來防守，但在學習其他技巧之前先學會這項基本的「上方—上方」技巧。

如圖12.21所示，進攻球員(2)為球員(5)設立橫向掩護，防守球員(X2)喊出「掩護」，然後站位在掩護者的上方位置藉由身體與切入者的碰撞來幫助隊友防守切入者，接著防守者(X2)則還原位置來預防快速的傳球至掩護者，防守者(X5)擠到切入者(5)有球邊的位置，然後跟著繞過掩護切入的他，隊友(X1)則壓迫傳球者以避免傳球者傳球給切入者(5)或給往罰球線圈邊線上方走的掩護者(2)。

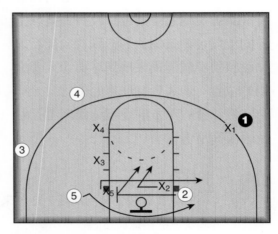

圖12.21 防守橫向掩護。

常見的錯誤

你的隊友被你防守的人設立橫向掩護了。

改善方式

一旦你的隊友被設立掩護時，立刻喊出「掩護」來提醒他，並走到掩護者上方的位置，藉由與切入者的身體碰撞來協助你的隊友防守空切者，然後再快速的還原

來避免往罰球線圈邊線上方走的掩護者接到傳球，而防守傳球者的隊友則要壓迫傳球者以避免傳球給切入者或掩護者。

防守的輪轉

所謂的防守的輪轉就是當一位隊友離開他被指派防守的對手去防守另一個球員時，隊友們必須要輪轉防守的位置來填滿該球員離開的空缺位置。輪轉有時候會涉及五位球員，所有的防守球員必須要團隊合作以及有效的溝通，搭配喊出關鍵字或詞對於溝通都有幫助，例如：「*交換防守*」、「*我來守球*」、「*我來守這個位置*」、「*我回來了*」、「*我上去*」等。

想像一下你的球隊不是在遠離籃框就是在低位位置做包夾球的戰術，而其中一位你的隊友被運球切入或被往空檔的地區空切。當你的球隊包夾球時，遠離球的防守者應該要往球的方向輪轉來防守離球近的人接到球，當防守者輪

轉時，離球最遠的防守者應該要同時防守離球最遠的兩位進攻球員，且要離該兩位進攻球員差不多遠。如圖12.22所示，防守者(X2)離開球員(2)去包夾球員(1)，弱邊的防守者(X4)輪轉去阻絕可能會傳到弱邊後衛(2)的傳球，最遠的防守者(X5)則要同時防守兩位最遠的進攻者(4)與(5)。

當你其中一位隊友被運球切入或做開後門切時，你的隊友應該要輪轉防守位置至離球近一點的位置，最近的防守球員（不是在低位就是在弱邊的翼側）要輪轉至持球者，防守弱邊後衛的防守者則要退下來防守籃框，在高位的防守者與有球邊後衛的防守者則應該要退到罰球線圈邊線。如圖12.23所示，翼側

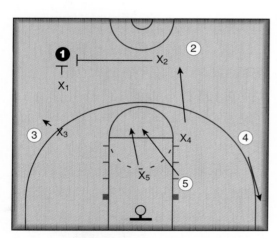

圖12.22　兩位後衛包夾時的向上輪轉。

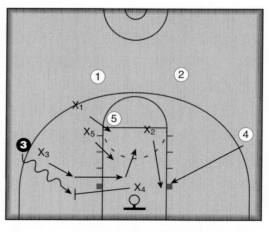

圖12.23　向下輪轉來防守底線的運球切入。

球員(3)在底線成功的運球越過防守者
(X3)，防守者(X4)輪轉去交換防守球員
(3)，球員(X2)輪轉下來填滿隊友(X4)
的位置，防守者(X3)能與(X4)做包夾的

動作或輪轉去弱邊防守（先抓球員(4)
再抓球員(2)），而防守者(X1)與(X5)
則退下到罰球線圈邊線。

常見的錯誤

當你離開被指派防守的對手去防守另一個球員時，你的隊友不知道你這樣做，所
以沒有輪轉位置去填補你空缺的防守者。

改善方式

你一定要與你的隊友溝通你的動向。在回應任何防守情況時（特別是需要防守輪
轉時），所有防守球員要團結合作，用關鍵詞來溝通。

常見的錯誤

你離開靠近籃框的對手（被指派防守的對手）去防守另一位球員，但是你的隊友
沒有足夠的時間來輪轉防守位置去防守籃下那個沒人防守的對手，所以球傳至該
球員，造成簡單的得分。

改善方式

在離開靠近籃框的對手去防守有空檔的球員之前，使用你的判斷力與防守的假動
作（例如假裝要移動靠近你要輪轉防守的對手），這樣可以讓你的隊友有多一點
的時間輪轉至沒人防守的球員（離籃框近的那位球員）。

防守殼的訓練　防守的站位

　　這項訓練能讓你針對有球邊及無球
邊的後衛與前鋒來練習對球的防守站位
及幫忙還原的站位，而這項訓練共需要
八位球員，四位進攻及四位防守。

　　四位進攻球員中，兩位後衛站在
三分線圈頂點位置，兩位前鋒則站在翼
側位置，每位防守球員就正確的防守位
置，其中一位進攻後衛被選為控球後衛
或給與口號的領導者，聽到「進去」的
口號，該控球後衛傳球給有球邊的翼側
球員；聽到「出來」的口號，球從翼側

球員傳回有球邊的後衛；聽到「換邊」
的口號，球從後衛傳給另一個後衛。在
這項訓練中，球員們在外線（殼）上流
動六次的傳球：「進去」、「出來」、
「換邊」、「進去」、「出來」、「換
邊」。

　　每位防守者隨著球的移動來調整防
守的位置，如果你防守的對手傳出球，
你就必須往傳球的方向移動，這個動作
叫做「跳向球」，藉由這個動作，你就
可以站位在防守你的對手切入以及協防

球的位置。

讓每位防守球員在四個防守位置中都可以練習六次的傳球，之後攻守交換。

- 防守方嘗試在24次的傳球中做出正確的防守站位調整。
- 如果你防守的球員傳出球，你就跳

向球的方向。

20至24次正確的防守站位調整 = 5分
15至19次正確的防守站位調整 = 3分
10至14次正確的防守站位調整 = 1分
少於10次正確的防守站位調整 = 0分
你的分數：＿＿＿

防守殼的訓練　幫忙與還原

這個訓練跟防守的站位訓練很相似，不同的地方只有每位持球的進攻球員被允許做一次運球切入，防守者藉此就可以練習幫忙防守及還原防守位置，同時這也是一個很好的進攻訓練，進攻球員每次要先就三重威脅站姿，然後再接著做運球切入與傳球，練習需要八位球員平分為兩支球隊，一隊負責進攻，另一隊負責防守。

四位進攻球員中，兩位後衛站在三分線圈頂點位置，兩位前鋒則站在翼側位置，而每位防守球員則就正確的防守位置。任何持球的進攻球員被允許做一次運球的切入，離球最近的防守者則移動過去協助阻擋運球切入，一旦運球切入被阻擋了，運球切入者就把球傳給無人防守的進攻者（其防守者做協防動作），協防阻擋運球切入之後，該協防者再還原位置至他原本防守的對手，而接到球的進攻者應該要就投球、傳球及切入的三重威脅站姿。

進攻方每次進球獲得1分，如果防守方犯規，進攻方重新獲得球權繼續進攻；如果進攻球員沒投進球而隊友搶到進攻籃板球，進攻方也可以繼續進攻，而防守方每次抄截或搶到籃板獲得球權或造成違例獲得1分，全部打5分，5分後攻守交換。

- 運球切入時，要過去幫忙阻擋。
- 阻擋運球切入之後，還原回去防守你原本分配的進攻者。
- 進攻時就投籃、傳球及切入的三重威脅站姿。

這是一個競賽型的訓練，嘗試比你的對手得多一點分數，每場比賽先得到5分的隊伍獲勝，競賽的目標就是要比你的對手贏多一點場次，如果你的球隊贏的場次比較多就獲得5分。
你的分數：＿＿＿

單元十二　團隊防守

341

防守殼的訓練　防守切入者

這個訓練與其他的防守殼訓練很相似，不同的地方在於進攻球員可以無限的運球且可以切到籃框，這個訓練可以讓進攻球員練習做正切、開後門切或閃切。此訓練需要兩隊各四位球員，一隊進攻，另一隊防守，進攻方兩位後衛站在三分線圈頂點位置，兩位前鋒則站在翼側位置。

每次只允許一個位置空切，先從有球邊的後衛開始空切，接下來依序為弱邊後衛、強邊翼側球員、弱邊翼側球員，在空切到籃框之後，切入者則移動到弱邊空檔的位置，每一位進攻球員可能輪轉至不同的位置來做空切，所以防守方將會練習到防守有球邊後衛、弱邊後衛、強邊翼側球員及弱邊翼側球員的空切。

為了成功防守切入者，你的站位應該要遠離空切者以及靠近球，不要讓空切者移動到你與球之間的位置，隨時準備好當你阻擋空切者移動至你與球之間位置的任何身體碰撞。如果空切者靠近罰球線圈邊線的區域時，你則應該要使用碰撞後讓開的技巧來碰撞切入者，碰

撞過程中持續讓自己站在切入者與球之間。如果你的對手做開後門切到籃框，你要維持封閉式的站姿跟在切入者的有球邊移動，而當球傳出去後就立刻轉身面向球，使用你的領導手將傳球撥掉。

進攻方每次進球獲得1分，如果防守方犯規，進攻方重新獲得球權繼續進攻；如果進攻球員沒投進球而隊友搶到進攻籃板球，進攻方也可以繼續進攻，而防守方每次抄截或搶到籃板獲得球權或造成違例獲得1分，全部打5分，5分後攻守交換。

成功動作的檢查

* 不要讓切入者移動到你與球之間的位置。
* 準備好做身體碰撞。

為你的成功打分數

這是一個競賽型的訓練，嘗試比你的對手得多一點分數，每場比賽先得到5分的隊伍獲勝，競賽的目標就是要比你的對手贏多一點場次，如果你的球隊贏的場次比較多就獲得5分。

你的分數：＿＿＿

防守殼的訓練　防守的輪轉

此訓練需要兩隊各四位球員，一隊進攻，另一隊防守，進攻方兩位後衛站在三分線圈頂點位置，兩位前鋒則站在翼側位置。以一位進攻方翼側球員的

底線運球切入或開後門切來開始此項訓練，讓防守方可以練習防守的輪轉，在讓其中一位翼側的防守球員被成功的運球切入或開後門切之後，此訓練就開始

沒有任何的限制，進攻方要嘗試得分，而防守方則要藉著侵略性的防守持球球員以及輪轉防守位置來避免進攻方得分。在侵略性的防守運球切入的持球者之前，防守弱邊翼側球員的防守者要先喊「交換」，接著弱邊後衛的防守者要退下填補弱邊翼側球員的位置，而有球邊後衛的防守者則要退到罰球線圈邊線來填補弱邊後衛的位置，被切入的翼側球員則要退到籃框，注意是否可以回去防守原本防守的球員，如果沒有就去防守有空檔的球員（有球邊的後衛）。

當防守球員輪轉時，大家必須要團結合作以及相互溝通，喊出一些關鍵字或關鍵詞，例如：「*交換防守*」、「*我來守球*」、「*我來守這個位置*」、「*我回來了*」、「*我上去*」。進攻方每次進球獲得1分，如果防守方犯規，進攻方重新獲得球權繼續進攻；如果進攻球員沒投進球而隊友搶到進攻籃板球，進攻方也可以繼續進攻，而防守方每次抄截或搶到籃板獲得球權或造成違例獲得1分，全部打5分，5分後攻守交換。

- 防守方要使用關鍵字與關鍵詞來與隊友溝通。
- 團結合作來防守進攻隊伍。

這是一個競賽型的訓練，嘗試比你的對手得多一點分數，每場比賽先得到5分的隊伍獲勝，競賽的目標就是要比你的對手贏多一點場次，如果你的球隊贏的場次比較多就獲得5分。

你的分數：＿＿＿＿

區域聯防

當區域聯防時，防守者是被分派到防守一個球場上特定的區域而不是一個人，防守區域的位置會跟著球的移動而有所改變或是當防守策略改變時區域位置也會有所調整，例如：內線壓迫防守轉為外線、侵略性的阻絕傳球或包夾球。區域聯防的命名是根據防守球員從三分線頂點位置到籃框的排列站位，這些區域聯防包括3-2、2-3、2-1-2、1-2-2及1-3-1區域聯防。

每一種區域聯防都有它的優缺點。3-2與1-2-2區域聯防對於外圍的投籃有很好的防守效果，但在內線以及角落的地方就比較薄弱；2-1-2與2-3區域聯防對於內線與角落的防守很有成效，但在頂點位置與翼側就較容易遭受到攻擊；1-3-1區域聯防可以保護高位以及翼側區域，但在罰球線圈邊線外方形框及角落就容易發生空檔，然後也容易地被搶到進攻籃板球。

以下是一些使用區域聯防的優點：

- 在敵隊擁有好的運球突破者、好的背框單打者但沒有好的外圍投射者的狀況下，區域聯防可以幫忙保護內線。

- 區域聯防在對抗掩護及切入方面有更好的成效。
- 防守方可根據隊裡球員的體型與防守能力來調整區域聯防的站位位置,較高的球員可以站在內線來封阻投籃與搶籃板球,較小較快的球員可在外線來壓迫球以及阻絕傳球路線。
- 區域聯防可讓球員在較好的位置來組織快攻。
- 區域聯防容易學習,並可以彌補球員個人在防守基本動作的不足。
- 區域聯防可以保護有犯規麻煩的球員。
- 改變防守策略至區域聯防可以打斷對手的進攻節奏。

區域聯防也有以下的幾個缺點:

- 區域聯防最怕有好的外圍射手,特別是三分線射手,他們可以牽引區域聯防並創造出內線的空檔位置。
- 快攻可以擊破區域防守,因為全部的人站定區域聯防的位置需要花一點時間,而快攻在防守方還沒站定位置之前就發動進攻了。
- 快速傳球讓球移動的速度比區域聯防人移動的速度還快。
- 區域聯防最怕運球切入(運球切入後傳球)。
- 對方球隊在對付區域聯防時比較容易拖延時間,但是如果你在比賽尾聲且處於落後,你就要改變為人盯人防守。
- 練習區域聯防對於個人防守技巧的成長沒有幫助。

3-2區域聯防

先從3-2區域聯防開始介紹,介紹內容為3-2區域聯防防守球員的稱呼、他們剛開始的站位位置以及他們的防守責任。

球在頂點

當球在三分線圈頂點位置時(圖12.24),控球後衛站位在罰球線圈頂點位置,防守區域為兩側肘區以內;兩邊的翼側球員都要有一隻腳站在肘區,防守區域從肘區到罰球線的延伸端;兩邊底線位置的球員站位在罰球線圈邊線外方形框上方,腳要跨過罰球線圈邊線,防守區域從罰球線以下到角落。

球在側翼

防守者的防守責任隨著球的移動而轉變,當球在翼側時(圖12.25),強邊(有球邊)的翼側球員防守持球者;控球後衛退到強邊的肘區,並將靠近籃

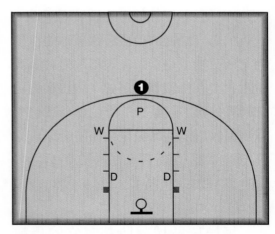

圖12.24 3-2區域聯防:球在頂點。

框的那一隻手擺在高位的前方；強邊的底線球員則站在低位進攻球員與角落進攻球員的中間；弱邊的翼側球員則退至球的下方並指揮防守；弱邊的底線球員則滑到中間並將一隻手放在低位球員的前方來阻絕傳球。

球在角落

當球在角落時（圖12.26），強邊的底線球員來防守持球者；弱邊的底線球員以站前防守來阻絕傳給低位球員的傳球；控球後衛以站前防守來阻絕傳給高位的傳球，以及在投籃時卡住高位球員；強邊的翼側球員站在阻絕傳給翼側進攻球員的傳球，迫使角落的進攻球員使用高吊球傳球給翼側進攻球員，並協助阻擋角落球員往中間運球切入；弱邊翼側的球員則退到弱邊的罰球線圈邊線外方形框位置，負責搶弱邊的籃板球。

球在高位

當球在高位時（圖12.27），弱邊底線球員喊出「上來」並防守持球者；強邊底線球員移至籃框區域，就阻絕傳給低位位置的傳球；兩名翼側球員則向下退來阻絕傳給底線區域的傳球，且要負責搶罰球線圈邊線外方形框附近的籃板球；控球後衛則參與包夾高位持球球員。

球在低位

當球在低位時（圖12.28，頁346），弱邊底線球員負責防守低位持球者；強邊底線球員退下來阻絕傳到底

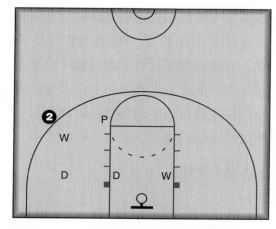

圖12.25　3-2區域聯防：球在翼側。

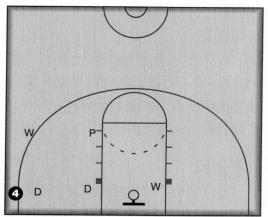

圖12.26　3-2區域聯防：球在角落。

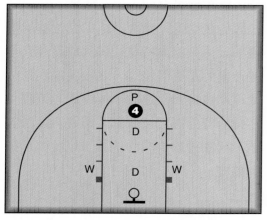

圖12.27　3-2區域聯防：球在高位。

線區域的傳球；強邊翼側球員退至球的
平行位置來阻絕第一顆傳到強邊的傳
球；弱邊側翼球員退至弱邊罰球線圈邊
線外方形框位置來負責防守任何弱邊的
空切者；控球後衛則負責阻絕傳到另一
側肘區區域的傳球。

2-3區域聯防

以下為2-3區域聯防防守球員的稱
呼、他們剛開始的站位位置，以及他們
的防守責任：

球在頂點

當球在三分線圈頂點位置時（圖
12.29），一名後衛防守持球者，另一
名後衛則退到罰球線中點位置，防守要
能顧及到兩邊翼側的區域。

球在側翼

防守者的防守責任隨著球的移動而
轉變，當球在翼側時（圖12.30），強
邊（有球邊）肘區的後衛在過去防守翼
側的進攻球員之前先停在原地；在頂點
位置的後衛退下到罰球線中點位置；強
邊前鋒假裝跑向持球的翼側球員直到強
邊後衛到達翼側位置，之後就退到低位
進攻球員與角落進攻球員中間的位置；
中鋒防守強邊低位位置；弱邊前鋒滑向
罰球線圈邊線中間的位置，以及負責指
揮防守。

球在角落

當球在角落時（圖12.31），強邊
前峰負責防守持球者；中鋒站前防守並

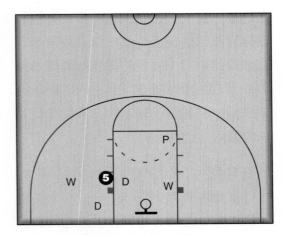

圖12.28　區域聯防：球在低位。

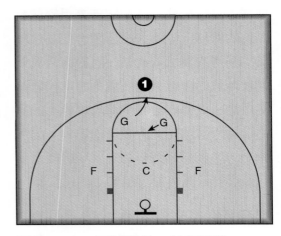

圖12.29　2-3區域聯防：球在頂點。

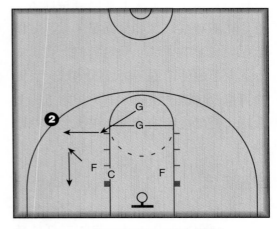

圖12.30　2-3區域聯防：球在翼側。

阻絕傳到低位球員的傳球；弱邊前鋒退至弱邊低位區域，但是要注意傳到高位的傳球，以及在投球時卡住高位球員的位置；強邊後衛退下來幫助阻絕傳到低位的傳球；弱邊後衛移動到罰球線下方來防守從角落傳過來的斜線傳球。

球在高位

當球在高位時（圖12.32），中鋒負責防守高位持球球員，兩名前鋒各自負責防守各自罰球線圈邊線外方形框的區域位置，兩名後衛則各自防守各自肘區區域位置。

球在低位

球在低位時（圖12.33），中鋒負責防守低位持球者；強邊前鋒退下來阻絕傳到底線區域的傳球；弱邊前鋒阻絕傳到罰球線圈邊線中點位置的傳球，以及負責弱邊的籃板球；強邊後衛退至低位進攻球員和強邊翼側進攻球員中間；弱邊後衛移動到罰球線下方，負責阻絕斜線傳球。

配對式區域防守

任何的區域聯防都可以調整成配對式區域防守，配對式區域防守能讓你在區域位置裡一對一的防守對手，但如果沒有人在你的區域裡，你就應該要退向籃框與中間，並要注意從你後面閃切到你的區域的對手，配對式區域防守對於移動較不活躍的進攻是特別有效率的。

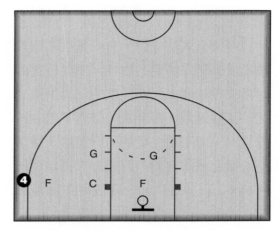

圖12.31　2-3區域聯防：球在角落。

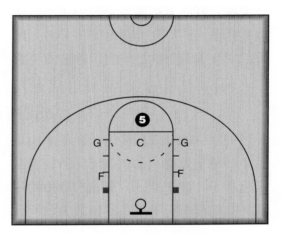

圖12.32　2-3區域聯防：球在高位。

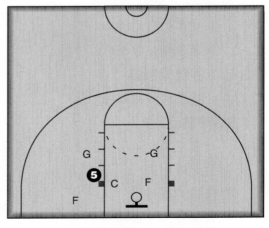

圖12.33　2-3區域聯防：球在低位。

複合式防守

在複合式防守中，有一到二名球員被指派去防守特定的對手（例如優質的射手或控球者），而其他的球員則被分配的某些區域。複合式防守通常用在特殊狀況，並不是主要的防守策略，最常見的複合式防守爲一盯四方形區域聯防（box-and-one）、一盯四菱形區域聯防（diamond-and-one），以及二盯三角形區域聯防（triangle-and-two）。

在一盯四方形區域聯防中，一位球員被指派去防守對方最好的得分者、最好的射手或最好的控球者，並要避免讓他們拿到球，而其他四位球員則就2-2區域聯防或方形陣型站位。

而一盯四菱形區域聯防跟一盯四方形區域聯防很相似，都指派一位球員去防守對方最好的得分者、最好的射手或最好的控球者，並要避免讓他們拿到球，但是其他四位球員則就1-2-1區域聯防或菱形陣型站位。

至於二盯三角形區域聯防，兩位球員被指派去單獨防守兩位特定的球員，另外三位球員則就1-2區域聯防或罰球線內的三球形陣型站位。

爲你的成功評價

如果你的球隊想要阻止對手進攻以及重新獲得球權，你們在防守時就要團結合作，不要忘記，只有擁有球權的球隊才有可能得分，所以從進攻方搶回球權是球隊成功得分的關鍵。在這最後一個單元回頭計算一下你在每次練習所得到的分數，請輸入每項得到的分數，再加總起來，看看一共得了多少分。

遠離球的防守訓練

   1. 在翼側阻絕傳球　　　　　　　　　　5分中得＿＿＿分

   2. 弱邊幫忙與還原　　　　　　　　　　5分中得＿＿＿分

低位的防守訓練

   1. 低位的傳球阻絕站位　　　　　　　　5分中得＿＿＿分

防守閃切訓練

   1. 阻絕閃切與阻絕開後門切的傳球　　　5分中得＿＿＿分

   2. 六項防守　　　　　　　　　　　　　6分中得＿＿＿分

防守殼的訓練

   1. 防守的站位　　　　　　　　　　　　5分中得＿＿＿分

   2. 幫忙與還原　　　　　　　　　　　　5分中得＿＿＿分

3. 防守切入者	5分中得＿＿＿分
4. 防守的輪轉	5分中得＿＿＿分
總分	46分中得＿＿＿分

如果你得到25分以上的分數，恭喜你！這代表你已精熟本單元講的基本動作，但是如果你的分數是低於25分，你可能要多花點時間再繼續練習本單元所敘述的基本動作。

作者簡介

進1972年NIT聯賽,並且在1975年擔任多明尼加共和國的國家隊教練。

Wissel創立Basketball World and CoachWissel.com的網站、籃球營、籃球工作坊、籃球書籍及籃球DVD,Basketball World's highly Successful Shoot It Better Mini營隊在全球都有舉辦,參加營隊的對象從青少年至NBA或WNBA的球員都有。

Wissel在春田大學獲得大學學位,在印地安大學獲得碩士學位,最後在春田大學獲得體育教育博士學位,Wissel最銷售的書《籃球:邁向卓越》已經翻譯成11種語言;同時Wissel也是《成為籃球球員:個人練習》的作者,該書的內容已經拍成DVD,Wissel也已經發行五片籃球投籃DVD了。

Wissel的榮耀包含被《教練與球員雜誌》選為1972年東區年度教練、Sunshine State聯盟的年度教練(1979、1980、1981)及1980年NCAA二級的年度教練,且目前已經進入Florida Southern College 的名人堂、Sunshine State聯盟的名人堂及New England Basketball的名人堂。

他與他的太太(Trudy)住在康乃狄克,有五個小孩與一個孫女。

Dr. Hal Wissel有很豐富的NBA執教經驗,曾經擔任過亞特蘭大老鷹隊、金州勇士隊、曼菲斯灰熊隊及紐澤西籃網隊的助理教練,也曾經擔任過籃網隊的人事經理,以及密爾瓦基公鹿隊的特別任務教練及球探。

當任大學球隊總教練時,Wissel達成超過300場勝場,他把常敗軍Trenton State College與Lafayette College分別調教為聯盟與區域的冠軍。Wissel也連續四年帶領Florida Southern College進入NCAA第二級聯賽,以及連續三年進入NCAA第二級聯賽四強,並且在1981年時贏得NCAA第二級的全國冠軍。Wissel也把Fordham University帶

國家圖書館出版品預行編目資料

籃球：邁向卓越／Hal Wissel著；楊啟文譯.
- -初版. - -臺北市：五南，2017.01
　　面；　公分
譯自：Basketball: steps to success
ISBN 978-957-11-8947-5（平裝）

1.籃球

528.952　　　　　　　　　　105022863

5C17

籃球：邁向卓越

作　　者 ― Hal Wissel

策　　劃 ― 國家運動訓練中心

主　　編 ― 邱炳坤

譯　　者 ― 楊啟文

發 行 人 ― 楊榮川

總 編 輯 ― 王翠華

主　　編 ― 陳念祖

責任編輯 ― 郭雲周　李敏華

封面設計 ― 陳翰陞

出 版 者 ― 五南圖書出版股份有限公司

地　　址：106台北市大安區和平東路二段339號4樓

電　　話：(02)2705-5066　　傳　真：(02)2706-6100

網　　址：http://www.wunan.com.tw

電子郵件：wunan@wunan.com.tw

劃撥帳號：01068953

戶　　名：五南圖書出版股份有限公司

法律顧問　林勝安律師事務所　林勝安律師

出版日期　2017年1月初版一刷

定　　價　新臺幣700元